Next!
人生下一站！

JOANNE LIPMAN
The Power of Reinvention in Life and Work

喬安・李普曼 —— 著　周倩如 —— 譯

目錄

第一部　重塑之路

引言：踏上新旅程　　　　　　　　　　007
重塑之路的四個階段

1　是時候放手一搏了嗎？　　　　　039
2　學會愛上掙扎　　　　　　　　　065
3　找到了！　　　　　　　　　　　095
4　破繭成蝶　　　　　　　　　　　131
5　迫不得已的創業家　　　　　　　161

第二部　成功的秘訣

6　超前部署　　　　　　　　　　　191
7　放下手邊的工作　　　　　　　　221
8　找到你的「專家夥伴」　　　　　251
9　培樂多哲學　　　　　　　　　　279
後記：下一步！　　　　　　　　　　310

第一部

重塑之路

引言：踏上新旅程

重塑之路的四個階段

多年前，剛成為《華爾街日報》記者的我，負責廣告業的報導。每天上班，我會報告哪些廣告活動大受歡迎，哪些沒有成效，誰被聘請了，誰被解雇了，哪些廣告業的大客戶可能從一家廣告公司轉到另一家公司。

這就是為什麼我會在某日清晨一大早，趕往曼哈頓中城的一間辦公大樓，去見寫下「玩具反斗城來了」（I'm a Toys 'R' Us kid）這句經典廣告詞的廣告人。他是湯普森廣告公司（J. Walter Thompson）的業務經理，負責公司裡許多重要客戶。他深深影響了柯達公司的形象，為他們推出引人入勝的廣告，邀請我們「想像一個嶄新的世界。」（Picture a brand-new world）他是各家速食店在漢堡戰爭期間大喊「你現在難道不想來點漢堡王嗎？」（Aren't you hungry for Burger King now?）的幕後推手。

我睡眼惺忪地走進他的辦公室，心中暗自抱怨時間太早。

這位說話溫柔簡潔、有點靦腆的經理耐心地聽我客套致歉，揮手請我在辦公桌對面的座位坐下。他說，他已經起床好幾個鐘頭了。事實上，他抵達辦公室前的黎明破曉，就已經在家工作了好一陣子。不是因為他正在精心策劃廣告活動或為辦公室做簡報，而是因為，他在寫一本小說。

原來，這位廣告經理真正的興趣是寫小說。跟許多人一樣，他也對另一種生活懷抱幻想。當然，他是一位成功的專業人士，在他的領域備受景仰。他的經濟無虞。他已經在廣告界投入了數十年的人生，準備步入中年。

然而，他有一種癮是他的工作無法滿足的。他想寫小說，而非廣告文案。他一有空檔，就會抓緊時間寫作。深夜裡、大清早、坐飛機時，或午休時間的辦公桌上，你都會見到他拿著鉛筆在黃色便箋簿上匆匆寫下各種想法，勾勒故事線。事實上，他有一本小說剛出版，他告訴我。他手伸過辦公桌，遞給我剛印好的精裝本。我禮貌地一笑，把書放進包包。接著，我拿起筆和筆記本，開始著手今天的工作，訪問他速食廣告大戰的情況。

幾週後一次出差，我擠在飛機中間的座位上，從包包裡撈出他的書。小說講的是惡棍密謀炸毀華爾街的故事。我不記得書中細節，但《科克斯》雜誌的書評是這樣總結這本書的：「極度愚蠢的恐怖小說，書中情節會讓超人電影感到尷尬⋯⋯這本書應該從世界上消失。」

天啊。幸好這老兄有正職工作。

這就是為什麼幾年後，我看見一個熟悉面孔出現在當地電視廣告時，感到非常驚訝。廣告裡的人站在一個簡單的背景前直視鏡頭，手裡拿著他的最新著作。

「我是詹姆斯・派特森。」他開口道。

剩下的你都知道了。詹姆斯・派特森是美國史上最暢銷的作家。他撰寫或合著超過兩百五十本書，總銷量超過四億本，其中最有名的是以偵探艾力克斯・克羅斯為主角的系列小說。他有超過兩百五十本書登過《紐約時報》暢銷書排行榜，包括他送給我的那本重寫再重新發行的書，書名從原本的《黑市》（*Black Market*）改為現在為人所知的《黑色星期五》（*Black Friday*）。他是單一作者擁有最多冠軍作品的金氏世界紀錄保持人，有多部作品改編成電影。《富比士》估計他的淨資產超過八億美元，讓他成為美國最富有的作家，僅次於《哈利波特》的作者J・K・羅琳。

這位前廣告經理已經向反對及質疑他的人證明他們錯了。他已經擺脫舊生活的束縛，進入極其成功的新生活，就像某種擁有寫作超能力的超級英雄。《浮華世界》稱他為「書界的亨利・福特」，形容派特森是「廣告狂人搖身成為全球驚悚產業的大亨」。除了商業上的成功，這當中蘊含了更深遠的意義：他實現了多年前對我說過的夢想。他重新構思了自己的未來，為自己打造了渴望已久的人生。

他是怎麼辦到的？他是如何克服困難重塑自我的？我們可以從他的蛻變中學到什麼嗎？

　　初次見面的三十年後，我再次與他聯絡問他這些問題。

　　你還小的時候，想過長大要做什麼嗎？我想成為一名間諜。七歲起，我就隨身帶著一本黑白大理石紋筆記本，就像我最喜歡的書《間諜哈麗特》中的女主角一樣，把我在學校無意間聽到的對話，以及偷聽姊姊和她男友講電話的內容記下來。讀完《小婦人》後，我仍決定我要成為一名間諜，但我也要成為像奧爾柯特（Louisa May Alcott）一樣的小說家。接著，我讀了一本情節血腥但妙趣橫生的書，名叫《沼澤人》（The Bog People），是關於在丹麥沼澤發現鐵器時代酸沼木乃伊的故事，於是我在無限可能的未來增添了考古學家的身分。

　　不用說，那些最後都沒能成為我的職業。但大多數的孩子就像我小時候一樣，很容易為自己設想各式各樣的道路。他們毫不費力地從夢想成為搖滾明星轉變成幻想能夠治癒癌症。他們放棄一個未來的志向時也不會因此感到困擾；他們只是接著嘗試一個新的身分。2020年的一項調查顯示，超過兩千名成年人被問到他們小時候想成為什麼時，最受歡迎的答案是職業運動選手；其他的首選是太空人和演員。事實上，幾乎八十％的人所從事的職業與他們當初預想的不同。（這不意外，舉例來說，每一萬名打籃球的高中男生中，只有三人能進入NBA。）

孩子對於自己未來想要成為的人,很容易改變主意。他們輕輕鬆鬆就放棄並嘗試新的身分。他們想像自己未來可能的樣貌時,不僅僅是想像職業。他們不只是想像自己長大後想做什麼,想從事什麼職業,例如消防員或芭蕾舞者。他們會想像出所有他們想做的事、計畫未來如何過日子,也會屏棄那些想像。我小學時,在童年臥室的留言板上列出了我想在二十歲之前完成的二十件事的清單。那張橫條活頁紙已經被丟進歷史的垃圾箱,但我仍記得清單上的一些首選。騎自行車走遍全國。出版一本暢銷小說。划獨木舟穿越加拿大荒野——先別提我坐過獨木舟的唯一一次是在為期兩週的女童子軍訓練營期間。(而且沒錯,我也沒有完成上述任何事情。)

但不知何故,我們在成長的路上,失去了重新想像各種未來的能力。大學時,我們會去選擇一項主修。接著,如果幸運的話,我們得到一份工作。也許我們會結婚生子,安頓下來,買間房子。很快地,我們的選擇似乎就縮小了。工作、職涯、居住的地方、空閒時的活動、如何喝咖啡。改變某個部分意味著顛覆其他部分。我們已經習慣某種生活方式、收入水平或職業地位。改變難如登天。於是不知不覺之間,在你還沒意識到的情況下,改變似乎變得不可能了。我們已經把賭注押在目前擁有的生活上,要去想像我們所沒有的生活實在太難。我們已經在目前的人生道路上投注心力,我們只能加倍努力,而不是重新評估。正如威廉・布里奇斯在他的著作《轉型之路》中所

寫的:「在還沒有用盡方法留住任何重要的事物之前,我們是不會放棄的。」

對成千上萬的我們來說,這種滿足感隨著新冠疫情而被打破。這場危機打破常規,引起了一種集體反思。經濟不穩定和政治動盪又進一步加強了這種反思。我們重新檢視生活的優先順序,也重新規劃我們對未來的安排。公司企業被疫情打得措手不及,拚命嘗試轉型。領導高層被迫重新思考他們的角色,調整他們的做法。今天,幾乎所有人仍在努力適應這個快速變化的世界。「人們飽受折磨,老是覺得害怕。他們立足的基礎已經改變了。許多人開始回顧自己的生活,不僅思考『什麼是重要的』或『是什麼讓我快樂』,也在思考『我的使命到底是什麼?』」疫情爆發之初,專欄作家努南(Peggy Noonan)在《華爾街日報》上撰文,分享了一種持續引起大眾共鳴的情緒。

這場流行病在許多方面改變了社會,但其中最重要的是重新思考我們與工作的關係。數百萬人在2021年和2022年退出勞動市場,令人驚訝的是,根據調查顯示,其中有三分之一或更多的人沒有新工作可供選擇。我們重新檢視了我們想要花多少時間在工作上,在哪裡工作,如何度過這段時間,也重新思考什麼才是「好工作」的定義。

想要換工作,甚至想要徹底轉職的人數創歷史新高。皮尤民調中心在2021年的一項調查發現,收入水平各不相同的失業者,共有六十六%的人認真考慮轉職,情況不僅僅發生在

高收入族群而已。求職網站Indeed在2022年對求職者進行調查時發現，有多達八十五％的人在尋找他們本業以外的新職業。

這在近代可說是史無前例，是一種全球重置。但事實上，即使沒有疫情，每個人一生中至少都會像這樣重新審視自己的職業──而且可能不止一次。一般人在其職業生涯中會換工作十幾次。可能是被開除或被裁員；在我自己新聞業的領域裡，過去幾十年來，由於財務挑戰，消失了三萬個職缺，兩千五百家美國報紙停刊。也許你對自己的職業選擇不再滿意，想要轉職；蓋洛普機構發現，即使在疫情前，在「安靜離職」（quiet quitting）一詞流行前，就有七十一％的千禧世代對自己的工作缺乏熱情。你可能面臨重大的個人危機，例如離婚或親人過世，或是受到外部創傷的打擊：疫情、戰爭、意外、颶風或地震等天災。

無論原因為何，它都會迫使我們不得不轉變方向，並提出這樣的問題：下一步是什麼──以及我該怎麼做才能到達那裡？

這是我成年後大部分時間在思考的問題。身為一名記者，我負責報導商業和社會的改變；身為一名作家和性別平等的倡導者，我曾與試圖重塑組織文化的公司合作。我一直好奇，如果想要找到尚未開發的大好機會有什麼方法。最令人興奮的事莫過於你認出了眼前的新機會，認出了那些激發「啊哈！」時

刻的想法，其他人卻因為太忙而視而不見。但是，雖然我報導過、領導過，也經歷過這種關鍵時刻──有好的（比如創辦新雜誌）、有壞的（眼睜睜看著創辦的雜誌消失），但我大多是憑藉直覺，像盲人一樣摸索前進。大多數人都是這樣做的。我們沒有指南為我們指路。

　　本書引用了上百篇個人訪談和學術研究論文。內容分成兩部分。第一部分著重在各種轉變的方式，每個章節分別關注在職涯重塑、直覺、頓悟時刻、從失敗中重新站起來、創傷恢復及在別無選擇時應對變化上。第二部分利用最新研究支持的案例分析，深入探討成功轉型的具體策略。最後，我會提供一個工具包，囊括從整本書挑選出來的實用步驟。每個章節都基於一個中心論點：如果我們明白需要採取哪些步驟，就有一條有意義的道路幫助我們改變──無論是徹底的改造或只是弄清楚下一步該做什麼。我們可以改變，可以變得更好。

　　我的報導始於尋找那些成功重塑工作或生活的人，例如詹姆斯・派特森。他們的背景各異，年齡從二十多歲到九十多歲都有。我研究的轉型案例各不相同。有些是私人的（在恐怖攻擊後尋找目標），有些是職業上的（電信維修工人到女鞋設計師），有些則救活了奄奄一息的公司或產品。（等等你將聽到培樂多和威而鋼之間有什麼共同點。）我請每個與我見面的人告訴我他們是如何重新構思接下來的人生，並將其變成現實的過程。我將在本書分享他們的智慧，其中包括有效的策略及需

要避免的陷阱。

接下來，我與研究各種轉型案例的科學家和研究人員交談。本書建立在神經科學、社會心理學、認知科學、管理學和大數據科學的全新洞見上。這些領域的最新研究讓我們進一步理解改變的運作機制以及駕馭它的最好方法。科技的進步讓科學家能夠真正深入我們的大腦，讓我們更了解我們是如何產生富有創意的新想法和靈感的。

透過書中即將遇見的主角以及研究他們的科學家，你會明白為什麼有些人能成功重塑自我，有些人卻以失敗收場。你會看到一位全職媽媽是如何利用她的育兒技巧讓自己變成一位執行長，以及為什麼睡眠是知名喜劇演員成功的關鍵。你會深入了解一個人在教會做禮拜時的「頓悟時刻」是如何帶來一項價值數十億美元的新生意，以及為什麼童年回憶能幫助一名NBA球員把自己重塑為受人尊敬的學者和律師。你會發現一位爵士樂手是如何讓自己成為著名的經濟學家，以及一位哈佛畢業的經濟學家是如何把自己重塑為農場主人的。

如果你考慮轉行，本書對你再適合不過。如果你的生意正處於十字路口，你可以在這裡找到指引。如果你正打算重拾幾年前放棄的興趣，或想要追求更有成就感的機會，或只是剛好面臨一個日常生活的變化──搬到一個新地點，開始一段新關係，挫折後準備繼續前進──你將會看見前人成功的經驗之談。無論是今天還是多年後，我們都不可避免會面臨這樣的人

生轉捩點,而且往往不止一次。許多人都在尋求有意義的改變,尋找人生的下一步,但我們不總是知道該如何實現這個目標。但你將會看到,是有方法可以用更輕鬆、在更多人的幫助下來駕馭這些轉變。

　　神奇的是,我在深入研究這些不同的轉型案例時,發現每個案例差不多都遵循類似的模式,可以分解為特定的步驟。各領域的科學家使用不同的術語,有時會將一件事情的進展分解為數個階段。但基本上,他們是從不同角度研究同一個現象──並且得出幾乎相同的結論。然而這些專家彼此不交流。他們分別在各自的大學院系裡;他們出席不同的會議,穿梭在不同的社交圈。本書藉由整合他們的研究結果,並以現實生活的案例佐證,希望能提出一個更全面的觀點,不僅是關於轉型如何運作,而且是如何使我們在生活中轉型得更成功。

　　廣義上來說,每種轉型案例都是從蒐集資訊的探索開始的。例如,想轉職的人可能會開始不自覺被新領域吸引。接著是令人不舒服,甚至痛苦的掙扎期;對轉職的人來說,這是在他們還沒有進入新角色,也沒有完全離開舊角色的階段。而通常,停滯有助讓各種想法融合成形,無論你是選擇休息還是被迫停滯。唯有如此,你才能帶著解方走出困境,結束過渡期。上述這些步驟加起來,就是我們所謂的「重塑之路」。

探索 → 掙扎 → 停滯 → 解方

當然，這個過程並非一成不變。某個階段可能會持續幾個小時⋯⋯或甚至好幾年。你可能會以不同的順序經歷這些階段，甚至不止一次。在某些情況下，起因可能是掙扎而不是探索，例如那些遭逢悲劇打擊或無預警被開除而陷入困境的人。你可能輕易過渡一個階段，卻又被丟回去重複另一個階段。

即便如此，一旦你熟悉這個過程，你就會在自己的生活中——甚至是他人的經歷中——辨識出來。在我訪問過許多引領或經歷過自我重塑的人中，以及在截然不同的跨領域學術研究中，都能看到非常相似的進程，只有術語有所不同。

例如，轉職大師把掙扎階段稱之為「過渡期」，就像倫敦商學院教授艾米妮亞・伊貝拉所說的，你「正處於一個已經消失的過去和一個仍不確定的未來之間」。研究創造力的科學家稱之為「醞釀期」。你被一個問題難倒而沮喪放棄後，卻突然在半夜醒來想出了解方，就是在描述這種情況。對創傷倖存者來說，「掙扎期」發生在他們經歷戰爭、自然災害、暴力或疾病之後，緊接而來的，便是自我成長。

遺憾的是，或許是人性使然，我們只在乎轉型過程的第一步和最後一步，從探索問題直接跳到解決問題。比方說，轉換職業似乎發生在一夜之間。歌手約翰・傳奇從管理顧問變成音樂巨星。砰。莎拉・布蕾克莉（Sara Blakely）從傳真機推銷員變成身價百萬的Spanx塑身衣創辦人。哈里遜・福特從木匠

變成電影明星。王薇薇（Vera Wang）從花式滑冰選手變成婚紗設計師。茱莉亞・柴爾德（Julia Child）從二戰情報員變成名廚。

然而，這種造神故事對我們這些平凡人而言，只是讓任何形式的轉型變得遙不可及。更糟的是，我們所講述的故事完全聚焦在錯誤的事情上。轉行並不是一種從醜小鴨變天鵝的神奇蛻變。公司和組織也不是在彈指間就能實現自我轉型。我曾經與一家公司合作，該公司高層宣布了一項「轉型」計畫，甚至任命了一位「轉型執行長」，但他無法清楚解釋公司要轉型成什麼樣子，或是如何實現目標。他對成天不斷質疑他的員工感到惱怒，員工也成天對他感到沮喪。期待轉型立即成效只會導致失望和災難。

反之，中間步驟其實才是最重要的：掙扎。這是一段艱難的過程。對組織來說，之所以掙扎，是因為轉型過程極其沉悶，並非只是談論一些遙遠的偉大理想。對個人而言，掙扎出現在你用頭撞牆試圖解決問題的時候，是在你絞盡腦汁想破頭的時候。掙扎可能是痛苦的，沮喪得難以忍受。沒有人願意經歷它。誰不想從一條路順利滑向另一條路呢？

壞消息。掙扎不僅是必要的；幾乎在每個轉型領域，都是找到答案的關鍵。

我們大多數人很自然地會盡力避免任何不適。沒有人想要承受痛苦。如果你覺得痛苦，那不是在暗示你應該停止你正在

做的事情嗎？然而，近期的研究發現，儘管違反直覺，但尋求那種不適感不僅可以提高生產力，甚至可以讓人感到自由。

研究人員要求芝加哥著名的第二城喜劇團訓練中心的一組即興表演學生在課堂練習中「擁抱不適感」時，相較於那些只被要求好好練習或感受練習奏效的學生，這些學生願意冒更多的風險，並發展出更多技巧。同樣地，研究人員要求受試者寫下生活中一次情緒激動的經驗時，那些被告知寫作時感到不適是正向徵兆的人，隨後顯示情緒有所緩和並發展新技能。芝加哥大學布斯商學院教授、研究員阿耶萊特‧菲什巴赫（Ayelet Fishbach）寫道：「人們能夠把原本消極的暗示變成積極的──意即把他們的不適重新看作是成功的徵兆──這些暗示就會變得更有動力。」

擁抱掙扎不是一件自然而然的事。但你其實有可能說服自己改變態度。銀行業巨頭瑞銀集團在經歷銀行業危機和組織大規模重組等等的艱難時期，請來社會科學家肖恩‧阿喬（Shawn Achor）、彼得‧薩洛維（Peter Salovey）和阿莉亞‧克拉姆（Alia Crum）幫忙。研究人員要求一組主管觀看一些影片，傳達壓力會讓人衰弱並有損表現的訊息。而另一組主管觀看的影片顯示壓力實際上可以增強他們的大腦和身體。六週後，後者仍然認為壓力是一種正向動力。更重要的是，報告中顯示他們的健康問題減少了，工作滿意度也提高了。

雖然這些的科學研究相對較新，但這些步驟順序從古至今

一直不斷出現。在文學中,這種進程在喬瑟夫‧坎伯的《英雄之旅》一書中尤其顯著,莎士比亞的作品和電影《星際大戰》也同樣令人熟悉。在坎伯的分類法中,英雄離開平凡的世界(探索);他遭遇「一連串的試煉」(掙扎)並試圖放棄(停滯);最終,他凱旋歸來(解方)。在人類學領域中,我們可以在阿諾德‧范‧根內普(Arnold van Gennep)1909年的經典著作《人生儀式》(*The Rites of Passage*)裡看到,他在書中描述了一個「閾限階段(liminal)」,或稱之為過渡時期(掙扎),意即一個人從生命的一個階段(探索)開始前進,但尚未到達另一個階段(解方)。

在宗教領域中,摩西和猶太人在沙漠走了四十年才到達「應許之地」。耶穌在沙漠走了四十天。印度教徒有森林居所,佛教徒有冥想,穆斯林有穆罕默德和神山。民間故事中,睡美人沉睡了一百年,直到王子用吻喚醒她。小紅帽、糖果屋的兩兄妹冒險進入森林。

許多當代作品也體現了掙扎的重要性。例如,凱瑟琳‧梅(Katherine May)在《過冬》(*Wintering*)這本書中,把過冬定義為「生命中一段與世隔絕的休耕期。你感到被拒絕、被邊緣化、停滯不前,或成了局外人。」布魯斯‧費勒(Bruce Feiler)在2020年出版的《人生故事專案》一書中,把掙扎階段稱之為通往「新開始」的「中間混亂期」。

某種意義上,新冠疫情送給所有人一個不知道算不算是禮

物的禮物：一段掙扎時期。想想用來描述這個時代的詞彙：「迷失」、「休耕」、「懸而未決」。「過勞」就像一場流行病傳染給我們所有人。它是「疲憊」、「無情」和「混亂」的。《Psychology Today》雜誌向讀者保證，「出現不知所措和提不起勁的感覺是正常的。」CNET網路平台的新聞標題也寫道：「你不是懶惰：現在很難保持生產力的原因。」

但如果我們正在掙扎，也許有一條路可以超越現狀——也許我們可以找到突破性的解方。而為了達到目的，我們需要擁抱掙扎。

為了理解重塑自我的階段如何發揮作用，讓我們設想一下你想轉職好了。假如你現階段的工作是修理電話，但你的夢想是成為一名女鞋設計師。你真的可以實現目標嗎？

回想一下進程：探索→掙扎→停滯→解方。第一步探索，建議你從觀察其他人的鞋子開始，研究鞋子的構造，讓自己沉浸在《Vogue》雜誌的最新款式中。在這個階段，你最好繼續你的日常工作，但也許你會開始在家畫出你自己的設計草圖。

事實上，這正是麻薩諸塞州一位名叫克里斯・多諾萬（Chris Donovan）的電信維修工人所做的。克里斯是個高大魁梧的傢伙，說話有濃厚的波士頓口音，留著灰白的鬍子。他做過調酒師和服務生，後來很年輕就進入電信公司，因為這是一份穩定的工作。這是他勞工階級的父母一直所強調最重要的事。在職業生涯中找到熱情「不是重點」。他告訴我，「重點

在於尋求穩定⋯⋯跟幸福快樂沒有任何關係。」克里斯牢記了他們的教訓：在接下來的二十五年裡，他維修、安裝、保養電話。

然而，一直以來，克里斯都有一個他沒有與其他人分享的愛好。事情是從高中開始的，當時一位同學穿著高得令人難以置信的厚底涼鞋出現，看起來「就像她腳上的藝術品」。他開始鉅細靡遺畫起女鞋，看起來與其說是實用鞋款的設計圖，倒更像建築平面圖。天主教學校裡一些孩子看到他的畫，開始取笑他，於是他把這些畫藏了起來，先是對他的同學和修女，最終是對所有人。然而，他在學生時代和幾十年的工作生涯裡仍持續在畫畫。「我在什麼東西上面都能畫。信封背面、餐巾紙、每一張工作訂單上。」他說。在電信公司，「我的辦公桌抽屜裡裝滿了女鞋設計圖和《Vogue》雜誌。爬電線桿的人會進來喝咖啡休息，然後看那些圖和雜誌！但他們什麼也沒說。」

他從未想過可以靠自己的愛好謀生：「連我都沒有想過。這感覺不可能是一個職業。」但等他到了四十歲，遇到他的丈夫史蒂夫後，他開始重新思考這個可能性。「第一次約會時，我們坐在餐廳裡，我在餐巾紙的背面畫畫。他看到便說：『這真的很奇怪⋯⋯但是很酷。』」克里斯開始小心翼翼地向史蒂夫敞開心扉，分享他的筆記本和二十年來他從未向其他人展示過的草圖。「我們相處的時間越多，他就越是說：『你真的應

該做點什麼。這對你來說不僅僅是一種愛好。』」

但克里斯仍然留在電信公司裡。相較於他所渴望的未知黑洞，電信公司是他所熟知的事情。他正處於兩者之間的掙扎階段，一邊幻想新的職業生涯，一邊又牢牢陷在舊工作裡。這很痛苦；他記得在鱈魚角度假與朋友共進晚餐的那一天：「那裡有一位東京來的店面設計師，還有一位來自德國的藝術家。我離開的時候真的很鬱悶。我對史蒂夫說：『他們都在做一些了不起的事。我知道我也有那種天賦，我知道它就在那裡。』」最終，他報名了羅德島設計學院的進修推廣課程，深入涉足設計領域。

儘管如此，他仍沒有辭掉他的工作。接著，在五十歲的時候，克里斯得到了沒人想要的休息機會，也是過渡期間常見的停滯階段：他被診斷出患有前列腺癌。疾病成功治癒了，但也成了一記警鐘。他就是在這個時候驚覺，他必須辭掉電信公司的工作。他必須完成他的使命，成為女鞋設計師。他怕得要命。「但當我開始思考如果我在臨終前想著那些『假使當時我有怎麼樣』的問題，那我會因為沒有探索這個熱情而遺憾萬分……這是我來到世上的目的，我不想放棄它。」

克里斯從電信公司提前退休。史蒂夫自願捐出他們本來為了新廚房存下的現金。然後，五十四歲的克里斯前往佛羅倫斯，穿過那扇俯瞰阿諾河、歷史悠久的法瓦爾別墅大門，在圍繞著壁畫和水晶吊燈的座位上坐下，成為柏麗慕達時尚學院迄

今為止最年長的學生。

要適應並不容易。「這太糟糕了，你根本不時尚。」克里斯交出一份慘不忍睹的作業後，他的一位老師這樣告訴他。「看看四周，看見那些二十幾歲的年輕人了嗎？他們才是時尚。」接著老師問他入學前從事什麼工作。他解釋他本來是一名電信維修工人，一切都合理了。「所以你很粗獷。」她說。「保持粗獷，別失去這個特質。」克里斯最後以名列前茅的成績畢業。

但畢業回國後，他出色的成績並沒有幫助到他。他四處探訪皮革製造商和手袋工廠，卻連面試機會都沒有。他願意當免費實習生，但也沒有人接受他。沒有人想要一個中年員工。眼看前途渺茫，他參加了一場讓設計師能夠一展長才的比賽，是他在給退休人員的 AARP 樂齡會雜誌上讀到的：獲勝者的作品將受到《決戰時裝伸展台》提姆・岡恩（Tim Gunn）的評論。令他驚訝的是，他贏了。電視攝影機在一間明亮的白色鞋店裡跟拍他們，看著岡恩觀賞他設計的一些新穎高跟鞋。「我見過這種鞋款嗎？沒有！」岡恩驚呼道。「世界需要這種鞋款嗎？需要！」

那次亮相引起潛在客戶的興趣，在推波助瀾下，Chris Donovan Footwear 終於誕生。他獨特的設計就像是微型雕刻品。靴子採用大膽的幾何鞋跟，讓人想起車削工藝；精緻的船型高跟鞋讓人想起摺紙裝飾。為了向自己的文化背景致敬，他

用光纖導管製作鞋跟。他在廢品回收場尋找靈感；他所設計的靴子，鞋跟由廢棄的髖關節置換零件製成，車線採用外科的縫合線。最近一個系列的靈感則來自於紙飛機。「誰都可以在一朵花中找到靈感。」他這麼想。「但其他人覺得不美麗的工地和廢棄品又如何呢？我不希望你只是看見那樣東西，而是你在那些東西裡能找到什麼樣的美。」

可以確定的是，他的故事未完待續。他用自己的退休金付給一家義大利工廠製作他的系列產品，相信那些有興趣進貨的商店會銷售他的產品，讓他能夠賺回這筆錢。但時運不佳，該系列推出兩個月後就爆發疫情。女性回到室內拖的懷抱，而不是名牌高跟鞋。他把一間客房改造成他的工作室，同時在網路上賣鞋以維持生意。

儘管如此，他並不後悔。他已經設計好他的下一個系列；「就算障礙重重，我還是能做鞋。」他告訴我。「這是我的一部分，感覺真是興奮極了。我好喜歡。」這位新手設計師也漸漸嶄露頭角。波士頓雜誌注意到他，在2020年「波士頓最佳首選」特刊中把他評選為「最佳女鞋設計師」。這位被雜誌形容是「最新時尚巨星」的設計師，現年六十一歲。

表面上，詹姆斯・派特森和克里斯・多諾萬幾乎沒有任何共同點。然而，當派特森向我娓娓道來他的職業生涯時，我驚訝地發現他和多諾萬的故事有許多相似之處。他轉換職業的過程也遵循類似的軌跡。研究轉型的專家會發現他的故事很熟

悉,甚至是很容易預測。

　　和多諾萬一樣,派特森多年來都知道自己想去哪裡,但不確定如何到達。他的文學成就並非一蹴可幾;在他找到自己的暢銷風格之前,他寫了很多書,其中包括一些失敗的作品。他並不總是確定自己走在正確的道路上。他有過質疑。他在廣告公司待了將近二十年才出版他的第一本書,即便後來又出版了十幾本書,他仍認為自己還沒準備好。我們這位時代的暢銷作家直到快五十歲才辭掉他白天的工作。

　　派特森出生於紐約州紐堡,一個位於哈德遜河畔、周圍盡是農田的蕭條小鎮。他的起步並不順利。他父親靠開麵包外送車勉強糊口,然後挨家挨戶推銷保險。後來全家人搬到麻州,年輕的派特森到惡名昭彰的麥克萊恩精神病院上夜班賺外快。有時候他會聽到當時的一個病人,尚未被發掘的歌手詹姆士‧泰勒,在咖啡廳表演;偶爾他會看著另一個病人,詩人羅伯特‧洛威爾在自己的病房裡朗誦,但「他有時候有點咄咄逼人、暴力」。

　　不過他大多數的時間都在看書。他對驚悚故事或垃圾小說沒興趣。他甚至不曾拿起一本大眾小說。他有興趣的是純文學,如飢似渴地閱讀詹姆斯‧喬伊斯、山繆‧貝克特和史丹利‧埃爾金的作品。很快地,他就自己寫起小說來。但他鮮少得到鼓勵。在他獲得獎學金入學就讀的曼哈頓學院裡,一位寫作老師直截了當地叫他放棄:「你寫得挺好,但寫小說就別想

了。」哎唷喂。「我想一開始,我其實不知道我在做什麼。」他告訴我。

大學畢業後,他在范德堡大學就讀一年的研究所,但那時他突然意識到,他「不想為那些人寫純文學」。不幸的是,他沒有接受過做其他事情的訓練。他開始閱讀更多大眾文學,例如《豺狼之日》和《大法師》,並發現它們「非常有意思⋯⋯這讓我對懸疑小說和驚悚小說產生興趣。」但他怎麼會想到寫那些陳列在巴諾書店前架上、登上《紐約時報》暢銷書排行榜的暢銷書呢?「我不知道如何寫懸疑小說,因為我沒有讀過那些東西。我是一個范德堡大學典型的文學勢利鬼。」

派特森最終以長髮的嬉皮形象來到紐約,沒有工作,前景一片黯淡。他打算應徵計程車司機,但沒有成功。「一個讓我想起電視劇《計程車》那個演員丹尼・狄維托的人把我趕出他的車庫。」他住在極其便宜的華盛頓傑佛遜飯店裡,當時那是紐約最破舊的飯店之一。他那間挑高的小房間裡,貼著寫滿「X」的吊墜圖案壁紙,是一名瘋狂的前房客所寫的。「我的首要工作就是離開那個房間。」他告訴我。終於,有一次與朋友的朋友會面後,他得到湯普森廣告公司初級文案編輯的職位。

派特森欣然接下工作,儘管「我對廣告的興趣為零,從來就對廣告沒有興趣。我想成為一名作家。」但他需要薪水。他一生中大部分時間都看著父親處於經濟困難的情況,他彷彿聽見父親督促他「安穩、安穩、小心、小心。」廣告工作是支付

帳單的方法。「到底有誰有辦法成為小說家呢？」

他說，當時他是個「害羞、憨厚的人」。但他有天賦，能做出讓人印象深刻的廣告。在廣告公司與明星客戶合作的過程中，他學會了如何與觀眾溝通。他把廣告想像成一則則的小故事，每則故事都有一個與他腦中故事相吻合的拍攝角度。他的作品受到關注，升遷隨之而來。但儘管他很擅長，「我並不喜歡。」他說。如果你見過他，你會看到一位正在崛起的廣告經理。他照鏡子時，卻看到一個完全不同的人。

「也許我有妄想症，但我從未想過自己是個廣告人。」他告訴我。「我一直打算成為一名作家。我希望成為一名作家。這個想法一直存在我腦海裡。」

到頭來，派特森想像自己是另一個角色的願景，正是第一階段探索的關鍵。他的願景相當於克里斯・多諾萬想像自己是一名女鞋設計師，儘管他整天都在修電話。那種把目標視覺化的能力，正是成功轉行人士的特徵。

1986年，社會心理學家海瑟・馬庫斯（Hazel Markus）和寶拉・努瑞斯（Paula Nurius）創造「可能的自我」（possible selves）一詞來描述我們如何想像未來：我們可能成為什麼、想要成為什麼，甚至害怕成為什麼。所謂可能的自我包括改變性格，或變得更快樂或更有自信。有些包括身體上的改變，比如減肥。不過對於那些正在重新檢視生活和職涯的人來說，想像可能的自我尤其能獲得啟迪。他們試穿各種身分。他們把自

己想像成與現在的角色相去甚遠的新角色。就像派特森和多諾萬，他們在實際踏上那些未來之前就已經好好想像一遍。

如果你正考慮轉職或改造你的工作，管理專家發現，思考未來可能的自我是關鍵的第一步。派特森在腦海裡認為自己是一名作家，這個想法是正確的。這可以幫助你把白日夢變成現實。研究人員發現，當你為自己想像不同的未來時，其實更容易做出重大改變。僅僅藉著想像可能的自我，你就更可能保持專注，制定有效的計畫，發現潛在機會。心理學家要求人們寫下自己未來的樣貌時，這項練習可以幫助他們更清楚制定目標，並計畫實現目標所需的步驟。這反過來又有助於區分什麼是實際的目標，什麼是幻想。

幾乎所有人一生中都會考慮到許多種可能的自我。馬庫斯和努瑞斯在採訪大學生時，只有二‧二％的人將他們目前的自我形容是媒體人，但大多數的人（五十六‧一％）表示他們考慮過未來可能的自我是一位媒體人。而儘管只有一‧四％的人是企業主，但高達八十‧三％的人想像自己未來能從事這項職業。

倫敦商學院的伊巴拉（Herminia Ibarra）研究職涯轉換已經有二十多年的時間，在這之間好壞時機都經歷過了，包括2008年金融危機和新冠疫情流行期間。她認為，在混亂時期嘗試可能的自我尤其重要。「即使是在前景樂觀的時期，職涯轉換也從來不是一個完美的線性過程。」她在疫情期間寫道。

「這必定是一段混亂的探索之旅——要想做得對，必須去實驗、測試和理解一連串可能的自我。」

但光是思考可能的自我是不夠的。重塑職涯的關鍵第一步是探索訊息，這通常需要採取行動。有些人可能在沒有意識到的情況下就不知不覺地走向新角色。對其他人來說，探索可能的自我更像是一個有目的的過程，就像克里斯・多諾萬在晚上報名設計課一樣。「從小事開始嘗試，在能力範圍內做些不同的事。」喬斯林・妮可・強森（Jocelyn Nicole Johnson）說。她在維吉尼亞州夏綠蒂鎮公立學校擔任美術老師數十年，才出版了她廣受讚譽的第一本書《我的蒙蒂塞洛》，並獲得《紐約時報》的高度讚揚，當時她年屆五十歲。「總之開始就對了……你總得有個開始。」

第一步可能是嘗試一個新愛好，或蒐集資訊，了解自己可能有興趣探索什麼東西，或追隨不同職業的人。或者，像派特森一樣，破曉時分就起床寫小說。儘管在工作上花了無數時間，他還是一有空就坐下來寫作。會議之間的休息時間、上班前或下班後、出差時的飛機上或飯店裡，都能看到他為他的故事打草稿。「這麼做能理清我的思緒，壓力全都消失無蹤。寫小說時，我覺得自己不必跟其他人競爭。」他回憶道。「我能夠把一切隔絕在外。」

派特森很快便完成他的第一本小說。他興奮地把手稿寄給三十二家出版社。差不多馬上就有三十一家拒絕了他。但

幸運的是，最後一家接受了。《湯瑪斯・貝瑞曼號碼》(*The Thomas Berryman Number*)講的是一名納什維爾的報社記者試圖尋找兇手的故事，由小布朗出版社於1976年出版，當時的派特森還不到三十歲。更棒的是，他還榮獲美國懸疑作家協會頒發的愛倫坡獎最佳小說處女作。他已經準備展翅高飛。

當然，職涯發展鮮少是一帆風順。以派特森的例子來說尤其如此。儘管獲得許多讚譽，《湯瑪斯・貝瑞曼號碼》賣得並不好。接下來，發生了難以想像的事情：悲劇從天而降。他交往多年的女友珍・布蘭查診斷出腦瘤。兩年多來，他一直在照顧她，甚至拒絕為漢堡王這樣的大客戶出差。她於一九八二年逝世。他傷心欲絕，埋首於工作。「珍是促使我全心投入廣告業的原因。」他告訴我。他開始快速升遷，最後成為湯普森廣告公司的北美執行長。

隨著時間過去，他重新提筆寫作，但他很難找回昔日的手感。「《湯瑪斯・貝瑞曼號碼》有很多不錯的句子。」他是這麼對我說的，但是「在那之後，我覺得有些書寫得不太好。」但他仍繼續寫，等我八〇年代末遇見他時，他遞給我的小說已經是他出版的第五本了。那時，他已經是備受尊敬的廣告公司執行長。但身為作家，他仍然默默無聞。他還沒找到自己的風格。

派特森的旅程同樣令人熟悉。他堅定地朝著小說家的目標前進，但仍緊緊抓住自己的日常工作。他已經進入了中間階

段,那個處於兩者之間的過渡時期。當然,這看起來不像傳統意義上所謂的掙扎。他是一位成功的廣告主管,他的書一本接一本出版。他基本上同時擁有兩份全職工作。他還沒準備好為了不穩定的寫作未來而放棄廣告業帶來的安全感。「我知道我還不夠好。我沒有勇氣離開廣告業,全職寫作。」他告訴我。「所以我選擇了簡單的辦法,兩邊都做。」

隨著時間過去,為了找到自己的寫作風格,他研究了許多暢銷書,想知道那些書成功的秘訣。「經過一段時間的探索……我越來越認真想要寫出能夠大賣的暢銷書。我擅長什麼,又不擅長什麼?」後來,他把故事集中在他可以深入研究並且頗具發言權的領域上,而不再寫涉獵龐大、他又所知甚少的主題,像是他送我的那本書中提到的華爾街金融系統。當初他打算寫一本有綁架情節的書時,他採訪了參與著名的林白小鷹綁架案的聯邦調查局探員。他與警察和退伍軍人做朋友。他從來不缺寫作靈感;這位廣告人的大腦很有創意,一再創作出有潛力的故事情節。(「我的想法很多,靈感總是源源不絕。我可以把我們這次的談話寫成一本小說,這簡直瘋狂。」有一度他對我說。)他也是個寫作速度很快的作家。他通常在坐下來寫作前,會記下三十或四十頁的大綱,用來作為完成手稿的指南。

然而,即使他動筆寫起第八本小說時,他仍然在努力找出屬於自己的風格。他如往常一樣,從寫大綱開始。只不過這

一次，他繼續增添內容。他用上所有最近找到的資訊，包括FBI的資料和其他來源，來提升他的說故事技巧。「我豁出去了。」他說。最後，大綱擴展到三百五十頁左右。他就是在那時候頓悟到：「就是這本書了。」他刪掉不必要的細節，把大綱變成許多推動故事發展的短章節。他找到了他的風格。

「那是很大的突破。」他告訴我。「章節短促和口語化的寫作風格就是從這時候來的……每一章都會推動情節和人物塑造，並打開我腦海中的電影攝影機。」他把新書命名為《全面追緝令》(*Along Came a Spider*)，偵探艾力克斯・克羅斯首次登場的作品。它不僅成為暢銷巨作，而且推出了有利可圖的專利權。很快地，更多續作接踵而至。

但令人驚訝的是，他仍待在廣告公司，那時的他已經晉升到負責整個北美的業務。「我從來沒有真正喜歡過。」他談到廣告業時說道。「理論上，創作這些小電影應該很有趣才對。但在公司裡不是這麼回事，因為很多客戶並不想製作好電影。」每次公司董事會開會時，時間總是以極度緩慢的速度流逝，折磨著他。「我會看手錶：7:50，然後再看手錶：8:05。我對這東西沒興趣……廣告對我就是沒有吸引力。這始終是一份工作罷了，只是到了某個時刻我可以雇用我喜歡的人。」他的同事們是派特森唯一的救星。他們聰明又有趣，符合「不是混蛋」的原則。

到了1996年，他已經出版了十本書，比大多數全職作家

一輩子出版的書還多。更厲害的是，他已經囊獲多本暢銷書，包括偵探艾力克斯‧克羅斯的第二部作品，《桃色追捕令》（*Kiss the Girls*）。截至此刻，「我已經是湯普森的執行長，但那些書賺了更多錢。」但不知為何，他仍然還沒準備好離開，踏出最後的一步。

他就是在這時進入了停滯階段。研究重塑的專家──無論是研究職涯轉換的管理大師，或是專門分析靈光乍現那種神奇時刻的神經科學家──經常談論休息的重要性。休息是為了讓洞察力浮現。對克里斯‧多諾萬而言，他被診斷出癌症時，等於被迫停滯下來。而這反過來讓他意識到，他不能再繼續修理電話了，他必須去追逐設計女鞋的夢想。派特森也經歷過一次改變人生的契機，不過情況沒有像危及生命那樣戲劇化：他只是困在車陣中。

那是一個炎熱的夏季星期天，派特森準備從他在紐澤西州曼托洛京的海邊度假屋返回辦公室，卻因為塞車而堵住了。他和其他週末前來度假的人一樣，困在紐澤西州的收費高速公路上，準備回到平日的生活。就在那時，他突然意識到：等等，這太瘋狂了。他看著另一側的車輛呼嘯而過──那些車正朝著海灘前進，而不是離開海灘。咻。咻。「我塞在車陣中，不停咒罵，感覺真的很糟，討厭極了。然後對面的馬路上，一輛車子過去了，咻。每隔十五秒，就有另一輛車子經過，咻。」對向馬路上順暢無比，完全沒有塞車。紐澤西海岸在他身後漸漸

消失,但對於另一邊的人來說卻在前方閃閃發光。

「過了一個半小時,我出現那個頓悟時刻。」他告訴我。「到馬路的另一邊才是我的工作。我走錯路了。我要進紐約做些我不喜歡的事。我需要到馬路的另一邊。我開錯方向了。」

他說,塞在路上的那一刻,他有了「意料之外的突破」。就在那時,他知道時機已到。

回到曼哈頓的辦公室後,詹姆斯・派特森辭職了。

派特森講完他的故事後,我很驚訝他從我十幾年前第一次見到的那個謙遜廣告人,蛻變成今天的模樣。「哇,這簡直是重塑自我的終極故事。」

「其實不是的。」他回答道,語氣很困惑。對他而言,什麼也沒有變。整個過程感覺就像是循序漸進的,根本算不上重塑。他始終覺得自己是同一個人。他一直都是一位小說家,只是幾十年來靠著做其他事情謀生。在他看來,唯一與重塑自我扯得上邊的,是他身為作家的成長和改變。「我不斷挑戰自己去做不同的事情。」他指出他不僅寫過懸疑小說,也寫過兒童讀物和非小說類的書籍。他把他的故事想法分給多個寫作者合著,也與其他人一起寫過包括約翰・藍儂、職業拳擊手阿里和富商傑佛瑞・愛普斯坦(Jeffrey Epstein)等等的人物傳記,還與前美國總統柯林頓和歌手桃莉・巴頓等名人合作過。「依我看,這才是所謂的重塑。」

這是我在其他成功重塑自我的人身上發現的普遍觀點。他

們不是想創造一個新身分；而是在尋找一個能夠更全面表達自己的方法。我遇到的大多數人就像派特森一樣，循序漸進地走過每個步驟，這通常會花上好幾年的時間，而不是幻想在一夜之間徹底改變他們的生活。而且他們通常還沒意識到自己正在轉變前，就已經開始採取那些步驟了。

另外，幾乎所有與我交談過的人都表示，他們在新生活中運用了過往的經驗，無論兩種生活表面上看起來有多麼不同。克里斯・多諾萬設計女鞋時，參考了他過去電信維修工人的經驗；他甚至在作品裡使用了一些工業零件。他從未忘記他的設計老師的告誡（「你很粗獷……別失去這個特質」）去做自己，而不是想像中的時裝設計師。

在另一個截然不同的領域，政治家兼活動家史黛西・艾布拉姆斯（Stacey Abrams）說過，她常常運用她早期寫作生涯學到的技能，那段時間她以筆名賽琳娜・蒙哥馬利（Selena Montgomery）創作過火辣露骨的愛情小說和懸疑小說。「領導人需要有能力吸引他人的注意，並且對不同需要和想法的社群擁有同理心。說一個好故事——尤其是愛情懸疑小說——需要相似的技巧。」艾布拉姆斯說。「優秀的愛情懸疑小說絕對不會低估讀者，最厲害的政治領導人也知道如何說出令人信服又能尊重選民的故事，並能描繪出未來的畫面。」

過往的經驗，無論再怎麼難堪，即便最後以失敗收場，仍然證明是有意義的。王薇薇本來是一名競技花式溜冰選手，但

沒能得到奧運代表隊的一席之地，後來去當時尚記者，接著在四十歲那年，轉行成為服裝設計師。最後，她因為婚紗大受歡迎而成名。她說：「溜冰教會你紀律，讓你享受到表達自我的喜悅。有速度；有動靜；你跌倒時，會爬起來再次嘗試。這用來比喻生活再適合不過。」

詹姆斯・派特森尤其充分利用他在廣告生涯中學到的技能。當時，他自費為自己製作一部廣告，在電視上宣傳他的新書《全面追緝令》，此舉在當時的出版業是前所未聞的，這也為他迎來他的突破性成功。他至今仍然積極參與各方面的圖書行銷，像是封面、標題、排版及促銷活動。他說他多年的廣告創作經驗對他的作家生涯很有幫助：「我從廣告業學到最重要的東西就是了解觀眾。」身為一名廣告人，他把廣告想像成「打開我腦海中的電影攝影機」。現在，他對他的書也是同樣的做法。「那就是廣告的延伸，也是我想做的事。」

派特森仍然有源源不絕的想法，就像他以前為漢堡王和玩具反斗城創作廣告時一樣。他總是在思考下一步是什麼。我們在談話的同時，他正在佛羅里達州的家中醞釀下一輪的新書計畫──光是2022年，他就已經有十幾本書正在籌備中。一如既往，他仍在尋覓新的故事。談話接近尾聲之際，他對我拋出最後一個問題：「你下一個自我重塑是什麼？」

1

是時候放手一搏了嗎？

知道何時相信自己的直覺

真正有價值的是直覺。

——愛因斯坦

孩童時期，我是一個認真的音樂家。我每天練習中提琴好幾個鐘頭。每到週末，我父母就會開車載我從紐澤西到曼哈頓，向茱莉亞音樂學院的老師保羅‧多克托學習中提琴。他是著名的中提琴演奏家，擁有甜美的維也納口音，也是極少數能以這種獨特樂器（比小提琴大，比大提琴小，演奏起來比另外兩者都難以對付）為生的獨奏家之一。成年後，我不再演奏，但音樂仍是我生命中重要的一部分。我的第一本書是一本音樂傳記，我偶爾也會寫一些關於世界級表演者的文章。

我遇到的音樂家當中，有一位的人生旅程尤其有趣。某方面來說，艾倫讓我想起我的兒子安德魯。艾倫像我兒子一樣，是在曼哈頓長大的棒球迷，洋基隊的死忠粉絲，背得出任何一

場比賽的先發陣容和最終比分。他也像我兒子一樣，非常著迷於比賽數據。他靠計算擊球率自行學會分數——11個打數3支安打是0.273，22個打數7支安打是0.318。而艾倫的媽媽也和我一樣，總喜歡讓他在聚餐場合上表演困難的心算給客人看，讓艾倫非常尷尬。兩個孩子都是受到一個先學樂器的表親啟發，才開始上音樂課。

然而，與我兒子不同的是，艾倫很快就對音樂像對棒球一樣癡迷。他十二歲開始學習單簧管，不久後，他就一天練習四、五個鐘頭，甚至是六個鐘頭。他熱愛古典樂，但發現爵士樂更吸引他。他尤其著迷一些老爵士樂大師的唱片，比方說班尼‧古德曼。很快地，他也開始學習次中音薩克斯風，好讓自己去揣摩如何即興演奏那些藍調爵士樂。

艾倫的家境並不富裕；他的雙親離異，母親在一間傢俱行上班。他就讀一所大型公立高中，在班上數學成績優異，但沒興趣的科目就只是「勉強及格」。他後來回憶說。他也沒時間投入課業，因為他把所有時間都花在音樂和練習棒球上。儘管他對課業漠不關心，但他是個傑出的音樂家。他在青少年時期，就已經能夠在週末演出賺點錢了。畢業後，他進入著名的茱莉亞音樂學院，是全國少數幾個被選進學院裡學習單簧管的學生之一。這所音樂學院培育出眾多人才，從大提琴家馬友友、小提琴家伊薩克‧帕爾曼一直到爵士樂大師邁爾士‧戴維斯等。

在茱莉亞音樂學院，艾倫除了學習單簧管外，也開始學鋼琴和作曲，但他隱約覺得不太滿意。課堂上主要教授的古典樂，就是無法像爵士樂那樣打動他。因此，當他的次中音薩克斯風老師告訴他一個職業爵士樂團有空缺時，他毫不猶豫地抓住了徵選的機會。錄取時，他欣喜若狂。後來，他結合了兩個他最喜歡的興趣來比喻說：「這不完全算是進入了大聯盟，比較像是3A級別的球隊，但仍是一份成熟的職業工作。」

樂團在東岸各地演出。與其他音樂家一起演奏的感覺很叫人興奮。每位音樂家都會告訴你，與志同道合的表演者合奏的時候，會有一種像是從身體湧上的愉悅感。正如艾倫所說的：「在一個優秀樂團裡演奏的體驗與你只是站在前面聽到的感覺完全不同。聲音和泛音從四面八方朝你襲來；你能在骨子裡感受到節奏；樂團裡所有人都不斷在與彼此互動。」

儘管艾倫熱愛與其他音樂家一起演出，但音樂一停止，他與他們就沒太多共同點了。他就是樂團裡的書呆子，這麼說完全不誇張。樂團成員在休息時間參加派對時，他卻在幫忙計算他們的退稅。演出期間，當樂團按工會規定休息二十分鐘時，他的同事們會進休息室放鬆——他則會留下來閱讀。他對小說沒太大興趣，卻如飢似渴地閱讀非小說類書籍。鑑於他對數學的熱愛，愛看股市相關的書籍和金融家的傳記也並不奇怪。慢慢地，艾倫意識到一些事情。「我開始期待那二十分鐘的休息時間。」他跟我說。「我意識到我覺得那段時間比玩音樂更有

意思。」

艾倫就是在此時決定該是回學校的時候了。儘管他熱愛音樂，但現在他為自己設想了一條新的職業道路——華爾街。他準備好邁出下一步。

於是，這位職業音樂家鼓起勇氣，離開樂團，進入紐約大學，打算學習金融。轉型的過程並不輕鬆。此時，艾倫已經從高中畢業好幾年。「我很擔心自己的表現。」他說。學術對他來說很陌生，音樂卻很熟悉。開學前的夏天他就買好課本，提前開始做作業，以防萬一。進入校園後，他仍為音樂世界保留一席之地，在學校管弦樂團演出，也在合唱團唱歌。他的社交生活圍繞著音樂。「人都傾向做自己擅長的事，因為這能增強他們的自尊心。所以，如果你特別擅長某件事，就會在上面花很多時間，這是一種自我強化。」他這麼告訴我。音樂是他的強項，是他花時間投入的事。

艾倫仍然不確定他是否走在正確的道路上。很多其他學生都對華爾街感興趣，他們目標明確，研習各種課程，有成績和經驗來爭取那些令人垂涎的職位。他憑什麼認為自己可以加入他們？「我不確定我在金融領域能不能成功。」他坦承道。

艾倫徹底顛覆自己的生活，踏上一條未知的路，這麼做到底是否正確？每當我與那些考慮改變方向、轉換職涯或顛覆生活的人交談時，這是我聽到他們最糾結的困境。你或許打從心底覺得做出改變是正確的。但你怎麼知道自己做的是不是正確

的選擇？就算是，現在又是不是放手一搏的最佳時機？

在任何轉變中，或許最困難的就是第一步：決定是否要進行重大轉變。即使我們想要改變方向——因為我們的技能已經過時，或我們的生活不再充實，或我們失業了——仍然有強大的文化力量從四面八方壓制我們。重塑自我似乎是一件極其艱鉅的任務。書本雜誌充滿了如何打破舊習並掌握新方式的大膽建議。但那似乎社社只適用於那些少數勇敢的人、那些敢於領導的人。成功學大師安東尼・羅賓斯要求他的追隨者「摧毀」他們的恐懼，斥責他們的「軟弱」，並且不止一次堅持現場觀眾像獅子一樣咆哮展示力量。正如喬許・林克納在他的書《重塑之路》中所說，我們需要「肆無忌憚地挑戰現狀」。

然而，我在寫這本書的過程中遇到的絕大多數人，都不屬於這種勇猛英雄的刻板印象。艾倫肯定也不是。那種男子氣概的剽悍作風對我們大多數人來說是不可行的。對於不符合大男人主義氣質的男性來說，規則是不同的，對於女性和有色人種來說更是如此。研究人員發現，如果這些群體越界，反而會受到懲罰。

有意義的改變似乎遙不可及，所以我們望之卻步。「撐過去。」「忍耐一下。」「算了吧。」「重回正軌。」我們大概都對自己說過這樣的話。某種程度上，這是人之常情。當周遭一切都在變化時，我們的本能是尋找踏實的土地，而不是新的海岸。我們急著尋求確定性。無論有意還是無意，這種應該擺

脫困境,回到手邊正在做的事務上,繼續前進,不要偏離的想法,已經被我們內化了。

然而如果我們謹守著當下,而不是打開心胸看看有什麼可能,等於扼殺了創造力,創新和成就感。澳洲安寧病房護理師布朗妮・韋爾(Bronnie Ware)花了數年時間照顧生命僅剩最後幾週的病人,並將他們的臨終遺言收集在她的著作《臨終者的五大遺憾》(The Top Five Regrets of the Dying)中。那些年邁病人最常分享的遺憾是:「我希望我有勇氣去過我真正想要的生活,而不是別人期望我過的生活。」

艾倫正在考慮的那種轉變,說好聽點是令人困惑,說難聽點則是叫人害怕。對於那些像他一樣已經擁有穩定工作或生活方式的人來說,放棄一切去追求未知,風險是巨大的。感覺就像看著一個若隱若現的黑洞,但無法看到另一邊的情況。好事在遙遠的未來閃爍;壞事隨時可能將你吞噬。

對那些沒有後路的人而言,情況甚至更糟。你可能是被解雇或被裁員,或你的雇主已經結束生意。或你突然受到個人打擊——喪親或離婚,或家庭情況發生變化,你需要更多彈性,或你搬到了新的地方,你的技能無法轉移。又或者,你就像新冠疫情期間的數百萬人一樣,只是累了,需要辭職。對於那些沒有安全網或沒有選擇的人來說,邁出這一步是他們能做的最可怕的舉動之一。

如我們所見,那些無論是在生活或工作上經歷重大轉變的

人，通常遵循著相似的軌跡。起初他們會進行「探索」，邊思考可能的未來邊蒐集各種資訊。接著就是不舒服的中期階段，「掙扎」，這可能持續片刻，也可能持續數年。一般來說，他們需要「停滯」，休息一下，最後才能獲得「成功」所需的清晰思路。

但這就引出了一個問題：你怎麼知道什麼時候該開始？有那麼多變數要考慮，每個變數都有可能破壞你轉型的過程。你如何判斷風險和報酬？按照邏輯，當你準備讓生活產生天翻地覆的變化時，應該有一個井然有序的方法來計算這一切。你應該能夠仔細而理性地權衡每個因素，應該要有某個類似決策樹的東西，或是一張Excel表格。沒有什麼時候比現在更需要格外慎重地慢慢思考了。

然而，我實際詢問那些成功度過難關的人時，驚訝地發現很多人並沒有做類似這樣的事。反之，他們提到了「直覺」。他們直覺認為那是正確的決定了，在白紙寫上利弊得失反倒不值一提。更重要的是，有許多人在回顧自己轉變的關鍵點時意識到，早在他們有意識地決定放手一搏之前，他們就已經開始改變了。早在他們意識到之前，他們就在重塑自我。

老實說，這聽起來很瘋狂，沒有仔細審視數據就做出重大的人生改變感覺完全說不通。尤其是現在，我們觸手可及的資訊，無論是數量或品質都已經遠遠超出我們祖先的想像。比起以往，我們如今更能夠細微透徹地權衡如此重大的決定。如果

你打算搬家，你可以透過Google搜索到你想要了解關於新職業、新城市、新工作場所等等的所有資訊。企業充斥著各種與顧客相關的資訊：他們的年齡、住址、婚姻狀況、購買什麼品牌的美乃滋。像Facebook和Google這樣的數位平台會吐出關於我們的成千上萬個數據點；在許多方面，它們比我們更了解我們。

但事實證明，太多資訊實際上可能會把我們導引到錯誤的方向。這也是為什麼在精品店購物通常比在百貨公司購物更容易的原因，因為精品店的商品經過精心挑選，而百貨公司則是選擇太多。有時候與其讓自己陷入瘋狂，不如忘掉所有無窮無盡的變數，傾聽自己的直覺。

有趣的是，管理學專家發現，成功的管理者經常會故意忽視眼前的大量資料，轉而靠直覺做出許多重大、甚至具有變革性的決策。杜克大學福庫商學院的教授約翰·格雷姆（John R. Graham）調查了一千名執行長和財務長，發現其中將近一半的人是根據「直覺」來分配支出的。他們擁有各式各樣的資訊，也會參考傳統的財務指標，但歸根究柢，他們依靠直覺和其他非財務因素（例如部門經理的聲譽）來決定如何在各部門之間分配投資，而不僅僅依賴可量化的數據。

「在教科書的世界裡，教授會教學生去學會某些特定的公式做投資決定。」格雷姆告訴我。「令人驚訝的是，在現實世界，他們也會使用許多非正式和／或簡單的決策規則。」

這似乎是很危險的遊戲，尤其是當時華爾街施壓高層主管，要求提高財務業績，公司董事會也要求那些執行長達到一些精確指標的時候。格雷姆的發現讓我困惑。我想了解這些執行長腦中在想什麼，是什麼促使他們忽視數據。因此，我聯繫了柏林馬克思普朗克人類發展研究中心（Max Planck Institute for Human Development）的研究員沙布南‧穆薩維（Shabnam Mousavi），她專門研究此類事情。我問她，為什麼高層會依賴直覺？

　　「因為這麼做有用。」她直截了當地說。「刻意忽視資訊反而出現成功的結果。」

　　我們都喜歡相信自己做出的決策是理性的，喜歡相信我們在做決定之前能夠衡量所有想像得到的風險因素。在公司文化裡，我總能看見一項企劃在批准前對這種做法的堅持。我會花費好幾個小時整理報告，列出所有想像得到的變數，以說服上層主管相信我們認為值得一做的企劃會在他們堅持的時間內準確交付他們所要求的結果。但生活遠比這複雜得多。穆薩維認為，簡單的經驗法則可以勝過複雜的演算法，因為要擺平所有可能的情況是不切實際的。

　　學者們引用了狗接飛盤這個常見的比喻。小狗為了接住飛盤，會本能地用眼睛追蹤，調整自己的位置。仔細觀察你會發現，小狗在奔跑時會讓視線與空中目標的夾角保持穩定。沒有人教狗這樣做。小狗不需要上物理課就能接住飛盤。這比起試

圖在飛盤飛在半空時計算軌跡、轉力、風速、濕度和其他所有相關因素簡單得多，肯定也快得多。更別說狗根本不會算術。同樣的道理，金融系統是如此複雜，試圖分析所有因素來做出預測的專家注定會出錯。穆薩維和她的同事捷爾德·蓋格瑞澤（Gerd Gigerenzer）在2013年的一篇論文中寫道：「計算能提供虛幻的確定性。」

然而，大多數人不願意承認自己是憑直覺行事。「直覺向來遭到壓抑，因為人們認為它是不科學的。」穆薩維說。「大家不願意說自己是憑直覺行事，因為自古以來，憑直覺行事是低人一等的概念。」因此，憑直覺做決定的高層主管最終可能會要求下屬提出理由來證明其合理性，或者，我見過不止一次的情況是，他們會採取煙幕彈策略，聘請昂貴的顧問來推薦他們已經知道自己打算採取的計畫。

那些成功轉換職業或做出其他重大轉變的人，往往會提起直覺的力量。想想可莉·席爾（Clea Shearer）的例子，為了丈夫的新工作從洛杉磯搬到納什維爾時，她沒有任何職業前景，完全不知道自己該做什麼。她記得當時的想法是：好吧，我是一個三十三歲的女人，來到一個全新的城市，一個認識的人也沒有。我們為了我丈夫的工作舉家搬來這裡，然後呢？！可莉不得不重新規劃自己的生活。她只是不確定該怎麼做。

不久後，她遇見另一個剛搬來納什維爾的人，喬安娜·泰普林（Joanna Teplin）。她同樣和全家一起從西岸搬來這裡，

是一位具有藝術氣息的電影系畢業生，設計過一系列的賀卡。她也和可莉一樣，需要重新開始。兩個年輕媽媽都在新城市感到有點不適應。她們透過一位共同朋友的介紹，找了一天共進午餐⋯⋯四個小時後，她們就建立了商業夥伴關係。她們後來寫道：「從見面的那一刻起，就很確定我們會一起創業。」這是純粹的「直覺」。

那天傍晚，她們在各自家中幫孩子們洗澡的空檔，就制定了計畫，要創辦一家家居整理公司，連名字也想好了：The Home Edit。五年內，這個靈光乍現的想法迅速成為一個風潮，催生出一家全國性的企業、一部電視劇、三本暢銷書，以及與收納整理連鎖專門店 Container Store 的授權協議。過程中，她們吸引了像瑞絲・薇斯朋、金・卡戴珊和葛妮絲・派特洛這樣的客戶，以及超過五百萬的 Instagram 粉絲，這些粉絲對她們經典的彩虹整理法讚不絕口，食品儲藏室的架子上擺滿了裝在透明容器裡的穀物，樂高積木則在遊戲室的儲物櫃裡按照完美的彩虹順序排列。

「多年過後，我們聊起這件事時才說：『我不敢相信我跟一個才認識幾個小時的人一起合夥做生意，甚至沒有調查對方的背景或用 Google 徹底搜查一番。』」她們在她們的書《The Home Edit》裡頭寫道。「這可能不是最明智的做法，但⋯⋯我們覺得繼續憑直覺行事也無妨。」

當然，一個企業要成功涉及許多因素，就像許多錯誤也

會導致失敗。這兩位女士擁有互補的技能，並且擅長製作令人嚮往的Instagram貼文。她們早期利用了在西岸的人脈，獲得一位名人客戶——女演員克麗絲汀娜·雅柏蓋特（Christina Applegate），她和喬安娜的孩子都就讀同一所幼兒園——而這又為她們帶來了其他名人客戶。她們還巧妙地改造了居家整理這個概念。傳統的居家整理通常側重於扔東西，簡化生活。她們則是專注在重新整理你原有的東西，打造出令人稱羨的食品儲藏室或華麗的車庫。她們銷售的是一種彩虹色的生活方式，以及她們倆的閨蜜個性。

雖然可莉和喬安娜的故事是她們獨一無二的經歷，但她們所謂不要過度思考的洞見仍值得參考。「我們都有運用直覺並採取行動的能力。我們不會把事情分析到臉色發青。我們只是勇往直前，讓事情成功。」她們寫道。

這兩位女士可能沒有意識到，她們的直覺做法已經得到組織心理學家的證實。打個比方，在2002年的一項實驗中，馬克思普朗克研究中心的研究人員丹尼爾·戈德斯坦（Daniel G. Goldstein）和捷爾德·蓋格瑞澤（Gerd Gigerenzer）對隨機抽樣的德國人和美國人問了一個簡單的問題：「哪個城市的人口更多：聖地牙哥還是聖安東尼奧？」你會合理猜測美國人對這方面更了解，因此更有可能知道正確答案：聖地牙哥。然而，令人驚訝的是，100%的德國人回答正確，但只有三分之二的美國人知道正確答案。

研究人員得出的結論是，原因在於美國人對美國城市了解太多。他們過度思考他們的答案。他們考慮了多年來蒐集的所有資訊——地理、工業、人口統計等等，仔細衡量決定。德國人則沒有這種明顯的優勢。他們只知道自己聽說過聖地牙哥，它比聖安東尼奧更有名。他們沒有多餘的訊息來干擾他們的思考過程。

　　在另一項類似的實驗中，研究人員要求英國和土耳其的學生預測一場英國足球比賽的獲勝者，對球隊一無所知的土耳其人，其預測的準確度幾乎和英國人一樣。英國人對自家球隊的細節太了解了，比如說哪些球員在壓力下會失常，或是誰受傷了，而土耳其人只是對那些最厲害的球隊名字有點熟悉。「缺乏認知算是一種訊息提供嗎？」研究人員大膽問道。

　　顯然答案是肯定的。其他實驗中，不管是預測127場溫布頓男子網球比賽的獲勝者、政治選舉的結果、唱片銷量或大學品質，業餘者的表現都與專家旗鼓相當，甚至更好。加拿大紐芬蘭的學生甚至可以挑出哪些國家冰球聯盟的球員更成功。在一項實驗中，隨機接受街頭採訪的人所挑選的股票投資組合表現優於金融研究生配置的投資組合，意外得令人忍俊不住。研究人員認為這是因為金融專家對個股和績效變數了解太多。他們過度思考自己的選擇，業餘者則主要憑藉他們認識的名字挑選。

　　有充分的證據顯示，過度思考會阻礙各種決策。在一項實

驗中，研究人員要求受試者從五張海報中選擇一張，其中包括印象派畫作和有趣的動物圖片，像是一隻貓棲息在繩子上，旁邊寫著「別煩我」。一組人只需要單純選擇他們喜歡的海報，不必多想；他們絕大多數都選擇了印象派作品。另一組人則必須先準確描述他們喜歡或不喜歡每張海報的原因。他們必須仔細思考自己做了什麼選擇，以及選擇的原因。大多數人最後都選了動物海報，但研究人員在三週後聯繫他們時，他們表示後悔自己的選擇。他們應該選擇印象派畫作才對。

過度思考就是會這樣：它會讓我們改變主意，進而做出更糟的決定。這不僅僅適用於選擇海報這種個人品味的問題。我們過度分析一個情況時，可能會得到一個「客觀上」錯誤的結論。研究人員要求人們對五種草莓醬進行盲測。根據過去《消費者報告》的排名，其中一種草莓醬排名第一，其他幾種則墊底，有一種甚至低至第四十四名。研究人員要求一組受試者品嚐果醬並立刻給出評分；他們的結果與《消費者報告》的排名非常接近。第二組則要求他們仔細思考自己喜歡或不喜歡每種果醬的理由。他們的排名結果是一場災難──與《消費者報告》的排名相差甚遠。研究人員發現，過度思考「改變了人們對自己感受的看法」，讓他們的結論實際上變得不那麼準確。

涉及到創造新事物，像是一個突破性的想法、一項新發明，或改造現有產品的時候，太多訊息尤其容易出問題。資訊超載導致災難性錯誤的典型例子就是著名的「新可口可樂」慘

敗事件。1985年，可口可樂公司為了改良其經典飲料，啟動了在當時被認為是史上最大規模的市場調查。競爭對手百事可樂推出「百事挑戰賽」的活動，顯示了消費者在盲測中更喜歡百事可樂，在那之後，可口可樂就一直處於劣勢。（後來發現百事可樂獲勝的主因是它更甜，所以比起喝一整杯，單獨喝一小口時味道更好。）

新可口可樂的配方就是專門為了在小口品嚐的比賽中獲勝。然而，新可口可樂推出後，憤怒的消費者幾乎是立刻拒絕。儘管花了四百萬美元做研究，進行近二十萬次的口味測試，時任總裁唐納德・基奧（Don Keough）後來坦承，世界上所有的市場數據都無法衡量可口可樂消費者對原產品「深厚而持久的情感依附」。可口可樂因為過度分析而陷入史上最尷尬的產品失敗。

如今，即使是蒐集大數據的公司，在試圖創造突破性產品的時候也會刻意忽略這些數據。亞馬遜最出名的就是幾乎所有事情都依賴數據和市場調查。據說亞馬遜每張訂單都會蒐集超過兩千個數據點。一位BBC記者獲得自己在亞馬遜的個人資料，發現他們追蹤了他超過11.5萬次的活動，包括他每次點擊Kindle電子書的時間，以及他的小女兒要求播放《冰雪奇緣》的主題曲〈Let It Go〉高達48次的情況。

然而，談到創造新事物時，亞馬遜不只是看眼前的數據，而會看得更遠。正如亞馬遜創始人傑夫・貝佐斯所說的：「沒

有客戶要求Echo智慧音箱。這絕對是我們自己在探索的產品。做市調沒有用。如果你在2013年去找一個客戶，問他們：『你想要一個得一直開著的黑色圓柱體放在廚房裡嗎？它大概有一個品客洋芋片的罐子那麼大，你可以跟它說話、問問題，它還能幫你開燈、播放音樂。』我保證他們會用奇怪的眼神看著你說：『不用了，謝謝。』」

就這一點，他讓人想起蘋果公司的史蒂夫・賈伯斯。賈伯斯有一句名言：「消費者通常要看到產品，才會知道自己想要什麼。這就是為什麼我從不依賴市場調查。我們的任務是讀到那些尚未寫在紙上的東西。」考慮到蘋果公司蒐集了大量數據加以分析，他這番話多少有些言不由衷。但撇開他這種姑且說是藝術家氣息的表達方式不談，他整體而言的說法是正確的：如果你想發明新東西，根據定義確實不會有人主動要求它。正如賈伯斯說過的：「知道自己想要什麼，並不是消費者的工作。」

同樣地，詹姆斯・派特森當初也無視十幾年來出版界的專業知識，堅持為他的暢銷書《全面追緝令》製作電視廣告，儘管他的出版商建議他別這麼做。他告訴《哈佛商業評論》：「總是會有人質疑你，但我的直覺經常是對的。和我共事的人雖不情願，但最後仍會意識到這一點。」

然而，憑直覺做決策所獲得的成功，與那些訊息不足、「我不想做功課」這類的懶惰決策之間是不一樣的。要是你深

入挖掘那些突破性想法的起源,就會發現它們的共同點是一座充滿豐富經驗和知識的寶庫。

我們可能會認為一個朋友擁有「絕佳的直覺」,或是一位領袖擁有非凡的洞察力。但我們看見的其實是他們經年累月所累積下來的深厚專業知識。事實上,研究人員發現,在外界看來像是靈光一現的事情,其實只是平淡無奇的模式識別:這些創新者從過去的經驗中識別出模式,即使是在看似全新的事物中也是如此。詭譎的是,他們的直覺之所以正確,正是因為他們之前對這些情況已經分析太多了。傑夫・貝佐斯和史蒂夫・賈伯斯並非憑空發明那些電子設備;他們和他們的同事有幾十年創新、研究和了解消費者的經驗去支持他們。就詹姆斯・派特森而言,他有幾十年的廣告經驗,幫助他知道該如何吸引消費者。

幾乎在所有情況下,所謂的憑直覺行事就是把熟悉的模式推廣到新事物上。例如,西洋棋大師似乎不必分析,只要看一眼棋盤就能知道正確的走法,但研究人員發現,他們之所以能做到這一點,是因為他們腦中已經儲存了五萬到十萬種的模式。在一項有趣的實驗中,日本研究人員花了幾個月時間訓練一群新手成為日本象棋(shogi,類似國際象棋)的專業棋手。研究人員使用造影設備來檢查參與者在下棋時的大腦活動。一開始,棋手們對這種遊戲感到吃力。他們花時間仔細分析每一步棋。然而不用說,隨著他們變得有經驗,並開始做

出快速且顯然是直覺的致勝棋步時,他們的大腦中與無意識思維和自動化行為相關的區域活動增加了。用通俗的話來說,這些棋手已經發展出直覺——他們在以前沒有直覺的地方創造了「直覺」。

華盛頓大學奧林商學院的管理學教授艾瑞克‧丹(Erik Dane)在一項實驗中觀察到類似的現象。在實驗中,已經擁有名牌包的人可以立刻辨識出假的LV和Coach錢包。他們不需要檢查縫線或顏色。他們不見得能夠解釋他們為什麼會知道,但他們就是知道。籃球專家也是如此:丹發現,那些打過三年以上高中籃球的人不需要拆解每個動作分析,就可以準確評價投籃的難易度。他們觀看籃球選手的影片時,對他們的投籃動作無須多想;投籃的難易度對他們來說顯而易見。

幾年前,在某個文獻充分的案例中,一名消防指揮官做出了一個看似奇蹟的直覺判斷,挽救了整個團隊的性命。隊員們在屋子內撲滅一場看似普通的火災時,把水龍頭對準火焰,但奇怪的是,他們的努力沒有任何效果。同時,房子內異常炎熱,比火災應有的溫度還高。現場也異常安靜。指揮官不知道為什麼會這樣,但突然間他發現自己對隊員們大喊:「撤退!」一群人奔逃而出。不到一分鐘,他們原本站立的地板就塌陷了。所有人不知道的是,火源其實在他們腳下的地下室。

指揮官並不知道起火點在哪裡。他後來解釋說,他只是有一種「第六感」,覺得他的隊員們有危險。但認知心理學家蓋

瑞‧克萊因（Gary Klein）和他的同事分析這個案例時，得出了不同的結論。「我們沒那麼浪漫，我們推測不協調是導致撤退的信號。溫度、聲音和水所表現出來的種種線索都與我們平常熟知的火災模式不一樣。」他們寫道。消防指揮官深厚的專業知識讓他知道這種模式是錯誤的。這種不協調觸發他的「第六感」，給他一種災難即將來臨的緊迫直覺。

神經科學家安東尼奧‧達馬西奧（Antonio Damasio）將這種直覺定義為「在沒有意識到所有邏輯步驟以前的情況下，迅速得出特定結論。」達馬西奧透過一個紙牌遊戲的研究，證明了這種效應。在這個名為「愛荷華賭博任務」的遊戲中，玩家要從四副不同的撲克牌中選牌，每張牌都會增加或減少一些現金。玩家需要多達五十回合才能意識到選擇其中兩副牌會「贏」，選擇另外兩副會「輸」，然而僅僅十回合後，他們在考慮選擇「輸家」牌時，身體就開始出現壓力的跡象。在大腦有意識前，身體就已經在引導他們走向正確的方向。達馬西奧是南加州大學大腦與創造力研究中心（Brain and Creativity Institute）的負責人，他強調直覺並沒有比推理能力更優越，那是身體和心智兩個系統共同合作的結果。

正如他所寫的：「除了心智和大腦之間的交流可能是一種迷思：心智和身體之間的分離大概也是杜撰的。」

另一方面，在沒有任何經驗的支持下，僅憑直覺行事，可能會壞了大事。以二十世紀初一位紐約醫生為例，他以「黃金

直覺」聞名：他對哪些病人會罹患傷寒有著非凡的直覺。他的診斷方法幾乎從未出錯：他會用手指觸摸病人的舌頭，感受其形狀和質地。當然，考慮到他在診斷不同病人之間從不洗手，他預測誰會生病的「直覺」力量，在今天看來不算是奇蹟。學者羅賓・霍加斯（Robin Hogarth）指出，「他只用雙手，就成了比傷寒瑪麗更有效率的疾病傳播者。」

說到現代憑直覺行事而出錯的例子，就不得不提好萊塢資深人士傑佛瑞・卡森伯格（Jeffrey Katzenberg）。他是一位非常成功的年輕人，三十出頭就升到迪士尼影業集團主席的職位。他精力充沛、擅長社交，每天早上都會安排三場商業早餐會議，似乎每個知名記者都在他的快速撥號清單上。只要是傑佛瑞想要的東西，他總是能找到辦法得到。有一次，他甚至透過我未公開的電話號碼找到我家，試圖（但嘗試未果）強迫我撤回一篇關於他的商業夥伴大衛・葛芬（David Geffen）的文章，當時我正準備哄孩子們睡覺。

集固執、霸道和魅力於一身的卡森伯格，很快獲得大眾關注，也獲得一定程度的主流名聲，這對高層來說並不常見。他重振了迪士尼日漸衰落的動畫部門，製作《小美人魚》、《美女與野獸》等新經典之作，後來又聯合創立了夢工廠，製作像是《史瑞克》等熱門電影。因此，當卡森伯格與傳奇科技大老、也是惠普和eBay前任執行長梅格・惠特曼（Meg Whitman）聯手創立新的串流媒體時，眾人可謂引頸期待。

Quibi——「quick bites」的縮寫——將提供具有大型製片廠製作水準的行動短影片，匯集從珍妮佛・羅培茲到史蒂芬・史匹柏等一線好萊塢巨星。根據《華爾街日報》的報導，它迅速從投資者那裡籌集了十七・五億美元，「主要因為他們信任創辦人的直覺和願景。」

上市不到短短六個月，Quibi宣告失敗。

直覺是如何出錯的？過去憑直覺獲得成功的其中一個危險之處是，人們會變得過度自信。卡森伯格和惠特曼在各自的領域都有豐富的經驗，但他們並沒有意識到這些領域與社交媒體的世界有多麼不同。社交媒體的關鍵是病毒式傳播的內容，但用戶無法輕鬆地與朋友分享在Quibi上的影片。兩位創辦人最初也忽略了觀眾需要能在電視上觀看影片，而不只是在手機上觀看的建議。Quibi也無法說服大眾應該購買訂閱的原因，它看起來只是在複製像YouTube和TikTok等已經可以免費獲得的服務。最後一根他們無法控制的稻草是Quibi把發佈日期選在2020年四月——新冠疫情封城後的一個月。

正如商管作家詹姆斯・索羅維基（James Surowiecki）所說的，真正的問題在於「對有遠見企業家的崇拜」。有遠見的人相信，「如果每個人都認為某個點子很瘋狂，但你認為很聰明，你應該相信自己，放手一搏。」到頭來，Quibi徹底失敗。當初投資者爭先恐後地投資Quibi，因為他們「相信創辦人的直覺」。正如《華爾街日報》所報導的。「結果，他們反

而目睹了娛樂業史上最快的翻車現場。」

平心而論，沒有人擁有完美的直覺，即使是史蒂夫・賈伯斯也不例外。還記得那款革命性的蘋果個人電腦Lisa嗎？如果不記得，也不用覺得奇怪。這款電腦在1983年推出時大張旗鼓，但潛在客戶卻被將近一萬美元的定價和其緩慢的性能嚇得打退堂鼓，沒一會兒就以失敗收場。

直覺反應的一項指標性特徵是，你的身體甚至在你的大腦意識到前就告訴你該怎麼做。這清楚顯示我們在那些轉型成功的人身上看到的另一個共同點。他們幾乎都是在還沒意識到之前就開始轉變。克里斯・多諾萬想都沒想過自己會成為一名設計師，就已經畫起鞋子的詳細草稿。皇后樂團的吉他手布萊恩・梅還在攻讀天體物理學博士學位期間，就錄製了樂團的前三張專輯。不僅經歷過職涯轉變的人是如此，經歷個人轉變的人也不例外：他們通常在還沒意識到之前就踏上了新的道路。社會學家黛安・沃恩（Diane Vaughan）甚至發現，分手和離婚的夫妻有時候還沒意識到自己在做什麼之前，就開始漸行漸遠。

從今天的角度來看，我們會認為派特森在仍有正職時的寫作，及布萊恩・梅在仍有正職時的表演，都是一種「副業」──不是他們「真正」的工作，而是業餘時間追求的熱情。檢視其他成功轉職的人時，你經常會在他們的歷程中發現同樣的模式。Google的兩位創辦人在創立公司時還是史丹佛

大學的研究生。「我們差點沒有創立 Google，因為我和我的共同創辦人謝爾蓋（布林）太怕我們不能完成博士學位。」共同創辦人賴利・佩奇曾說。像 Under Armour、Yankee Candle 和 Skimm 通訊這些不同的公司，最初都是從副業開始的。

我遇過最大膽的副業案例是幾年前的事，當時我是《Condé Nast Portfolio》這本商業雜誌的主編。一家投資公司邀請我參加他們的年度會議。那年十一月，我走進曼哈頓大都會俱樂部的晚宴時，感覺自己迷失在一群西裝筆挺的中年男子之中。他們三五成群，彼此深入交談，目光一邊環顧四周，尋找更重要的人搭訕。女性寥寥無幾，而且顯然是隱形的。沒人注意到我。我有點不自在，緊緊抓著酒杯，環視房間，看到一個與我同樣尷尬的人。一個年輕男子，沒穿西裝，而是一條藍色牛仔褲和夾腳人字拖獨自站在那裡。沒人告訴他著裝要求，我有點替他難過。他看起來就像我女兒的一個高中同學。也沒人注意到他，所以我走過去自我介紹。

他與我握手，禮貌一笑說：「你好，我是馬克・祖克柏。」

那年是 2006 年，Facebook 即將成為一個商業巨頭。傳言 Yahoo 想要以十億美元的巨額收購它。（截至撰寫本文時，現稱 Meta 的 Facebook，估值超過三千六百億美元。）但這位年輕的哈佛輟學生並沒有像那些當權執行長一樣引人注目──也沒有像房間裡另一位科技天才，YouTube 的共同創辦人查德・赫利（Chad Hurley）那樣受到關注，Google 剛以十六・五億

美元的價格收購YouTube。我們聊天過程中最讓我印象深刻的是，當我問起祖克柏決定從哈佛輟學的決定時，他澄清說他其實沒有輟學，他只是暫時休學，想回去仍可以回去。

　　這聽起來實在有違常理。祖克柏已經創立了一間價值十億美元的公司，但他仍維持自己的大學生身分「以防萬一」。這就像詹姆斯・派特森的書已經登上了《紐約時報》暢銷排行榜，但他仍在廣告公司的辦公桌前拚命製作柯達廣告一樣不合理。對馬克・祖克柏而言，Facebook仍是一個「副業」。

　　回到紐約大學，艾倫也在不知不覺中為自己的轉職做準備。他早期對數學的喜愛，大量閱讀金融和華爾街的書籍，甚至在有空時幫樂團成員計算所得稅這些事，都對他很有幫助。雖然他對重返校園感到緊張，但他驚訝地發現自己在第一學期就得到兩個B，其餘都是A。在那之後的每個學期，他都得到全A的成績。那個對課業漠不關心的高中生成為了成績優異的大學生。「我選了很多高等數學課程。我打從一開始就對經濟學很感興趣：我被供需曲線、市場均衡的概念和國際貿易的演變所吸引。」他說。他在紐約大學繼續攻讀碩士，最終獲得經濟學博士學位。

　　多年後，他告訴我：「我做過最重要的經濟決策，就是決定離開音樂圈，重返大學校園。」

　　這番言論從他口中說出，尤其不同凡響。因為這位過去曾是職業爵士薩克斯風的演奏家不只是成為一位普通的經濟學

家,他擔任過五屆聯邦儲備委員會主席,掌管著美國的金融健康。在他超過半個世紀的職業生涯中,艾倫・葛林斯潘所做出的「重要經濟決策」可能比地球上任何人都還多。

他勇敢轉行的決定最終得到回報。順道一提,他沒有完全離開音樂的世界。他告訴我他在家會彈鋼琴放鬆。他的妻子,主播安潔亞・米切爾(Andrea Mitchell),年輕時也是一名小提琴手。我離開待了二十二年的《華爾街日報》創辦新雜誌時,在聯準會的葛林斯潘博士用有點戲謔的語氣寫了一封可愛的信給我,內容提到他二十年前讀到我還是《華爾街日報》初出茅廬的記者所寫的第一篇頭版文章有什麼想法。當時我為了報導,在街上拉中提琴體驗街頭音樂家的生活。

「在那篇文章中,你神奇地結合了我鍾愛的三個主題:演奏古典音樂的樂趣、城市街道上熙來攘往的活力景象,以及親身參與比較工資分析的純粹喜悅。」他寫道。「儘管我堅信曼哈頓永遠不會有所謂太多的巴哈音樂,但我祝你的最新事業一切順利,即使我預計它會讓你遠離街頭,遠離你的中提琴。」

那封裱了框的信仍掛在我的辦公室裡。

2

學會愛上掙扎

對，你失敗了。現在怎麼辦？

> 成功就是經歷過一次次失敗，
> 卻從不喪失熱情。
> ——溫斯頓・邱吉爾

如果你看過電視劇《尼基塔女郎》或《時空英豪》，那麼你對瑪拉・金斯伯格（Marla Ginsburg）的作品想必不陌生。身為一位資深的美國電視圈主管，她把這些熱門影集和其他作品帶給國外觀眾，在巴黎引起轟動。幾十年來，她一直是一股不可忽視的力量，是電視圈最有權勢的女性之一，也是巴黎時裝秀的常客，是一位會穿著Chanel和Chloé，搭配白T和牛仔褲的時尚女性。

2003年，一紙優渥的製作合約吸引她搬回洛杉磯。新家超過百萬美金的房貸，連同園丁、泳池清潔工以及兩個孩子的保姆費，她都能輕鬆負擔。生活很美好。

後來，一切急轉直下。

首先，一場編劇罷工活動席捲整座城市。她的工作在一夜之間消失無蹤。她突然間失去收入。罷工甫結束，就爆發了2008年的金融危機。她大部分投資在股市的積蓄價值暴跌，房價也隨之崩盤。為了在情況好轉前維持生計，她把游泳池的水排乾，解雇了傭人，原本租賃的汽車也不租了。但這遠遠不夠。很快地，她領光銀行帳戶的錢，虧本賣掉股票。由於沒有現金養家糊口，她只好出租一個房間，用租金來購買日常用品。她變得非常擅長利用有限的食材。她可以把週一買的漢堡肉，變成週五還能吃的肉餅。她的財務顧問告訴她是時候宣布破產了。她沒戲唱了。

金斯伯格年過五十，住在一個崇尚年輕的城市，又是身處在以白人男性為主導行業中的女性。她不得不把一切歸零，從頭開始。但她擅長什麼呢？她又該如何做出改變？她沒有經濟來源，信用也破產了。親愛的，你可能已經玩完了。她記得她這樣對自己說。如果真是如此，那下一步是什麼？她冷笑著回想起當時的想法：「我有兩個非常實際的夢想。一個是擁有自己的脫口秀。另一個是，我一直夢想成為一名服裝設計師。回想起來，這兩個目標都極度荒謬。」

但她已經走投無路，於是她在西爾斯百貨給自己買了一台縫紉機，到Google上搜尋如何把線裝進線軸。她花了幾個鐘頭在Google上搜尋更多資料，努力想搞清楚怎麼使用縫紉

機，然後又花了更多個鐘頭縫紉作品，給她那些仍然富有的朋友看。她的朋友們完全不知道她的財務狀況有多糟。她在縫紉機前埋頭忙了好幾天。「我當時正在炎熱的南加州經歷更年期，天氣熱得要命。我的孩子們都以為我瘋了。」

有那麼一刻，她的努力彷彿準備得到回報。有一次在偶然的情況下，她無意間聽到兩個陌生人在爭論他們兒子成人禮的菜單，而那個男人碰巧是個成衣商——她找到了一個願意投資她服裝系列的投資人。她的經紀人幫她在HSN電視購物頻道爭取到銷售機會，Nordstrom百貨公司也開始販售一些更高級的服飾。然而，後來碰到房地產崩盤，投資人消失了。接下來，與另一個成衣商的交易也沒能成功。她的選擇越來越少……最後無疾而終。隨著財務狀況持續惡化，她在外人面前最後的正常表象也隨之瓦解。

她不得已把房子以低於房貸的價格賣掉，帶著她的縫紉機回到蒙特婁，再次嘗試與另一家成衣公司接洽。為了尋找新的潛在商業夥伴，她開始固定往返曼哈頓。問題是，她沒錢去那裡。於是她會跳上蒙特婁的夜間灰狗巴士，徹夜長途跋涉，然後隔天早上抵達港務局巴士總站後，到星巴克的廁所梳洗儀容。她會在朋友家借住一晚，再搭巴士回家。她就只能負擔得起這麼多。「我徹底破產了，身無分文。我被逼得走投無路。」她告訴我。「一輩子累積的工作經驗都不算數。突然間，你變得什麼都不是。」

她的壞運氣似乎沒有盡頭。就在她覺得自己終於要擺脫財務困境時，她十八歲的兒子卻罹患了何杰金氏淋巴瘤。他到父親所居住的荷蘭接受治療。瑪拉陪同他去，在一個借來的公寓裡克難地住了好幾個月。「失去金錢和房子，還有一個孩子在與癌症抗爭……我上輩子一定是該死的納粹。我不斷遭受打擊。」

　　市面上有成堆的書都在宣稱失敗是你人生中最美好的事。這也是各地畢業典禮演講者的共同主題。「祝你們遭遇不幸。」最高法院首席大法官約翰．羅勃茲（John Roberts）在2017年對他兒子九年級的畢業生說。「如果你們沒有失敗過，那等於沒有嘗試過。」丹佐．華盛頓在2011年對賓州大學的學生們說。那些飛黃騰達的成功故事通常都有一個關於失敗的「起源故事」，無論是J．K．羅琳在寫《哈利波特》系列時，一邊領取社會福利，還是馬克．庫班（Mark Cuban）的第一份電腦軟體工作就遭到開除，創業賣奶粉也以失敗告終。

　　但在你無可避免地失敗時，那些故事只是讓你感覺更糟。也許馬克．庫班可以振作起來，成為億萬富翁，但這跟我們其他人有什麼關係呢？「失敗是好的」這句話似乎只有成功人士才會說，而且只有在他們成功之後才放心地說。失敗真的會通往成功嗎？也許這只是成功人士為了自我吹捧，或為了安慰我們這些窮苦人家而告訴我們的。也許這些人是在誇大其詞，也許他們只是特例。

雪上加霜的是，在這個充斥Instagram濾鏡的時代，即使你過得不錯，仍然很容易在看到別人精心打造的完美生活後，對自己感到不滿足。每個人似乎都比我們更好看、更聰明、更迷人、更成功。焦慮和抑鬱的情緒因此急遽攀升，尤其是在青少年之中。他們追求完美的程度已經近乎瘋狂，我在耶魯大學教導的一些學生覺得如果他們得了 A-，就是等同失敗。即使是客觀上成功的人，也常常覺得自己不夠好。

無論在什麼情況下，轉變從來都不是一件容易的事。但當你失敗過某件事的時候，那件事彷彿就變得更困難。如我們所看到的，每種轉變都有一些共同的要素。探索如何轉變的方法，在轉變的過程中掙扎，接著可能陷入停滯，最後總算找到成功的解方。但在失敗後試圖重新振作又更複雜了。要知道，在某件事上失敗了——一門課、一份工作、一段婚姻——不代表你這個人是失敗者。職涯教練歐維爾・皮爾遜（Orville Pierson）算過，在最理想的情況下，求職者平均要被二十四個面試官拒絕，才會找到一份工作。但遭遇挫折時，這一點很難記住。失敗變成是一件私事。你的自尊和信心因此被奪走。最令人困擾的是，失敗會帶來恐懼，阻止你重新想像更美好的未來，妨礙你冒險邁出下一步，儘管那可能是必要的。

對於像瑪拉這種職涯失敗的例子而言，這種情況尤其明顯。我們許多人，尤其是受過大學教育的美國人，都誤把自己與工作劃上等號。《大西洋月刊》作家德瑞克・湯普森

（Derek Thompson）稱之為「工作主義」。他認為「工作主義」就像一種信仰體系，能為人們提供身分、意義和歸屬感，類似宗教扮演的角色。但如果你的身分與你的職稱緊密相連，如果工作突然消失，你又是誰？你如何看待自己？你如何回答每個人在初次見面時都會問的首要問題：「你是做什麼的？」突然間，你陷入了存在主義的黑洞。

心理學家稱這種情況叫「關係混淆」（Enmeshment）：你和工作之間沒有界限時，如果失去職位，你也會失去自我價值和對自己身分的認知。瑪拉用更生動的畫面將其描述為你把你的身分與你的辦公椅混為一談。「當那張辦公椅從你下方被抽走時，那些你以為是你圈子裡的人呢？不。他們圍繞在現在坐在那張椅子上的人。」

更重要的是，我們從小就被灌輸失敗就是不好的觀念。史丹佛大學的心理學教授卡蘿・杜維克（Carol Dweck）在一項針對五年級學生的研究中發現，那些被表揚為「聰明」的孩子，在遇到困難時會變得沒那麼自信。他們覺得自己像個失敗者，同時認為既然遇到困難，那麼他們實際上想必並不聰明。但那些被形容是「努力不懈」的孩子變得更有信心，也更有動力去面對挑戰，最終也表現得更好。杜維克在她2007年的文章《讚美的危險和希望》中寫道：「稱讚智力本來的意義在於增強信心和動力，但一這麼做，兩者就會在瞬間消失。如果成功代表他們聰明，那掙扎就代表他們不聰明。」

然而,當我們把失敗解釋為學習過程的一部分,便會產生不同的效果:實際上反而可以增加動力,幫助學生在學校表現得更好。在一項研究中,當低收入戶的高中生閱讀有關愛因斯坦和居禮夫人在成功前遇到失敗的故事後,他們的成績有所進步。他們與那些在成功前經歷過失敗的名人產生共鳴,變得更有學習動力。但當學生只聽到那些科學家的偉大成就時,其中一些人的成績反而退步了。認知科學家林曉東教授(Xiaodong Lin-Siegler)表示:「失敗能提供寶貴的訊息。」她是哥倫比亞大學師範學院的教授,也是這項研究的負責人。關鍵在於分析失敗,了解失敗的原因,並找出修正的方法。

如果處理得當,失敗實際上可以成為成功的反直覺預測指標。西北大學計算社會科學家王大順(Dashun Wang)發現,早年在比賽中與領獎台擦肩而過(排名第四,低於前三名)的運動員,後來往往會超越競爭對手。他們能夠「加強修正」而成為冠軍。例如,牙買加的短跑選手阿薩法‧鮑威爾(Asafa Powell)在高中時的一次錦標賽中獲得第四名,後來他超越競爭對手,成為四屆奧運選手,並且曾經創下一百公尺短跑的世界紀錄。

這種動力同樣適用於運動領域以外。王大順發現,在學術界,早期職涯遭遇挫折的科學家到頭來都會超越表面上看起來更有成就的同行。他拿那些差點就能贏得著名國家衛生研究院撥款的年輕科學家與那些勉強獲獎的科學家做比較。傳統觀

念——或馬太效應,指的是優勢累積的理論,更為人熟知的術語就是「富者愈富,窮者愈窮」——總認為獲獎者能夠保持領先地位,獲得更多的財務回報和機會。

實際上,「失敗組」卻在十年後取得了領先地位。他們發表了一樣多的論文,他們的新發現更有原創性,他們的研究比獲獎者發表的論文影響更大。他們體現了哲學家尼采的名言:「但凡殺不了我的,都能使我更強大。」他們的成功讓我想起諾貝爾化學獎得主托馬斯・林達爾（Tomas Lindahl）。領獎時,他回憶起他在高中唯一不及格的科目:「諷刺的是,這個科目就是化學。我是唯一一個在高中時期化學不及格的化學獎得主!」

「這些結果證實的是,失敗可以成為成功的反直覺預測指標。每次我失敗時,我都會比較安慰,而這種情況每天都在發生。」王大順愉快地告訴我。「這讓我感覺好多了,也充滿希望。」

確實,只有某些失敗會帶來革命性的成功。關鍵問題是,為什麼?更重要的是,我們能做些什麼來增加失敗後成功的機率?迄今為止的研究顯示,答案在於我們如何失敗。事實上,幾乎所有最終成功的失敗者都有一個共同點:就是他們每次失敗後都會進行調整、修正和改進。他們不會全盤放棄,從頭開始。反之,他們開始反覆嘗試,過程有時候相當痛苦,需要一次嘗試一個元素。對他們而言,重點在於過程,而不是結果。

他們探索正確的元素,然後忍受一段往往拖得很漫長的掙扎期,最後總算找出新的道路繼續前進,也就是成功的解方。

這種致勝方法要求的是我們多數人都想避免的東西:迎難而上,擁抱掙扎。這個方法需要耐心進行微小的調整,而不是全面性的巨大改變。王大順和他的同事發現,那些扭轉失敗最終成功的人「專注於『有意義的改進』,反覆嘗試,越來越進步,最後就是,勝利。」他告訴我:「關鍵在於把每次失敗都視為一次有用的經驗⋯⋯確保你學到了夠多的東西,就不必每次都從頭開始。」這表示拋棄沒用的元素,保留有用的元素,然後一次又一次地重複嘗試。「你反覆學習,失敗得越來越快。你努力從過去中學習,著眼於目標,找出需要更新和改變的元素,同時保留可行的部分。」王大順解釋道。

在最近的一項研究中,王大順和他的同事為了研究哪些失敗會帶來成功,對科學家、企業家,以及令人不安的恐怖組織進行分析。他們把科學家的成功定義為獲得資金,把企業家的成功定義為出售公司或讓公司上市。至於恐怖組織,他們從全球恐怖主義資料庫追蹤了超過十七萬起的恐怖襲擊。「失敗」指的是沒有造成人員死亡;「成功」則駭人地定義為至少造成一人死亡。

林曉東在一項針對高成就者的研究中也看見類似的現象,包括奧運體操選手西蒙・拜爾斯(Simone Biles)和足球明星朱莉・福迪(Julie Foudy)。儘管研究仍處於初步階段,但她

告訴我：「我可以毫不猶豫地說，失敗是創新的主要動力之一。」林曉東也發現，失敗之所以能帶來成功，關鍵是把注意力集中在反覆嘗試的過程——我們稱為「掙扎」——而不是終點。那些只有獲得最終獎勵才有動力的人，無論是重塑職涯或拿奧運金牌，幾乎不可避免地會走向失敗。

「對那些真的有創意、總是提出新事物的成功人士而言，他們不能專注在結果上。」她告訴我。「如果你專注於結果，只會一再失望，甚至到厭惡的地步。你必須熱愛過程。」這個過程，即「掙扎」，包含重複嘗試，以及在進步的路上進行細微的修正。這難免相當的「枯燥乏味」（「你一直在重複做同樣的動作」），所以林曉東解釋，創新的關鍵是找到讓過程變得愉快的方法。

然而，人性卻不利於把這個過程視作樂趣。誰都不想要聽人反覆描述一個枯燥乏味的過程，更別說參與其中了。我們都想立刻得到滿足。整個掙扎階段聽起來實在太無聊了。因此，每次談到那些偉大的重塑故事時，我們習慣忽略這個階段。

例如，我們不太會聽到Ｊ‧Ｋ‧羅琳曾經經歷多年的痛苦掙扎，甚至考慮過自殺，被十幾家出版社拒絕，最後才有一間出版社同意出版《哈利波特》。亨利‧福特因為Ｔ型車而聲名大噪，但很少有人知道他在創立以自己名字命名的汽車公司之前，曾讓兩家汽車製造商破產。華特‧迪士尼在成為知名動畫家之前，曾因為「缺乏想像力，沒有好點子」而被《堪薩斯城

明星報》的編輯解雇。愛迪生曾因為缺乏生產力而被兩家公司解雇，他的許多發明也以失敗告終，包括一個長得超級令人毛骨悚然的「說話娃娃」。如他說的那句名言：「我並沒有失敗一萬次——我成功找到了一萬種行不通的方法。」籃球巨星麥可・喬丹也呼應了愛迪生的話，他說：「在我的職業生涯中，我失誤了超過九千顆球……我這輩子一次又一次地失敗。這就是我成功的原因。」

在2018年冬季奧運會上獲得第五名，然後在2022年重返賽場贏得金牌的花式滑冰選手陳巍，公開談論了這個枯燥乏味的過程很重要。2018年，他唯一的執念就是贏得金牌，媒體鋪天蓋地的報導、他那印在早餐穀片盒上的臉和他在時代廣場上的廣告牌，進一步強化了這種不健康的心態。最後證明了，那種關注成為他「失敗」的主因，他說。他之所以能夠捲土重來，贏得破紀錄的成績，關鍵在於把注意力從終點——金牌——轉移到達到目標的過程上。接下來的四年，他上大學擴展視野，一邊繼續接受訓練。「我認為他開始投入學業，鍛鍊大腦的各個部分後，才漸漸意識到滑冰不是生死攸關的事情，這種想法減輕了一些壓力。」協助指導陳巍的亞當・里彭（Adam Rippon）說。他本身也是2018年的冬奧選手。正如陳巍在接受《紐約時報》採訪時所說：「我在我的職業生涯中領悟到的是，從失敗中能學到的最多，一個人想要成長，這是最好的方式。」

如果你要成功，這些細微調整的重點在於，你最終會碰到一個轉捩點。你可能會一而再再而三地失敗，但後來會出現一個神奇的時刻，你會發現事情開始步入正軌。

　　王大順把這個情況比喻成融化一顆冰塊。想像你的工作是融冰。房間溫度是攝氏負六度，於是你把室溫上調一度。冰塊毫無變化。你再把室溫上調一度，但仍舊沒有變化。接著你再次嘗試，上調一度、一度再一度。最後，室溫來到攝氏負一度，然後是攝氏零度。你可能想要放棄。如果你放棄了，所有微調和改變，所有的努力和實驗，都將付諸流水。但接著你再次把室溫往上調一度，來到攝氏一度──突然間，冰塊開始融化。

　　你採取的是與先前完全相同的反覆動作，但突然間答案解開了。這就是轉捩點。

　　就像融冰一樣，有時候我們之所以失敗，問題純粹是出在我們太早放棄了。成功和失敗之間的區別不在我們付出的努力有多少，而是要理解很多努力發生在表面之下，直到最後一步才會顯現出來。愛迪生也說過：「生命中許多失敗，都是人們不知道他們在放棄時，離成功有多近。」

　　王大順的洞見顯示出我們不必是世界上最聰明或最幸運的人，也能從失敗走向成功。確實，當創造力研究人員被問到什麼是成功最重要的因素時，他們並沒有提到天賦或能力；反之，他們提到了「從經驗中學習」的能力。

這個想法令人欣慰，但有個特質確實必要：堅持不懈。即使在跌倒後──尤其是已經跌了好幾次之後──仍能重新振作起來，繼續嘗試，需要堅強的意志。

鼓勵不斷微調和重複嘗試的做法聽起來很像矽谷隨處聽得到的那句口號「快快失敗，常常失敗」（fail fast, fail often）。像伊隆·馬斯克的SpaceX火箭和Tesla電動車等革新事物，就是歸功於這個方法。但有時候這種方法也遭到曲解，以至於變得毫無意義。「快快失敗，常常失敗」催生出一種魯莽行事的文化，讓一些公司推出還沒準備好的半成品──甚至根本就不應該推出的商品。有時候「快快失敗」會跟另一個老套的科技業準則「弄假直到成真」（Fake it till you make it）並肩而行，最後導致災難性的後果。Theranos公司執行長霍姆斯（Elizabeth Holmes）因為把這兩者混為一談，向市場推出一種聲稱是革命性的血液檢測技術，但最後根本沒用，而被冠上欺詐投資人的罪名。

「快快失敗」的準則遭到濫用的程度，讓《環球郵報》稱其為「有史以來最愚蠢的商業口號」。然而，這麼說忽略了真正有價值的東西：耐心，以及從過往錯誤中學習的能力。王大順告訴我：「要我說，我們必須失敗得更快。兩次連續失敗的時間間隔應該更短。這是我們在數據中看到的特徵……如果你想要快快失敗，你就得做出漸進式的改變。」成功不會來自於魯莽地放棄一個項目去追求下一個項目，也不會來自於四處找

捷徑。「快快失敗」可能需要好幾年的時間。

卡塔林・卡里科（Katalin Kariko）的經歷正是如此。這位匈牙利出生的生物化學家，在一個沒有自來水的家庭長大，父親是一名屠夫。她在實驗室失去資金後，移民來到美國，剛來之際，就遭到一名上司威脅要把她驅逐出境。最終，她進入賓州大學，在那裡花了好幾年時間研究一種叫作「信使核糖核酸」（mRNA）的東西。她希望這些分子能夠用來治療罕見疾病，或在心臟病發或大腦損傷後修復受損的組織。可惜，她無法說服其他人相信她的這項只有少數人懂的深奧研究有未來。她年復一年申請研究經費；也年復一年遭到拒絕。她的職涯不過是一連串的失敗。

後來情況甚至糟到賓州大學撤掉她的教授職位，把她降職為研究員。這是一次屈辱的挫折。「我本來要晉升的，結果他們就把我降職了，以為這樣做我會離開。」她說。這次的經歷讓卡里科產生內省和質疑，她心想：「也許我不夠好，不夠聰明。」

然而，她選擇咬緊牙關（「我只需要做出更棒的實驗。」）以一個地位低下的低薪研究員繼續埋頭苦幹。接下來的十年間，從二十世紀九〇年代一直到二十一世紀初，儘管沒什麼成果，但卡里科仍然堅持不懈。她把mRNA分子注射到小鼠體內不斷引起自體免疫反應，這個棘手的問題阻礙了利用它們製作疫苗或用在其他治療方法上。經過無數次的反覆實驗後，她

和她的同事德魯・韋斯曼（Drew Weissman）總算找到解方。起初，沒多少人注意到他們的突破。但他們沒有氣餒，而是繼續默默努力，最終讓臨床實驗成為可能。

如果這些年來，卡里科在被人懷疑、貶低甚至忽視的時候放棄自己的執著，很難想像現在的世界會是什麼樣子。如果她和其他人沒有繼續嘗試、失敗、再繼續嘗試來完善他們的實驗，現在我們肯定會陷入更黑暗的處境。

今天，即使大家仍然不知道卡里科的名字，但幾乎每個人都知道她在mRNA這方面的開創性研究。她的執著直接促成了輝瑞和其他製藥公司所開發的新冠疫苗。正如記者達米安・加爾德（Damian Garde）和強納生・薩茲曼（Jonathan Saltzman）所寫的：「這為接下來的疫苗研發競賽開了第一槍。」

我有幸在2022年《時代》雜誌的Time 100晚宴上見到卡里科，那晚她與蘋果公司執行長提姆・庫克和女演員千黛亞等名人一起獲獎。她留著俐落的黑色短髮，戴著眼鏡，穿著樸素的黑色禮服，環顧閃閃發光的晚宴現場。她告訴我，每件壞事實際上都必須發生，因為總是會導致某件「好事」出現。「如果我沒有在匈牙利被解雇，沒有失去工作，沒有經歷過許多困難，我就不會在這裡。」另一位獲獎者瑪麗・布萊姬（Mary J. Blige）登台表演時，卡里科和她的女兒——兩屆奧運划艇金牌得主——一起跳起舞來。「我總是會想出解方。」卡里科

離開前告訴我。「我總是專注在我能做什麼。這就是我的座右銘。」

萬一問題不在太快放棄，而是在應該放棄時沒有放棄呢？換句話說，我們該怎麼知道接下來正確的做法是放棄？這是要做重大改變時最棘手的挑戰之一。我們知道在重塑自我的過程中，會從掙扎經歷到停滯再到成功。但有時候，來到停滯這一階段時，該做的其實是放棄。在他們眼前的不是暫時的阻礙，而是鮮紅的警示燈。他們應該就此打住。我們該怎麼知道是該繼續前進，還是停止追逐一個不可能的夢想？

當然，有些情況顯而易見。顯然，如果肢體不協調、有扁平足且年紀大了好幾輪的我決定轉型當一名芭蕾舞者，我很快就會意識到自己的錯誤。但對於不太明顯的情況，我們亟需一種自我診斷的方法。

雖然沒有簡單的答案，但醫學研究人員梅蘭妮・斯特凡（Melanie Stefan）偶然發現一個有用的策略。她的方法可以給你足夠的現實感，幫助你在思考未來時，設立──或重設──你的方向。

這個策略與直覺相反，是要把你的失敗一一記錄下來。

斯特凡是澳洲人，目前居住在蘇格蘭。我聯繫到她的時候，她向我簡單介紹了她令人瞠目結舌的資歷：數學和生物學雙學位、兩個碩士學位、一個劍橋大學博士學位、東京研究生獎學金、加州理工學院博士後、哈佛醫學院高等教育卓越教學

獎、愛丁堡醫學院資深講師、計算神經生物化學家。

「哇。」我說。「這資歷真是耀眼。」

「現在我再把故事跟你說一遍吧。」她說。

她的學士和碩士學位花了不是五年,而是十三年才拿到。斯特凡生物學碩班的指導教授認為她沒有希望,「跟我說我應該找個科學以外的工作。」她申請的博士學位只有一個成功,其他統統遭拒。她在加州理工學院實驗室的實驗以失敗告終,而她的指導教授也警告她,哈佛的卓越教學獎是最後的致命一擊,因為失敗者才會去教書,對認真的學術研究人員來說等於是職涯的喪鐘。

「現在回想起來,一切都聽起來很棒。」她告訴我。「但當你身處其中的時候,就不是這麼回事了。你走的每一步,都不知道會不會成功。途中有很多失敗,也有很多的焦慮和不確定性。」

有段時期,她特別焦慮。當時她人在日本,完全不曉得下一步該做什麼,缺乏安全感的情緒一下子爆發。「我開始想,這一切也太鳥了吧?」她回想道。「身為一個才剛畢業的博士生,這種極度不穩定的處境讓我不知道下一步會發生什麼事。」但她仔細想了想,明白她並不孤單;在這競爭激烈的學術領域裡,這些痛苦都是必經的過程。以統計數據來看,一份學術相關工作必須投個十幾份履歷才會獲得一份工作。於是,她坐下來,開始把失敗一一記錄下來。

最後，她為自己製作一份新式的履歷：一份失敗履歷。她列出職業生涯中每一次的失敗，然後鼓起勇氣，對外公開，寫在2015年《自然》雜誌的一篇文章中。文章裡，她計算出她每花一小時在成功的提案上，就會花六小時在失敗的提案上。她指出，她的正式履歷「沒有反映出我大部分的學術努力……在研討會上，我只討論成功的提案，而不是眾多失敗的提案。」她寫道。「我們科學家構建一個成功的敘事，讓我們對自己和對他人都看不到我們的挫折……因此每當我們經歷一次個人失敗時，都會感到孤獨和沮喪。」

　　文章發表後，你幾乎可以聽到眾人鬆口氣的聲音。斯特凡揭露了人人都會失敗的這個公開秘密，現在每個人都知道了。光是大聲承認這一點，就讓她的同事及同儕們敞開心房。「大家都感到如釋重負，終於有人談論起失敗。」斯特凡告訴我。她現在偶爾會對畢業生和其他團體談論失敗。（她的推特自介描述自己是「失敗的典型代表」。）每次她把她的失敗履歷投射到螢幕上時，學生們都會踴躍地分享自己的失敗經驗：

　　「我申請的九個博士學位都沒有被錄取（連備取也沒有）。」

　　「〔論文〕被五份期刊拒絕，到現在七年了仍未發表。」

　　「考駕照失敗，兩次。」

　　製作失敗履歷還有一個斯特凡沒有料到的額外好處。到頭來，她的失敗履歷幫助她決定了她的下一步。

一份詳列所有失敗的履歷可以顯示出你是遇到了那種應該克服的僵局，還是已經撞上了銅牆鐵壁，需要放棄。在你來到掙扎和停滯的階段時，失敗履歷可以告訴你，你是應該堅持下去還是應該放棄。簡單而言，就像斯特凡所說的，失敗履歷「實際上可能會告訴你一些關於你自己的事」。

　她的失敗履歷給了她啟發；她發現自己的職業生涯是時候做出轉變了。當初她的生物學指導教授告訴她應該離開科學領域時，「對我簡直是毀滅性的打擊。」她說。但她回顧她的失敗履歷時，才意識到她過去一直專注在錯誤的科學類型。她在實驗室裡動手做著斑馬魚的相關實驗，然而她的舒適圈其實是計算生物學，比起魚卵，她更喜歡處理數據。這番認識促使她徹底改變了自己的研究重心。她轉而專攻生物醫學，利用電腦和她的計算能力去研究學習和記憶。

　「失敗是一個讓人反思的機會。」斯特凡告訴我。更重要的是知道我們每個人都會犯錯，這有助於減輕失敗帶來的傷痛，讓我們更豁達地放棄徒勞無功的追求。申請大學職位時，她和她母親把這件事變成一個遊戲。「我媽說：『你被拒絕三十次的時候，我們就開一瓶香檳。』」每次拒絕都只是她們更進一步邁向開香檳的輝煌時刻，一切看起來更像一場比賽，而不是一次生存危機。她在累積到開香檳的魔法數字之前就獲得了職位，但她給學生們的一個建議是，在成功到來前，他們很可能會面臨大量的失敗。因此，他們也應該以類似的方式將過

程遊戲化。

斯特凡鼓勵其他科學家製作他們自己的失敗履歷。不過，她很快補充：不是每個人都應該像她一樣公開發表他們的失敗履歷。「如果成功人士願意公開談論他們的失敗，這非常有用，但對很多人來說，公開談論失敗需要有一定的權力地位。」她說。「如果你的工作穩定，而且下一份工作不會被失敗履歷影響的話，你才能這樣做。」

其他人也採取了這個做法。經濟學家約翰尼斯·豪斯霍弗（Johannes Haushofer）在普林斯頓大學任教的時候，受到斯特凡那篇文章的啟發，在網路上發表了自己的失敗履歷，把他沒有得到的工作、資金和獎項，以及研究論文被學術期刊多次拒絕的情況一一列出來。「我做的大部分事情都失敗了，但這些失敗通常沒人看見，而成功卻是看得見的。」他寫道。他這麼做的目標是幫助同事和學生們減輕失敗帶來的痛苦。「我發現我有時候會給別人一種印象，好像我大部分的事情都成功了。結果，他們更有可能把自己的失敗歸咎於自己，但事實是，這個世界很多事情是隨機的，申請需要運氣，選拔委員會和審稿人也有心情不好的時候。」

他用一個「最大的失敗」為他的失敗履歷收尾：「這份該死的失敗履歷受到的關注比我整個學術生涯的作品還要多。」

不只學術職缺難申請，幾乎任何其他類型的工作，成功機率都很低。細數我們的失敗可以有撫慰的效果。我大學畢業

時，正逢經濟衰退，我和我的大學室友發明了一個遊戲，用我們畢業前所面試的幾十家公司寄來的拒絕信貼滿整間浴室。我想當時我們並沒有意識到，我們就是邱吉爾那句名言活生生的體現：「成功就是經歷過一次次失敗，卻從不喪失熱情。」

　　承認失敗還有一個額外的好處。喜歡炫耀自己成功的人常招來「惡意嫉妒」，心理學家解釋所謂的惡意嫉妒會讓其他人企圖詆毀和打壓那些被認為是吹牛的人。然而，哈佛商學院的研究人員發現，同時分享失敗和成功會激發「良性嫉妒」，鼓勵其他人建立自信心。

　　承認失敗也可以讓你對未來的失敗免疫，讓你自在地承擔更多風險，而這反過來又可以帶來巨大的回報。如果失敗夠多次，你也開始會發現失敗並非世界末日。你會變得比較不怕再次失敗，你也比較可能願意去承擔必要的風險，最終帶你迎來突破性的結果。商學院教授傑佛瑞・庫迪什（Jeffrey Kudisch）給了學生們一個任務，要求他們提出十個注定會失敗的要求——從到餐廳要求吃免費食物到請一名警察讓他們搭便車。他在《華盛頓郵報》上寫道，這樣做的目的是「讓他們習慣『不』這個字，最終得到『好』這個字的時候會感到興奮」。

　　諾貝爾獎得主山中伸彌（Shinya Yamanaka）是第一個從體細胞培養出幹細胞的科學家。人們請他描述他的實驗過程時，他是這樣說的：「一般來說，就是失敗、失敗、失敗、失敗、成功。」他解釋他已經習慣經常失敗，不僅是當科學家的

時候,跑馬拉松的時候也是。這幫助他在遇到阻礙時仍能夠繼續前進。事實上,他在研究幹細胞時經歷那麼多挫折後仍能堅持不懈,只是因為他覺得自己已經不會再有任何損失了。「現在,我可以把任何失敗都看作是一個機會。每個結果都會教你一些其他的東西,一些新的東西。」

等你不再為失敗自責,相信你也能在前方看到許多尚未探索的道路。歷史上最偉大的醫學突破之一正是如此。1928年,蘇格蘭研究人員亞歷山大・弗萊明(Alexander Fleming)在倫敦聖瑪麗醫院研究流感病毒時,休了兩星期的假。回來後,他發現他留在窗邊的一個培養皿被黴菌污染了,一個「蓬鬆的白色物質,體積迅速增大。」再過幾天,黴菌的顏色從綠轉黑,再變成黃色。

他沒有責備自己太粗心,反而去調查這個神奇的現象。他很快發現,這個生長物質的分泌物,也是他所謂的「黴菌汁」,正在殺死培養皿中的葡萄球菌。這個發現意義非凡。弗萊明的粗心大意創造出一種東西,可以用來消滅猩紅熱、肺炎和白喉等致命疾病的病原體。他的錯誤最終帶來青黴素的發現。他後來說:「人有時候會發現自己沒有在尋找的東西。我在1928年九月二十八日的清晨醒來時,當然沒有計畫自己要發現世界上第一種抗生素或殺菌劑來徹底改變整個醫學界,但我想這正是我所做到的。」

弗萊明善加利用一個本來可能會讓他職涯終結的錯誤。他

不認為他的失敗是一條需要繞道或掩埋的彎路；反之，那成了他日後成功的關鍵因素。其他在失敗後獲得成功的人也擁抱同樣的哲學：永遠不要浪費一次珍貴的失敗經歷。當中有許多人利用了他們職涯的失敗為另一次的職涯提供動力。事實上，失敗可能是轉換職涯最棒的準備方法，甚至是徹底重塑自我的大好機會。

　　哈蘭・大衛・桑德斯（Harland David Sanders）就牢牢記取了這個教訓。他的律師生涯以失敗收場，被十幾份工作開除，開了一間餐廳也沒有下文，並在六十五歲那年破產──而他把他之所以找到他的畢生事業，都歸功於這些失敗。他在1890年出生於印第安納州，童年過得很艱苦，十三歲就離家。他在鐵路公司工作幾年，負責給蒸汽機加煤炭，但因為不服從命令而被解雇，又因為跟同事打架失去另一份鐵路公司的工作。他透過函授課程自學法律，但律師生涯又因為打架而告終──這次是在法庭上與自己的客戶打架。其他失敗的經歷包括賣人壽保險（因不服從命令而被解雇）、生產電石燈（失敗）、賣米其林輪胎（被解雇）、經營加油站（在大蕭條時期關閉），以及在北卡羅萊納州開汽車旅館和餐廳（毀於一場火災）。

　　到了退休年齡，他似乎所有事情都徹底失敗。他靠他的積蓄和每個月105美元的社會福利金過生活。就在這時，他終於有了一個最後證明是成功的新點子：出售他餐廳的炸雞食譜的

加盟權，那間如今已經關閉的餐廳，炸雞曾經很受歡迎。這件事並非十拿九穩。為了簽約加盟商，他走遍全國，要求餐廳老闆讓他在他們的廚房裡烹飪他的雞肉，希望能說服他們簽約。有時候晚上，他會睡在車裡。同意合作的餐廳老闆每賣出一份雞肉餐，只付給他四美分。據說他在簽下他的第一個加盟商之前，被拒絕了1,009次。

然而最後，他的食譜傳開了。上百家餐廳都與他簽約。他的妻子負責混合香料送到加盟商手上。桑德斯上校充分利用多年前在肯塔基州獲得的榮譽軍銜，穿起熟悉的白西裝，搭配白色山羊鬍，成了品牌的代言人。即使在1964年把連鎖店賣掉後，他仍然擔任這一角色。他在九十歲高齡去世時，肯德基已經在四十八個國家擁有超過六千家分店。

回顧過去，桑德斯發現他一生中那些最嚴重的失敗為他最大的成功播下了種子。六歲那年，他的父親去世，母親去罐頭工廠剝番茄，於是出於必要，他學會了做飯。進入餐飲業也是偶然：當時他在經營一家加油站，需要賺點外快。他之所以發明出自己的炸雞配方，只是因為用平底鍋煎炸對他的顧客來說太慢了，因此他轉向當時新式的壓力炸鍋，速度更快。他的致富之路是一條曲折的道路，充滿錯誤、挫折和不斷重複的嘗試。儘管他在1940年就確定了他加了香草和香料的「秘密配方」，但一直過了十幾年，他才簽下他的第一個加盟商，而又過了將近二十年，他才認真創辦公司。桑德斯上校從未打算成

為炸雞代言人，但他之所以能做到這一點，是因為他一生都專注於過程，而不是目的地。

這些要素——探索新事業、反覆嘗試、專注過程而非結果、掙扎階段全心投入——在瑪拉・金斯伯格的生活中發揮了重要功能。她已經跌落谷底，但她決心不讓自己停留在那個狀態。「如果你讓失敗把你擊垮，那你會非常痛苦。」她說。「你不可能接受自己說：『我以前都坐私人飛機，現在卻坐灰狗巴士。』」如同專家們建議的，她努力把自己重塑為一名設計師，認真去過每一天，而不是專注在某個看似不可能的終點。「重點在於不要回頭看，也不要看得太遠，而是想我今天能完成什麼。如果我花時間回顧過去，我會自殺，但如果我看得太遠，我會覺得終點遙不可及。」

她在失去金錢和房子、搬到加拿大後，把所有精力都投入到建立自己的設計品牌MarlaWynne中，她用了她的中間名來為品牌取名。（你應該不想說：「我身上穿的是金斯伯格吧。」）她的設計價格適中，款式簡單，專門為那些發現「到了四十或四十五歲就變得隱形」的女性，以及意識到「身體在變化，你突然會想：『我想露手臂嗎？肉會不會晃？』」的女性設計。她親自銷售那些衣服，成為HSN購物頻道上的品牌代言人。

她每踏出一步，似乎就會被迫倒退兩步，有時候甚至更多。「我記得我打給我爸不知道多少次，嘴裡說著『我辦不

到、我辦不到、我辦不到。』」她逼自己至少不要倒退:「即使只是一小步,我每天的工作就是不要退步。」雖然瑪拉過得很辛苦,但她的衣服總算找到客群。她的設計適合各種身材的女性穿著,既不會太性感,也不太會古板,既不會太時髦,也不會太老氣。尺寸很豐富,從XS到3X都有。隨著生意越做越好,她的灰狗巴士之旅開始有了回報。她在曼哈頓找到一家新的製造商,也搬回了美國。

接著,可怕的「停滯」來了——沒人想要的停滯:她的兒子病倒了。她整個人受到嚴重打擊。陪兒子去阿姆斯特丹治療癌症後,她的世界只剩帶他去化療和去學校。她在荷蘭沒有朋友,家裡也沒什麼家務瑣事。她的生活只有一個重點——確保兒子活下去。由於沒有其他事可以填滿她的日子,兒子不在家時,她發現自己會畫衣服的草圖。「我深入挖掘自己的創造力。我只是全心全意投入到工作中,而我的工作拯救了我。」她說。「我感覺自己像一條鯊魚,如果不動就會死亡。那種痛苦是如此劇烈。」

她不太明白為什麼,但她出現源源不絕的創造力。現代科學會認為,這是因為她有了那個讓她脫離正常生活的「停滯」階段,進而引發有創意的突破。諷刺的是,她飄洋過海的痛苦經歷也讓她能夠輕鬆融入新的身分。在2016年對八百個家庭所做的一項研究中,研究人員發現,剛搬到新家的人更容易做出重大的人生改變。單純更換環境就能讓他們戒掉舊習慣,養

成新習慣。正如倫敦商學院伊巴拉所說的：「改變總是從分離開始。」

瑪拉對科學一無所知，但她見到了成果。她磨練自己對於設計的眼光，同時開始更全面地思考她希望品牌成為什麼模樣，以及可以走的方向。「那是一段漫長且孤獨的時期，但也是我這輩子最有創造力的時期之一⋯⋯我的工作是我唯一能控制的事情。」

幸好，她的兒子順利康復。瑪拉回到紐約，重新站穩腳步，接著再次轉型，設計出一個針對年輕女性的新系列，主打可以混搭的多層次服飾。她在2017年推出WynneLayers時，終於覺得自己的事業有了穩固的基礎。從她踏上重塑之路至今已經過了十年。瑪拉一直在重複嘗試，一路上經歷許多挫折。現在，多年來她第一次「終於把生意做到我可以再次呼吸的地步。我已經十年沒有好好呼吸了。」

瑪拉非常清楚，即便在最困難的時刻，她仍比許多人有優勢。她受過教育，是白人，有一群朋友和專業人士可以聯繫。同時，她也跟其他重塑自我的人一樣——包括沒有她那些優勢的人——這段過程漫長、艱辛、經常痛苦不堪、有時甚至很屈辱，而當中最重要的是反覆嘗試。「我認為很多人都可以做到這一點。我除了有堅強的意志力外，沒什麼特別之處。我只是努力工作。」她說。「重塑自我是一場戰鬥。你必須一直一直不斷努力下去。」

更重要的是,她發現她在新生活中幾乎運用了舊生活中所有的技能,就跟其他成功轉型的人一樣。「製作電視劇就跟做衣服一模一樣。」瑪拉告訴我。電視劇從一個故事的點子開始;服裝系列從「一個想法開始。我畫下一張草圖,然後講述一個系列的故事。」在電視圈,下一步是在訂購完整劇集前製作試播集測試;在服裝圈,下一步是在訂購完整系列前製作樣品測試。這兩個領域,「都是一種團隊運動。」牽涉到各種不同角色和才能的人。

她也認為自己很幸運,得到從父母到幾乎是陌生人的多方支持。有一位熟人把阿姆斯特丹的公寓借給她,還有一位朋友在她從紐約的灰狗巴士站下車後,讓她借宿在她家沙發上。她泛著淚跟我聊起以前有錢時她經常光顧的一家洛杉磯高級化妝品店的店員。為了在HSN購物頻道首次亮相,身無分文的她去店裡問他們有沒有打折商品。「金斯伯格女士,你在這裡購物這麼久了,從來沒問過我這個問題。」店員說。然後他遞給她一個袋子,說:「店裡你想要的任何東西都是我送你的禮物。」她連他的名字都不知道。

「對你伸出援手的,通常都是讓你最意想不到的人,而不是你以為的那些人。」她告訴我。「那真的是所謂陌生人的善意。」

今天,MarlaWynne是一個價值數百萬美元的全球品牌,在歐洲、亞洲和美國等地都有銷售。你收看HSN購物頻道

時,可能會瞥見瑪拉梳著順滑的金色短髮,穿著WynneLayers百搭抽繩背心之類的商品,談笑風生,就像她曾夢想成為的脫口秀主持人一樣。在最近一次節目裡,頻道主持人試圖把鏡頭轉向瑪拉展示下一套服裝時,只聽她大叫道:「我還在穿衣服呢!⋯⋯我還是一團糟,小姐。你知道這是直播吧⋯⋯我的生活太荒謬了!」六十六歲的她,喜歡自嘲,有時會說髒話,而且風趣幽默,但也直率得不留情面,這些特質幫助推動她在HSN購物頻道上的銷售量,並讓她入選了《富比士》雜誌「五十位五十歲以上」(50 over 50)的傑出女性名單,與賀錦麗和裴洛西並列。

儘管如此,她還是明白這一切可能在瞬間消失。「我覺得我總是生活在失去一切的邊緣。一旦你失去過一切,你就知道這種事可能發生在你身上。」她告訴我。然而,她也相信,在經歷過創傷和失敗之後,下一次她會準備得更充分。

「重塑自我逼得你不得不活在當下。」她說。「你每天早上都得起床,去把該做的事完成。」

第一次失敗時,幾乎把她徹底擊垮。現在再也不會了。「我的創業經歷是從逆境中誕生的。」而現在不同的是,她說,當逆境不可避免地來臨時,她知道如何善加利用。

3

找到了！

「頓悟時刻」告訴你的事

剎那的頓悟有時勝過一生的經驗。
——奧利弗・溫德爾・霍姆斯（Oliver Wendell Holmes Sr.）

　　史賓塞・席佛（Spencer Silver）是一名住在明尼亞波利斯的年輕化學家。研究所剛畢業的他，遇到一個問題。他想發明一種新的黏著劑，想找到一種終極膠水：不僅黏性強，也能輕鬆在水中脫落。他想像一種可以在水裡撕開的 OK 繃，過程中不會扯掉皮膚上的毛髮，或是用水龍頭沖就可以輕鬆除去標籤的相框，完全不留殘膠。他有無窮的點子！

　　可惜，那天席佛調配出來的物質失敗了。黏著劑不僅不溶於水，甚至完全不會溶解。他研究顯微鏡下的載玻片時，可以看見該物質是由微小的球體所組成的，寬度比一根頭髮還細。這些球體「具有驚人的特性，在黏貼和撕除時，不會損失任何黏性或附著力。」他回憶道。在他這位化學家的眼中，這種混

合物挺漂亮的，但又非常難控制。這些球體有時可以黏在一種表面上，有時又會在另一種表面上摩擦掉，是一種很棘手的物質。他絞盡腦汁，仍不知道該怎麼處理。

席佛把他的發明展示給他的同事們看，但他們也不知道這有何用途。他們要他忘了這項發明，繼續前進。這個建議很合理。3M公司做的是透明膠帶和工業用高強度黏著劑的生意。這種黏著劑是很不一樣沒錯，但顯然沒有任何實際用途。

席佛繼續固執地懷抱希望。他在為3M科學家所舉辦的內部講座上介紹了這種新的黏著劑。他做了塗有這種材料的留言板──看！你不用圖釘就可以把紙貼上去！──並把留言板送給辦公室秘書，希望引起他們老闆的注意，但仍然沒有斬獲。「這是我的孩子，它的特質獨一無二。當時的我才剛從研究所畢業，我不打算放棄它。」他告訴我。「我還有其他事情要做。當時我老闆告訴我，你不能放棄其他所有的項目……也有很多人說：『別費心了！』或『做點別的事情吧！』但我基本上統統充耳不聞。」那些一直被他騷擾的同事們給他取了個綽號叫「頑固仔」，因為他怎麼樣都不肯放棄。

事情本來可能就這樣落幕。事實上，情況也差點是這樣。只是就在席佛第一次在實驗室裡混合出這個物質的六年後，一個名叫亞瑟‧富萊（Arthur Fry）的3M科學家某天在教堂的唱詩班唱歌時遇到了挫折。他在週三的固定練習時間，用碎紙片仔細標記了當週選定的讚美詩頁碼。但等到週日做禮拜時，他

臨時製作的碎紙片卻不斷滑落，讓他手忙腳亂。他尷尬地翻閱紙張，試圖跟上其他唱詩班成員。「其他人都在唱歌，我卻拚命在找我在哪一頁。」他回憶起那天說。

　　亞瑟・富萊就是在這時出現改變他一生的「頓悟」時刻。那個特別的星期天，「禮拜儀式特別無聊，我開始胡思亂想。」他的思緒飄到席佛的黏著劑上。他跟那位年輕的化學家不太熟，但他在公司的高爾夫球場上從一位同事那裡聽說了他的神秘混合物，而且他也參加過席佛的一次演講。富萊心想，如果黏著劑使用得當，他就可以製作一個書籤，既能黏在他的樂譜上，拿掉時又不會撕破紙張。隔天早上，他做的第一件事就是衝進席佛的實驗室，拿走一個樣品，然後開始工作，把物質塗在碎紙片上。果然，他可以把碎紙片黏在一張紙上，取下來時沒有留下半點痕跡。富萊發明了完美的書籤。

　　不久，富萊在為另一個項目寫報告時，對一些數據有疑問。於是他把他的書籤貼在報告上，畫了一個箭頭指向有問題的數據，然後拿給他的主管，主管用同一張書籤寫上筆記回覆。就在那時，富萊意識到：「我的天啊。這不只是一個書籤。這是一種全新的溝通方式！」

　　多虧一位讓人昏昏欲睡的牧師和一次失控的化學實驗，這個點子最終成為史上最賺錢的改造發明之一：從失敗的黏著劑變成了便利貼。從席佛第一次在實驗室裡調配出這種混合物的十二年後，在經歷了充滿挫折和失敗的各種嘗試後，3M公司

終於在1980年開始販賣富萊的便利貼，並且立刻獲得成功。根據報導，該公司現在每年銷售超過五百億張的便利貼，在一百五十多個國家擁有三千多種商品類型。

教堂那一天的五十多年後，我向九十歲高齡的富萊提起那一刻時，他興奮得臉都亮了起來，彷彿一切就發生在昨天。「當你想到一個有創意的點子，洞察到以前從未見過的事物時，就會有這種感覺。」那是一種「生理上的感覺」。他告訴我。「有點像是身體發熱或茅塞頓開的感覺——是一種強烈的情緒和興奮感。」

如果你曾經半夜突然醒來，腦中冒出一個好點子，或在洗澡的時候靈光乍現，那你也經歷過這種「啊哈！」的頓悟時刻。也許你一直被某個問題困擾，或你正在尋找人生或事業的新方向，接著突然間，你奇蹟似地知道了解決方法。沒有什麼比這種感覺更棒了，一個富有啟發的絕妙想法彷彿沒來由地突然在你的腦海出現。這是一種讓你額頭一拍大喊「找到了！」的感覺。一種「靈光一閃」，一次「神來之筆」，「出其不意」降臨在你身上。

你有很多方式可以形容這種時刻，但描述的都是同一個現象：你構思出一個獨一無二的想法，並且百分之百確信那是正確的。這個想法完整出現在你的腦海，完全是原創的，卻又是那麼理所當然，以至於讓人不敢相信以前竟然沒有人想到過。你迫不及待想要測試你的新想法。對那些在生活中或工作上做

出重大轉變的人來說,「頓悟時刻」可以是改變的催化劑。

在某些方面,這些靈光一閃的「洞見」——這個現象的學術術語——類似於直覺,就像葛林斯潘博士從音樂圈轉向經濟學,或吃午餐時剛認識彼此的兩個納什維爾媽媽決定成為 The Home Edit 的合作夥伴一樣。這個決定感覺很對,即使你不知道為什麼。但與直覺不同的是,「頓悟時刻」跟做決定無關,比如在兩份工作之間做出選擇。相反地,那是一個恍然大悟的時刻——一個全新概念突然閃現在你的腦海中。

史上一些最著名的突破和創意都源自於這些時刻。電影導演詹姆斯・卡麥隆曾說「魔鬼終結者」的形象是有一次他在發高燒時夢見的。J・K・羅琳聲稱哈利・波特是1990年她在搭火車時以「完整形象」跳進她的腦中;這個想法「憑空出現,彷彿從天而降一樣……真的,很奇怪。」諾貝爾文學獎得主、詩人露伊絲・葛綠珂(Louise Glück)曾經著手寫一本被「折磨」四年的書,結果有一天突然「看到了我該如何發展這份草稿並好好結尾。這簡直是奇蹟。」卡羅爾・金(Carole King)在談到她那首經典歌曲〈You've Got a Friend〉的創作過程時說,有一天她坐下來彈鋼琴,這首歌就以一種完整作品的形式出現了:「它完全是利用我為媒介來的。」

幾千年來,學者、哲學家和科學家一直試圖想弄清楚這是怎麼發生的。《伊利亞特》的荷馬和《伊尼亞斯紀》的維吉爾都向繆思女神祈求過靈感。「尤里卡效應」(eureka moment)

這個詞本身可以追溯到公元前三世紀，傳說當時希臘數學家阿基米德面臨一個挑戰，要確定一頂皇冠是由純金製成的，還是摻雜了其他廉價金屬。他百思不得其解，直到他把自己泡進浴缸中──隨著浴缸水位上升，他突然想到可以用排水法計算皇冠的密度。據說當時他立刻從浴缸中跳起來，全身裸體跑到街上大喊「尤里卡！」，大概意思是「找到了！」雖然這個起源故事十之八九是杜撰的，這個詞卻流傳下來。

幾世紀以來，人們都把頓悟時刻看作是神的啟示。發明家、藝術家和科學家相信他們只是上帝的傳聲筒，不是自己作品的創造者。米開朗基羅認為自己和他的工具都是上帝的器皿。詩人彌爾頓在1674年的作品《失樂園》中祈求上帝「指引我，因為祢全知全能。」據說斯托夫人（Harriet Beecher Stowe）聲稱是她在教堂裡看見的一個幻象引導她寫下了《湯姆叔叔的小屋》。「創造力」這個詞──意指在大腦孵化出的原創事物──是到1920年代才開始廣泛使用。

但直到最近幾十年，科學家們才得以了解這個過程是如何運作的。雖然頓悟時刻背後的科學原理既不浪漫，也不像過去那些天才讓我們相信的那樣神秘，但對我們一般人來說卻更有用。科學家藉由功能性磁振造影（fMRI）和腦波圖（EEG）等工具，可以實際觀察到我們大腦在「頓悟時刻」的活動。功能性磁振造影可以繪製大腦血流的變化，腦波圖則可以測量大腦的腦波活動。他們的新發現不僅清楚解釋了那些靈光乍現的

想法，更重要的是讓我們理解了產生那些原創點子、發明，甚至是新方法的過程。知道過程是如何運作的，可以幫助我們變得更有創意，無論是在解決難題或重新構想人生方向上。

面對任何挑戰時，尋找解決的方法有百百種。你可能會用循序漸進的方式，理性地分析問題。比方說，如果你正考慮轉換職業，你可以列出你的優缺點，研究不同類型的工作，採訪不同領域的人。你甚至可以跟著某人學習其他職業，或當志工，試探性地體驗新事物。

然而，對某些人來說，解決方法似乎來得比較突然，就出現在靈光一閃的頓悟時刻，看起來毫不費力。他們就這樣對自己真正想要追求的目標有了清楚的認識。

幾年前，奧林商學院的艾瑞克・丹教授訪問了五百個人他們有沒有出現過頓悟時刻。他把頓悟定義為「突如其來的洞察力和／或看事情的觀點突然改變，讓一個人對自我以及身分認同產生變化」，進而賦予自己的生活「新的意義」。半數左右的受訪者說他們有過頓悟。有些人頓悟後，放棄了有害的關係。有些人則積極地戒掉了壞習慣。但令丹驚訝的是，有為數不少的受訪者，約二十％左右，因為受到啟發而重塑了自己的職業生涯。他們的回答有一個共同點，那就是頓悟不僅僅是一個想法或理解，而是促使他們採取行動的動力，讓他們做出有意義的改變。

一位工程師突然決定辭掉工作，重返校園成為一名管理顧

問。一名美國女空軍意識到自己無法想像她在軍中的未來，於是把目光投往新的人生方向。「他們突然從困惑的人生中頓悟過來。」丹說。

受訪者無法預測那突如其來的頓悟何時或何地會出現，但他們都能說出頓悟來臨時的那一刻。其中一名受訪者是開車上班的途中突然頓悟的，另一名受訪者則是坐在學校禮堂的時候。第三名受訪者是在療養院的時候，當時「我父親剛過世。我意識到我不想帶著遺憾離開人世，不想因為太害怕而沒有去做我想做的事。我決定改變生活，享受生活，努力找到一份喜歡的工作，而不是繼續待在我那沒有前景的爛工作中。」

傳統觀念認為，為了做出影響人生的重大改變，你需要深思熟慮，仔細分析。你不可能一時衝動，就放棄多年來精通的職業，對吧？我們都相信我們會小心衡量各種選項，深入研究所有相關因素，不會草率下決定。

但丹發現的情況不是這樣。受訪者說這種突如其來的頓悟就像來自一個外界的聲音，他們並不認為那是自己想出來的洞見。受訪者對這種靈光乍現的智慧感激不盡，但他們並不認為這番頓悟是他們自己創造的。反之，他們覺得這些神啟是「贈與他們的禮物」。他告訴我。有位女士說：「說也奇怪，因為某種程度上，這種頓悟幾乎是生理的。我感覺自己好像能更清楚看到顏色。」丹的研究也顯示那些經歷過頓悟的人對頓悟時刻的接受度更高，並認為過度思考可能會扼殺這種時刻，或導

致他們忽略了一些有潛力的突破性想法。

受試者還提到關於頓悟的另一個奇妙特徵。他們說，感覺就好像他們的大腦擅離職守，在他們背後工作，偷偷把不相關的零碎資訊編織在一起。他們說，不同的想法會突然相互「結合」，但他們並沒有意識到自己做出任何努力，也無法解釋這是怎麼發生的。「我想所有的零碎資訊都在那裡，在我的腦海漂浮了很長一段時間。」一位女士說。另一位解釋說：「你像是偶然發現了一個關聯。」一個你「沒有刻意在尋找」的關聯。第三個人描述她的想法是「以一種含糊不清的方式在漫無目的地遊蕩，然後突然一切都水到渠成。」這激發她意識到自己需要找一份新工作，因為公司要求她執行她認為不道德的指令。

事實證明，研究受訪者在不經意間就說明了激發創意和解決創意問題的典型步驟。1939年，一個叫楊傑美（James Webb Young）的廣告公司主管在一本名為《創意，從無到有》的書中提出了一個循序漸進的公式。楊傑美解釋，想要創造出一個全新的概念，得從蒐集各種訊息開始——這就是我們所說的探索。接下來，你利用那些徜徉在腦海中的零碎想法和訊息，試著用某種新方法重新拼湊，「就像玩拼圖一樣。」你為了創造新想法而苦苦「掙扎」，無可避免地失敗了：「你來到絕望的階段，大腦亂成一團，沒有任何清晰的洞見。」這時，你處於「停滯」狀態：「在這第三階段，你不再拚命思考，你

放掉這整件事⋯⋯此刻你要做的,顯然是把問題交給潛意識,讓你在睡覺時請潛意識幫你工作。」他寫道,只有在那之後,「想法才會莫名地憑空出現」──也就是解方。換句話說,把楊傑美的步驟放在一起,你就會得到:

探索→掙扎→停滯→解方

十九世紀數學家亨利・龐加萊(Henri Poincaré)是最早注意到這個進程的人之一。在1908年的論文《數學創造》中,他寫到他當時正在苦思一個新理論,而突然洞見解方的契機是在上公車的那一刻。「我把腳踏上樓梯的瞬間,解方就突然在腦海出現,而這個想法與我之前的所有想法都沒有直接關聯。」儘管當下他還沒驗證想法,「但我有一種十分確定的感覺。」他總結一個理論,為了想出這種突破性的想法,你首先必須「探索」正確的元素,帶著「掙扎」努力把元素組合在一起,沉浸在問題中,直到感覺「一切都是徒勞無功,而且似乎沒有任何好結果。」遇到僵局後,你「停滯」下來,「休息一段或長或短的時間。」在休息期間,大腦在潛意識會產生「大量的組合」,而正確「解方」最終會浮出水面。就是在那時,「數學家的腦袋會突然靈光一閃。」找到了!

探索 → 掙扎 → 停滯 → 解方

龐加萊的描述很有先見之明。神經科學家在他們的實驗室

裡看到了同樣的進程。楊傑美和龐加萊兩人所解釋的這種現象並不奇特，丹的受訪者形容頓悟時刻「像是本來鬆散無序的想法」突然整合在一起的這個說法也並不詭譎。這在神經學上是正確的，而且是「頓悟」的關鍵。

認知神經科學家約翰・庫尼奧斯（John Kounios）和馬克・畢曼（Mark Beeman）也發現相同的現象。他們請受試者玩文字解謎，藉此觸發他們找到答案時的「頓悟時刻」，同時掃描他們的大腦。在受試者頓悟的那一刻，大腦中連接不同訊息的區域都亮了起來。換句話說，大腦正在把不相關或關聯性很低的概念之間建立起連結，以提出解決方案。受試者就像丹所訪問的那些轉職者一樣，「突然間，一切就這樣水到渠成。」庫尼奧斯和畢曼在他們的著作《用科學打開腦中的頓悟密碼》中寫道，掃描大腦的過程中，你真的可以看到那一刻發生的瞬間。「你可以說，那就是頓悟的火花。」

科學家在研究中使用的文字解謎遊戲又稱為複合字遠距聯想測驗（Compound Remote Associates Test）。測驗內容提供參與者三個不相關的字，然後要求他們想出第四個字讓所有單字形成關聯。舉例來說，哪個字搭配「pine」、「crab」和「sauce」這三個字都有辦法形成複合字呢？你可能會透過分析來找出答案。也許你會想到「cone」去搭配「pine」形成「pinecone」（松果），但你又發現配上「crab」（crabcone？）或「sauce」（conesauce？）的時候不成單字。你會繼續嘗試

不同的組合,也幾乎確定會失敗。

或者,如果幸運的話,你幾乎想都不用想,答案就會突然在腦中出現。你會頓悟到:「啊哈!是蘋果!」「Pineapple」(鳳梨)、「crabapple」(野蘋果)和「apple sauce」(蘋果醬)。再試幾次看看:

Shock/shave/taste
Line/fruit/drunk
Bump/egg/step

在一系列的研究中,科學家測量了受試者在解謎時的大腦活動。某些情況下,受試者會戴著像泳帽的東西,上面覆蓋著電極,每個電極都連接到一台腦電波儀,即時繪製他們的腦波。受試者處理每組單字時,電極會偵測他們腦神經元之間進行訊號交流時的變化。有些受試者則是在解謎時,讓功能性磁振造影(fMRI scanner)測量他們大腦的血流變化。受試者有三十秒的時間想答案;在每組單詞之後,科學家會詢問他們是藉由頓悟還是分析得出答案的。

藉由分析受試者的大腦活動,庫尼奧斯和畢曼看見受試者在靈光一閃解決一個文字謎題時,兩種成像技術都清楚顯示出他們的右腦變得非常活躍,就位於右顳葉的前上顳迴,該區域與理解語言和連接不同訊息的功能有關。「這裡與大腦的許多

其他區域都有聯繫。」庫尼奧斯解釋說。「它似乎負責整合大腦各區不同類型的訊息。」用一種新穎的方式把那些看似無關的零碎訊息組合在一起,然後突然以完整的形態湧現,進入我們的意識。

另外,在頓悟出現前的幾毫秒內,受試者出現了科學家所謂的「大腦眨眼」:大腦中處理視覺的區域關閉了,彷彿大腦在隔絕所有干擾。這很類似有人問你一個難題的時候會發生的事:你在仔細思考時,會目光呆滯,甚至緊閉雙眼。你沒意識到,你正在隔絕多餘的外界刺激,以便想出解決方案。大腦在準備頓悟前,也會做同樣的事。

出於對科學的好奇心,我親自嘗試了這個文字解謎遊戲,與庫尼奧斯的受試者使用相同的測驗。某些組合的答案令人費解。我在腦中試了各種不同的答案,默默增減可能性,但仍一無所獲。解題緩慢,叫人沮喪,什麼都不管用。字與字之間似乎完全沒有關聯。但有時候,我連哪三個字都還沒有看完——我甚至沒時間在心裡默唸——答案就突然在我腦海出現。那三個字彷彿是一個整體,而不是單獨的元素,於是乎答案差不多立刻就映入眼簾。我沒有靠意識思考,但不知怎地,我就是知道。答案完全是明擺在那裡,非常簡單,卻怎麼也想不到。

遺憾的是,上面那三組單字不在我能解答的範圍內。如果你有出現頓悟時刻,那你比我厲害。你已經知道第一組的答案是「after」〈aftershock(餘震)、aftershave(鬍後水)、

aftertaste（餘味）〉；第二組的答案是「punch」〈punch line（笑點）、fruit punch（水果雞尾酒）、punch-drunk（精神恍惚）〉；第三組是「goose」〈goose bump（雞皮疙瘩）、goose egg（零分）、goose step（踢正步）〉。

我怎麼會沒看出來？！

那些經歷過重大創造性突破的人，儘管對科學或心理學一無所知，但他們所描述的步驟進程幾乎如出一轍。廣告公司的傳奇總裁凱斯・雷哈德（Keith Reinhard）把他最重要的創意歸功於一個「啊哈」的頓悟時刻。1980年，他的廣告公司正在爭取那令人垂涎的麥當勞客戶時，他被賦予一個艱難任務，重新塑造麥當勞叔叔的形象。這是個風險極高的工作。當時的麥當勞叔叔並不受歡迎。另一間競爭對手的廣告公司建議把這個角色拿掉。老實說，麥當勞叔叔似乎完全不值得拯救。但考慮到創造出麥當勞叔叔的人，是負責挑選哪家廣告公司拿下案子的決策者之一，這個角色的命運就成了一個微妙的問題。因此，雷哈德的團隊委婉建議麥當勞叔叔這個角色需要「加入」，且「非常有潛力」。這招奏效了——他的公司贏得了客戶。

現在困難的部分來了：如何把懦弱的麥當勞叔叔變成英雄？雷哈德全神貫注地思考這個問題，就像創造力專家會預測的那樣。為了尋找靈感，他飛往洛杉磯拜訪傳奇動畫師查克・瓊斯（Chuck Jones），卡通《嗶嗶鳥和威利狼》的創作者。瓊

斯專心聆聽,然後給出這個建議:麥當勞叔叔需要的是一個反派,一個可以對抗的敵人,好讓這個軟弱的角色看起來強大。雷哈德非常喜歡這個主意,立刻帶回去給他的廣告團隊。他們腦力激盪一番,討論了各式各樣他們可能想得到的反派與麥當勞叔叔匹敵。海盜、怪獸、外星人。但再怎麼努力,就是想不出一個有說服力的反派。所有的角色都不合理。他們碰壁了——遇到僵局。他們感到挫敗。雷哈德已經過了探索階段,度過掙扎期,如今陷入停滯。

幾個晚上後,雷哈德正在沉睡之際 —— 暫且把問題拋諸腦後 —— 突然在凌晨四點帶著一個想法驚醒:「『漢堡』(burger)唸起來就像『神偷』(burglar)。」就在這時,他立刻知道解方了。「啊哈!漢堡神偷誕生了。」就這樣,雷哈德解決了一個看似棘手的問題:他創造了一個反派,一個意圖偷走漢堡的卡通壞蛋,他可以把麥當勞叔叔變成一個拯救世界、勇敢無畏的英雄。不到幾個鐘頭,藝術指導的同事就在通勤的路上畫出了這個戴著面具,穿著囚服,如今我們很熟悉的反派。漢堡神偷不僅讓客戶很滿意,還創造了一個角色宇宙(還記得起司堡市長嗎?)、一個服裝系列、各種遊戲、玩具和遊樂場等等。

多年後,雷哈德因為創造出「You Deserve a Break Today」(麥當勞在1971年推出的口號)和「Just Like a Good Neighbor, State Farm Is There」(州立農業保險公司的廣告詞)等等的廣

告金句而入選廣告名人堂。但回顧過去,他認為那個「啊哈」的頓悟時刻——漢堡神偷三更半夜突然出現在他的腦海中——是他最自豪的成就之一。那激發了一個「超越廣告的行銷理念」。他說。

對近藤麻理惠來說,一個「啊哈」的頓悟時刻改變了她的一生。在日本長大的她,在神社擔任神道教的「巫女」五年,負責協助祭司進行儀式、販賣小飾品,以及幫助清潔神社場地。她有一頭如瀑布般的黑色直髮,穿著剪裁完美的衣服,家裡一塵不染,是自律的最高典範。但她不知道她這輩子到底想做什麼。別人向她問起她的人生目標時,「我會猶豫片刻,最後勉強說:『讀書。』然後一邊在心中想:『我喜歡做什麼?』」

直到有一次,「在整理房間時,她突然靈光一閃」——想起自己小時候有多喜歡當打掃值日生——她才意識到自己的命運是整理。她說,有一次她昏倒了。「等我醒來後,我聽見一個神秘的聲音,彷彿某個整理之神告訴我要更仔細觀察我的物品。接著,我意識到我的錯誤:我只是一直在尋找要丟棄的東西。我應該做的是找到我想保留的東西。」不到十年,基於只保留「讓人怦然心動」物品的「KonMari」整理法催生了四本暢銷書(包括《怦然心動的人生整理魔法》)、一部 Netflix 影集和一家全球諮詢公司。

如果我們可以憑藉意志力讓改變人生的頓悟時刻出現,那

就太好了。可惜,我們辦不到。事實上,太刻意想要想出一個突破性的點子反而會關閉大腦發揮創意的過程。有些人天生就容易頓悟,似乎可以輕輕鬆鬆出現一連串有創意的想法。但我們其他人就沒那麼容易了。不過好消息是,我們可以打造讓頓悟時刻更有可能出現的有利條件。科學家精確指出三個尤其關鍵的因素:分散注意力、放輕鬆和抱持正向情緒。

分散注意力

我們大多數人都習慣硬著頭皮解決問題:執意要想出解決方法,直到弄懂為止,耗光精力為止。但研究顯示,這恰恰是錯誤的方法。過度使用大腦、讓大腦疲憊不堪、越來越緊張,感覺就好比把自己蜷縮起來,充滿戒心;你會發現任何自由奔放的思想都封閉了。而停下來讓注意力分散,有時候反而是找到解方的唯一途徑。只有那個時候,你的潛意識才會允許那些不相關的瘋狂想法漂浮在一起,進而形成新的想法。把注意力從手邊的問題上移開,讓大腦放鬆,是非常重要的。無論是去睡個覺、吃飯、看電視,還是在教堂唱歌——任何能讓你分心的瑣事都行。

想想雷哈德和近藤麻理惠是怎麼出現「啊哈」的頓悟時刻的。他們全心投入在一個問題中,「探索」解方,然後經過一段「掙扎」期後,陷入僵局,幾乎要放棄。雷哈德為了把麥當

勞叔叔變成英雄而傷透腦筋。麻理惠被問起她想過什麼樣的人生時不知所措。兩人的處境都讓人聯想到當初的阿基米德——試圖想要搞清楚皇冠的成分，卻百思不得其解。對他們每個人來說，只有在「停滯」後——在他們因為睡覺、昏厥或洗澡而分心的時候——解方才突然出現。

無獨有偶，富萊之所以想到便利貼的點子，正好是他在一場無聊的禮拜儀式上胡思亂想的時候。這碰巧就是想出創造性突破點子的理想條件。加州大學聖塔芭芭拉分校的心理學與腦科學教授喬納森・舒勒（Jonathan Schooler）稱之為心神漫遊（mind wandering）。這是你在好奇狀態下發呆時，思考一個有趣的新點子或某個有生產力的成果——與我們在擔憂時經常出現的胡思亂想不一樣。

大約十年前，由舒勒領導的一項研究中，研究人員要求受試者為一些日常用品想出新用途，像是磚塊、水桶，或一雙鞋。這項研究的目的是想要衡量受試者是會理性思考一個明確的用途，還是會有更多創意發想，對不那麼明顯的用途保持開放態度。所有受試者在測驗途中都有十二分鐘的休息時間。休息期間，有些受試者被賦予具有挑戰性的記憶任務，另一些受試者則被賦予輕鬆的工作，目的是讓心神漫遊。受試者回頭繼續測驗時，做白日夢那一組的創造力水準飆升了四十％，而另一組的創造力幾乎沒有變化。後者給了一般的回答（用磚塊蓋房子），做白日夢的受試者則給出了天馬行空的想法（用磚塊

作為芭比娃娃葬禮的棺材）。

「心神漫遊可以在不經意間發現洞見。如果你總是像馬一樣戴著眼罩，你就只能直視前方。真正觸發洞見的，是那些無關緊要的想法。」庫尼奧斯說。

艾倫・索金（Aaron Sorkin）是一名編劇，他的作品豐富，包括《白宮風雲》、《社群網戰》以及其他電影和電視劇。他說，每次遇到寫作瓶頸的時候，他就會去洗澡——一天最多洗過八次！最能夠清楚說明這個技巧的，大概是一個電視劇角色說過的台詞，即便該角色不是他所創造的，那就是亞歷・鮑德溫在《超級製作人》裡扮演的慣老闆傑克・多納吉。在2012年名叫「淋浴定律」的集數中，老闆多納吉對蒂娜・菲扮演的麗茲・萊蒙大吼大叫，因為她趁他在辦公室推桿時打擾了他：「我沒時間聽你廢話，萊蒙。我在工作。我知道我看起來不像在工作，但你聽過淋浴定律嗎？」

他繼續解釋：

淋浴定律是科學家用來形容大腦把注意力從手邊的問題移開時，突然出現靈感的那些時刻。比方說，你在淋浴的時候……如果大腦皮層因為淋浴或推桿而分心，那麼大腦的另一部分，前上顳迴，就會觸發。這裡是靈感突然發生的位置。

完全就是他說的那樣。一字不差。

放輕鬆

還有另一個原因解釋了為什麼頓悟比較容易發生在淋浴——或打高爾夫球、睡覺,或以其他方式讓大腦休息之際。那是因為頓悟最有可能出現在大腦放鬆的時候——具體來說,就是大腦中控制管理決策那個區域不活躍的時候。

我們的大腦有個討厭的習慣,就是喜歡當控制狂。他們就像蠻橫的父母,老是要我們別再做夢,去寫作業。前額葉皮質讓我們走在正軌上,不偏離目標,基本上就是大腦的控制中心,但它也可能抑制那些能夠產生新點子、無拘無束的想法。有時候你必須告訴你的內在家長讓到一邊。你必須移除大腦中的護欄,讓不相關的想法自由自在地互相交流,這樣才能融合出全新的東西。

對財務主管莎莉・克勞切克(Sallie Krawcheck)而言,關鍵在於「思考、思考、再思考,然後放鬆。」身為華爾街數一數二的傑出女性,她是少數幾位管理過大型銀行的人。她曾經兩次被公開解雇——分別是花旗集團財富管理部門的執行長和美國銀行某部門的總裁。她說她那些最成功、最優秀的點子往往都是在休息時出現的,要嘛是在她待業期間,要嘛是「我剛好站著或坐著,邊思考邊玩耍的時候,突然間,一切天搖地動。」其中一次,那種時刻讓她創立了Ellevest,一個專為女性提供的投資平台。她是這家公司的總裁,現在平台已經擁有

超過十億美元的投資組合——所有一切都來自於一個想法，而這個想法是她在「某天早上塗睫毛膏」的時候突然出現在腦海的。

克勞切克發現，頓悟會在「你不去控制你的想法時的放鬆狀態，甚至是比較疲倦的狀態下」突然出現。神經科學家透過實際研究爵士樂吉他手的大腦，記錄了這個確切的過程。2020年，研究人員要求樂手在即興演奏的同時，連接一台腦波圖的儀器以測量他們的大腦活動，包括新手和專業的音樂家在內。接著由爵士樂專家評估他們的作品。果不其然，經驗豐富的樂手在即興演奏出獨創的重複樂句時，他們大腦中與自我約束相關的區域變得很不活躍；相較之下，新手必須增強他們的分析思維才能想出曲調。科學家可以看到，那些經驗豐富的音樂家，他們的前額葉皮質——內在父母——已經退居幕後。與此同時，與動機、語言和情感相關的大腦區域變得非常活躍。這表示音樂家的思想可以沒有阻礙地混合及流動。

研究人員使用大腦影像技術去研究作詩的詩人、創作書籍封面的插畫家和即興編寫歌詞的饒舌歌手時，也得到相似的結果。例如，經驗豐富的詩人比新手更能「暫停認知系統的功能」，饒舌歌手的大腦則「不被傳統觀念束縛」。著名的爵士小號手邁爾士・戴維斯用了更簡單的說法描述這個過程。「我會先演奏，然後再告訴你。」他曾說。

這些音樂家和藝術家說明了另一個重點。我們可能以為這

些「啊哈」時刻會不請自來地出現在我們的大腦中，以為它們是突如其來的頓悟。但其實它們更有可能是我們腦中所有知識的產物。研究中，那些最有經驗的爵士樂吉他手有多達一千五百場現場表演的經驗，他們的大腦裡儲存了無數的樂曲組合，對音符的結構和排列順序也有深刻的理解。他們已經經歷過蒐集大量訊息的「探索」階段。等他們一放鬆他們的「內在父母」，這些元素就能夠以新穎的方式融合在一起。

這些實驗讓人想起另一位音樂家的經歷。1964年，在披頭四樂團快要在全世界大紅大紫前，保羅·麥卡尼還住在他女友父母家的倫敦閣樓裡。他的房間很小，勉強放得下一張床，床邊還塞著一架鋼琴。他後來回憶說，有一天早上，「我醒來時，腦中有一段優美的旋律。我心想：『太棒了，真好奇怎麼會這樣？』……」

我很喜歡那段旋律，但那是我夢到的，我不敢相信那是我寫的。我心想：「不對，我以前從來沒有寫過這樣的東西。」但我確實有了旋律，這真的是再神奇不過的事。你不得不問自己，「這個旋律到底是哪裡來的？」

幾個月來，麥卡尼都沒有理會那段旋律，他很確定那一定是別人創作的。他甚至沒有為旋律填寫歌詞；他和他的成員給它取名為「炒蛋」。他們亂編了好笑的歌詞：「炒蛋，喔，我的寶貝，我多愛你的腿……」

當然，那首歌就是現在的經典歌曲〈Yesterday〉。但麥卡

尼花了很長時間才說服自己那首歌確實是他創作的。「一切來得太容易了。」他說。「我簡直不敢相信。我不相信我寫了那首歌。我以為我可能是在某個地方聽過，那是別首歌的曲子。我花了幾個星期到處彈奏這首歌的和弦給大家聽，問他們：『這像什麼歌嗎？我想這好像是我寫的。』大家會說：『聽起來不像任何歌曲，但很好聽。』」

那時的麥卡尼已經花了很多年時間在作曲和演奏音樂。每個音符和模式都已深植他的腦海。這對他來說可能像是奇蹟，但科學家相信，如果是他睡覺時，那些模式在他腦中重新排列組合，形成了這首舉世聞名的歌曲，也一點都不奇怪。

理查‧布蘭森的口頭禪是A-B-C-D：「時時連點成線」（Always Be Connecting the Dots），是事出有因的。這位維珍集團創辦人對旅遊業、外太空、音樂界和整個文化領域都有巨大影響，但他並不假裝他的想法是憑空而來的。你必須先有那些相關知識的「點」，才能把那些點連接成新的東西。同樣地，賈伯斯也說過一句名言：「創意不外乎就是在不同東西之間搭建橋梁。」（Creativity is just connecting things.）就這方面而言，這些企業家與畢卡索有一些共同之處。在一個真實性有待商榷的著名故事中，一位女士在咖啡廳裡走向這位畫家，請他在餐巾紙上畫點東西。他照做了，把餐巾紙遞回給她，並要價一萬美元。「但你三十秒就畫完了！」她抗議道。

「不，女士。」畢卡索回答。「這花了我一輩子。」

正向情緒

想要誘發「啊哈」的時刻,還有最後一個方法:如果你處於正向的情緒,頓悟就更有可能出現。在2009年的一項研究中,庫尼奧斯、畢曼和他們的同事掃描七十九個受試者在做三字遠距聯想測驗大腦時,發現那些心情比較好的人更有可能利用頓悟想出解方。另一方面,焦慮則會導致受試者利用理性分析的解法。處於放鬆的正向情緒時能「擴展思維」。庫尼奧斯說。「你更有能力發現看似不相關的字詞之間的關聯,看到其他的可能性和不同的視角。當你處於消極情緒中,尤其是感到焦慮時,你就彷彿戴上了眼罩。」

情緒消極時,你的大腦更有可能處於戒備的狀態,更有可能否決任何出現的新想法,而非張臂歡迎。相反地,一次又一次的研究顯示,抱著「歡迎」新想法的心態會創造出一個正向循環——你越開明,頓悟就越有可能降臨在你身上。回想一下,在艾瑞克・丹的研究中,那些經歷過頓悟時刻而改變人生的受試者跟他說,他們對這種經歷抱持開放態度。所謂「做好準備」,就是他們打從一開始能否經歷到頓悟時刻的關鍵因素。

對於三十二歲的科技公司創始人席娜・艾倫(Sheena Allen)來說,情況確實如此。她告訴我當初她敞開心胸,把生活中兩件看似無關的部分結合在一起時,一個新的商業點子

是怎麼油然而生的。她在密西西比州傑克森郊外一個以黑人為主，名為泰瑞的小鎮長大。她從小就生性好奇，富有創意，但「在我的認知中，所謂的創業，是像我那位經營花店的叔叔，或當理髮師的堂親。」直到上大學，聽到馬克・祖克柏創辦Facebook的事蹟後，她才意識到還有其他方法可以滿足她的創業欲望。

「大一時，我在腦中默默想著要創立一個與Facebook匹敵的對手。我在宿舍裡用影印紙把構想畫出來。所有的大一新生都在開派對，我卻在想：『不，我想做這個網站。』」等席娜從南密西西比大學畢業時，她已經開發了兩個行動應用程式。不久，她前往聖荷西（「我之所以去了矽谷，是因為我用Google搜尋，『創辦科技公司要去哪裡？』」）但「等我到那裡時，我非常震驚，因為我沒有看到任何黑人。真的，一個黑人都沒有。」幾個月後，她轉往奧斯汀，加入一家科技加速器中心，並與一位導師合作。

她返鄉探親時，腦中充滿了她那個新世界的種種細節——融資講稿、程式編碼、行銷、募款。她突然以全新的眼光看待她的家鄉，並且發現小鎮裡一個未被滿足的潛在需求，是她成長過程中不可能注意到的事，這令她相當驚訝。在奧斯汀，沒人使用現金；而這裡，人人都用現金。她的家鄉基本上是一個銀行沙漠；她許多朋友和鄰居都沒有銀行帳戶或信用卡。她的曾祖母把她的積蓄放在躺椅的墊子底下。大家在雜貨店的收銀

台前排隊兌現支票。自動轉帳和非現金支付的世界對小鎮的許多人來說並不存在。他們的世界反而充斥著發薪日貸款和支票兌現商店。「這裡遠遠落後，而我們不是唯一的一個。」她意識到。

「最終，我頓悟到，這個無現金交易的市場經濟將會對密西西比州的傑克森或阿拉巴馬州的伯明罕等地產生巨大影響。」席娜告訴我。「科技業裡沒人會明白在一個金融沙漠的世界長大是什麼感受⋯⋯他們或許擁有哈佛、史丹佛大學的頂尖學位，但即使他們對科技產業了解得再深，也不會發現到在銀行服務匱乏的低收入社區成長與科技產業的發展之間有何關聯。」

席娜結合了她對兩個世界的深入理解，構思出一項新事業：一個專為缺乏金融服務的社區所設計的行動銀行平台。她回想起當初冒出這個點子的時候，「我忍不住問自己：『我瘋了嗎？這麼龐大的商機，不可能還沒有人去開發吧。』」事實證明，她沒瘋。如今，她是CapWay的創辦人兼執行長，這是一家提供行動銀行和金融知識的金融科技公司。CapWay的應用程式操作簡單，介面是舒服的藍綠色調，使用直觀的語言（「轉帳」、「匯款」），並提供像是申請學貸、投資和報稅等主題的文章。正如她大學時所想的那樣，CapWay也借鑑了社群媒體的做法，允許用戶向社群尋求幫助。

「會有這個想法絕對是我回到家鄉，看見我從小一起長大

的朋友掏出一疊現金⋯⋯然後回到奧斯汀，卻看見那裡不允許使用現金。」席娜解釋道。「就是這些小事慢慢累積的影響。」

席娜意識到「啊哈」時刻還有另一個重要特徵：就是感覺對了。她描述她想出那個點子的過程時，提到她覺得那簡直再理所當然不過，彷彿就寫在霓虹招牌上。為什麼沒有其他人想到呢？

顯然「啊哈」時刻之所以讓人感覺對了，是因為它們通常是對的。2016年的一項研究中，現任職於德州大學奧斯汀分校的研究員卡羅拉・薩爾維（Carola Salvi）與同事們一起測試了那些頓悟時刻的準確性。他們請受試者解決四種類型的問題，包括文字和視覺的謎題。其中一個是遠距聯想測驗——要求受試者想出與另外三個字匹配的第四個字。另一種測驗是字謎遊戲，受試者必須試著解開四個字母和五個字母的單詞。第三種測驗是破解畫謎，畫謎上的單字是由圖畫和字母混合組成。第四個是視覺測驗，受試者必須看著某部分的圖片，猜測圖片描繪的是什麼。受試者有十五秒的時間回答每個問題，然後回報他們是透過頓悟——也就是突如其來的「啊哈！」感覺——還是透過有意識的分析。

絕大部分的情況下，靠「啊哈」時刻解決的問題獲得壓倒性的勝利。在文字問題中，「啊哈」時刻解決的答案中有九十四％是正確的，而透過分析解決的答案只有七十八％的正

確率。受試者做視覺測驗時，需要他們用一部分的圖片猜出整個圖片的內容，而這時靠頓悟獲得的答案，再次證明有更高的正確率。答案感覺對了，因為確實就是對的。正如薩爾維所說的：「這彷彿是大自然的伎倆，把許多情緒附加到『啊哈』的感覺上──以此發出訊號，告訴我們『那個想法有更高的品質』。」

不過，這裡有個值得注意的地方。當受試者解到時間限制內的最後五秒時，他們的大腦會緊繃並僵住。為了找出正確答案，他們會想要迅速分析問題，卻因為太刻意而造成反效果。他們經常會提出一個孤注一擲的錯誤答案。「想產生頓悟，你必須更加放鬆，處在一種有利頓悟的心理狀態。」

那種確定感，那種頓悟時刻出現的美好感覺，有時可能讓人困惑，進而忽視它，視它為無稽之談而不去理會。但這麼做並不明智。歷史上一些最偉大的科學進步都是由那些即使是科學家本身也覺得困惑的「啊哈」時刻所引發的。

「有時候我很確定自己是對的，卻不知道原因。」愛因斯坦在1931年寫道。其中最值得注意的一次發生在他年輕的時候，當時愛因斯坦是瑞士伯恩專利局的一名職員。閒暇之餘，他一直在思考一個看似不可能解決的物理問題：如何把空間和時間這兩個看似不相容的理論相互結合。他在腦海中一遍又一遍地思考這個問題。無論多努力，他都無法解決。每日每月他回到這個問題上時，始終毫無進展。

「我浪費將近一年的時間思考，卻一無所獲。」愛因斯坦後來回憶道。最後，幾乎準備放棄的他，向他在專利局的同事米歇爾・貝索傾吐他的沮喪。在1905年五月的那一天，他鉅細靡遺地描述他分析的每個要素。到了下班時間……他完全沒有任何進展。他碰壁了。他已經走過探索階段，忍受了掙扎，現在陷入停滯。愛因斯坦徹底被打敗。他完了，他告訴他的朋友。他失敗了。

搭著路面電車回家的路上，他把所有煩惱拋諸腦後，漫無目的地抬頭望著主宰天際線的鐘樓。就在那一刻，答案突然在他腦海浮現。「我的腦中掀起了一場風暴，」他這樣形容。所有碎片都拼湊到位，他找到了解方，這個解方將引導他提出狹義相對論。第二天，他出現在貝索的家門口。「謝謝你。」他連招呼都沒打就說。「我已經完全解決了這個問題。」

多年來，愛因斯坦多次提到他在騎腳踏車或拉小提琴時，有過靈光乍現的時刻。據說他曾經說過他那最著名的方程式，$E = mc^2$，「是我在騎腳踏車的時候想到的。」要澄清的是，他大多數的理論都是建立在多年來不斷思考和努力工作的基礎上。愛因斯坦的發現是長期探索和奮鬥的結果，就像其他取得突破性進展的人一樣，是一段反覆嘗試的過程。「每一步都無比艱難。」他在1912年寫給貝索的信上說道。然而，這些突破往往在他停下來休息後才會出現。「他在思考他的理論時，音樂是他的助力。」他的表姊艾莎・愛因斯坦說道，她在

1919年成為他的第二任妻子。「他會去他的書房,然後回來,在鋼琴上彈幾個和弦,記下一些東西,再回去書房。」

愛因斯坦最偉大的想法,正如他說過的,是透過「一次大膽的跳躍式思考」產生的——接下來,他再回過頭來弄清楚他為什麼是對的。

我們大多數人都不是愛因斯坦,也很少有人必須像他那樣得辛苦解決艱澀的理論物理學問題。所幸,「啊哈」時刻另一個重要特徵是,你根本不必太辛苦。頓悟可能會突然出現在你身上。在這種情況下,你完全可以跳過停滯階段——跳過那個痛苦的僵局。你甚至還不知道自己在尋找解方,答案就已經出現了。

庫尼奧斯和畢曼講了一個關於理查・詹姆斯（Richard James）的故事,他是一位二戰時期的海軍工程師。有一天,詹姆斯試圖穩定船上的儀器,免得船隻在海上搖擺晃動時無法讀取數據。他正在用彈簧作為避震器,這時一根彈簧「彈了出來,在房間裡彈來彈去,彷彿有了自己的生命。」詹姆斯驚奇地看著那根彈簧,然後帶回家給他的妻子看……幾年後,這對夫妻將它以兒童玩具的形式推出,取名妙妙圈（the Slinky）。到了2012年,據估計這已是一項價值三十億美元的生意。庫尼奧斯和畢曼總結道,有時候,一個靈光乍現的時刻「觸發的解方,可能連你自己都不知道你遇到了那個問題。」

所有的故事都為富萊和席佛把一種無用的黏著劑變成便利

貼巨頭的故事提供了一些新的思路。科學家發現有些人比較容易以分析的方式解決問題，而另外有些人，也就是容易出現「啊哈」時刻的人，科學家會形容他們是「有洞察力」的人。富萊屬於後者。他在愛荷華州的一個小鎮和密蘇里州的堪薩斯城長大，就讀的校舍只有一間教室。他在教室裡旁聽大孩子的課程，然後從垃圾場帶東西回家，拆開看看東西是如何運作的，然後重新改造成新東西來自我娛樂。「好奇心一直是我性格中重要的一部分。事物是如何運作的？我喜歡尋找問題，思考如何以意想不到的方式解決這些問題。不只是用常見的方法把相同的舊拼圖拼湊在一起，而是如何找到新的拼圖。」

從明尼蘇達大學化工系畢業後，富萊進入3M公司工作。他選擇3M的主要原因是，這家公司允許科學家把十五％的時間花在自己選擇的項目上。這種自由創作時間在Google等科技公司漸漸流行起來，而3M已經這樣做了七十多年。

在3M，富萊專注於開發新產品，廣泛蒐集任何他能找得到的資訊。他會閱讀其他同事提交的專利，詢問他們手邊的項目進行到哪裡。他會參加科學家每週舉辦兩到三次的技術講座，並在公司二十七洞的高爾夫球場上與工程師聊天。正是在高爾夫球場上，他第一次聽說了「頑固仔」和他那奇妙的黏著劑。「打到第十一洞的時候，我問同事公司的研究中心有沒有發生什麼新鮮事時，他說：『有個傢伙，叫史賓塞‧席佛，搞出一種黏著劑，很有意思，但沒人知道該怎麼處置它。』」

富萊把這個小道消息歸檔，跟他一路蒐集到的所有其他零碎資訊都保存起來，直到命中注定的那一天，靈感突然在教堂從他的潛意識出現。然而，即使在當時，便利貼也不是必然會發明出來。在傳統的創造力理論中，「啊哈」時刻出現之後，還有最後一個步驟：驗證解方。也就是弄清楚這個想法是否真的可行。事實證明，就便利貼而言，驗證過程需要花費好幾年的時間。

例如，混合出正確的黏著劑塗層配方，就是一大技術挑戰，需要一再反覆試驗，過程相當繁瑣。然後還有生產的問題，因為沒有機器可以製作出每張紙上都帶有黏性條的便條簿。「我們與世界各地的人討論如何以便條簿的形式生產出便利貼，但沒有人真的知道。」最後，富萊在他家地下室建造了一台便利貼製造機。接著，等這些便利貼終於在幾個市場上以「Press 'n' Peel」這個名稱進行測試時，產品失敗了。「所有人都認為這是個蠢主意。」他說。「有些人試圖取消行銷計畫，說：『誰需要便利貼？它的成本是便條紙的十倍。』他們就是拿它來跟便條紙做比較。」

計畫有好幾次差點胎死腹中。但富萊不肯放棄。他利用自己的十五％自由創意時間來研究這個項目，並依賴其他部門的同事也用他們的自由創意時間來幫助他。「如果這是一個常規項目，八成早就被砍掉了。但因為是十五％自由創意時間的項目，你就可以繼續做下去。」

公司決定在愛達荷州的博伊西再試一次，他們在全城發放免費試用品，讓人們自己去弄清楚如何使用這些玩意兒。便利貼一下子就被搶購一空。產品最終在1980年推出，並改名為大家熟悉的Post-it，雖說富萊反對這個名字。（「我認為『Fry Paper』比較好。」他笑著說。）從1968年，席佛第一次在燒瓶中混合出那個神秘黏著劑的那一刻至今，已經過了十二年。最終，富萊在教堂裡突然出現、在當時感覺對得不得了的頓悟，現在也證明是對的。便利貼一炮而紅。

如今，以便利貼為首的黏性便條紙已經成為價值數十億美金的全球生意。便利貼以各種形狀、尺寸和顏色在世界各地銷售。便利貼本身也已經成為文化符號。惡名昭彰的「便利貼分手法」在《慾望城市》的一集中出現過，令人印象深刻。便利貼被納入紐約現代藝術博物館收藏的藝術品和高級訂製服中，也在喜劇電影《阿珠與阿花》中作為重要情節走向亮相過。

從席佛第一次在實驗室裡調配出黏著劑的五十多年後，我在聖保羅找到了他，八十歲的他正全心投入於一份新職業——畫家。我很欣賞他的作品；它們是夢幻的抽象畫，以綠色、藍色、棕色……以及如便利貼般鮮豔的黃色所繪製的點彩派風景畫。我再仔細觀察這些畫作時，可以看到它們是由許多小點所組成的，這讓人不禁聯想到多年前他身為一名初出茅廬的年輕化學家，透過顯微鏡看到的黏著劑時，也是由許多微小的球體所組成。

兩者之間的相似性並非偶然。「這兩份職業是有關聯的。」席佛告訴我。「我嘗試把化學中的某些東西轉化為藝術⋯⋯我是一個非常依賴視覺的人。這就是開發便利貼時最酷的地方。那是一種視覺化的東西。我在顯微鏡下看到了某些東西，然後說：『這一定有用。』」他開心地補充說：「我正在把自己轉型成一名畫家。」遺憾的是，就在我們談話的幾週後，席佛去世了。

至於富萊，年屆九十的他仍在研究新發明。他的車牌上寫著POSTIT（便利貼）。在神經科學家為了揭開創造力和自我重塑的秘密，開始用造影設備探測人腦的幾十年前，他就已經出現人生最重要的頓悟時刻。然而，當我請他描述他的心路歷程——他如何在教堂裡對一種失敗的黏著劑產生「啊哈」時刻，並將其變成一個價值數十億美金的產品時——他幾乎一字不差地概述了神經科學家在實驗室中發現的情況，以及心理學家在傳統創造力理論中描述的內容。

「我們的生活是由各種模式支配的。」他告訴我。「大多數優秀的創新者會同時處理很多事。」因為他們在探索新的發明，但這個過程變成了一種掙扎。「所以你在研究某個東西的時候，你會感到疲倦，因為你還沒有找到正確答案。解決問題本身就是問題。」你會陷入沮喪，遇到僵局，然後你停滯了。你利用其他事情分散自己的注意力。「然後你開始做別的項目，然後再做另一個，你的大腦會比較不同的模式。」——然

後答案突然出現了。「很多時候，你會發現A項目的答案存在於C項目中，然後，啊哈！」解方找到了。

探索→掙扎→停滯→解方

富萊不需要科學家告訴他「啊哈」時刻是如何運作的。他已經花了將近一世紀作為活生生的證明。

4

破繭成蝶

挫敗後的成長

> 這世界摧毀每個人,但是總有些人
> 能在受傷處堅強起來。
> ——海明威,《沒有女人的男人》

那是一個美好的週六下午,非常適合在耶路撒冷附近的森林裡健行。天空晴朗,陽光高照。森林步道的入口附近,家家戶戶在樹蔭底下野餐。男人們圍著烤肉架忙碌。一場孩子派對正在熱鬧進行中,藍白相間的氣球在空中飄蕩。

導覽員凱伊把車開進馬塔森林的停車場,準備開始向一位新客戶及朋友講述這個地方的歷史。凱伊是一位出生於英國的爵士鋼琴家兼畫家,她有一頭蓬亂的褐髮和自然的笑容,在年輕時移民到以色列。她在以色列接受了兩年的密集訓練才成為一名導遊,這是一份她熱愛的工作。今天,她準備向克莉絲丁・路肯(Kristine Luken)介紹她最喜歡的一個景點。克莉絲

丁是一位美國基督教遊客。她們在一次波蘭的旅行中相識，結為好友。

兩個女人帶上她們的補給品：水、蘋果和一把削皮刀。凱伊的狗狗花生在腳邊汪汪叫，她們一邊往凱撒之路前進。那裡曾經是古羅馬道路，是以色列國家步道的一部分──相當於以色列的阿帕拉契小徑。她們停下來欣賞拜占庭時代教堂的遺跡，教堂的馬賽克地板仍然完好無損地埋在一層沙子下。後來，她們回到步道上，那是一條寧靜的小徑，附近的公路遠在天邊。她們蜿蜒穿過森林，在一處可以俯瞰風景的地方停下來欣賞。她們坐在一塊突出地面的岩石上方，一起吃著葵花籽零食。

就在這時，她們遭到兩名持刀的男人突襲。

接下來的殘忍攻擊中，凱伊遭到捆綁，嘴巴被封住，被砍了十三刀，重創她的肺部和橫膈膜。其中一名男子把她的胸骨打成兩截，她的肋骨斷了六根，肩膀脫臼，肩胛骨骨折。他使盡全力毆打她，導致她的肋骨碎片刺入肺部。就在幾英尺外，另一名男子殘忍地攻擊克莉絲丁，一遍又一遍刺她，她只能在地上痛苦扭動。凱伊絕望地希望這場屠殺停止，於是她選擇裝死。她逼自己睜著雙眼，動也不動，這是極其痛苦的事，尤其是她不得不親眼目睹她新結交的好友在幾英尺外嚥下最後一口氣。最後，兩名男子離開了──但不到一會兒又折返回來，檢查兩個女人是不是真的死了。其中一名男子為了萬無一失，最

後一次把刀刺進凱伊的胸口，接著便逃之夭夭。

凱伊幾乎失去意識，無法呼吸，但儘管仍遭到捆綁，她設法讓自己站了起來。她一步接著一步，試圖走回小徑入口。她一邊的肺已經塌陷，嘴巴仍被封著，每口呼吸都痛苦萬分，感覺就像拚了命想要用吸管吸取氧氣。她很確定她會死。她只希望盡量靠近停車場，讓人可以發現她們的屍體。當初兩名歹徒脫掉她的鞋子並用鞋帶綁住她的手腕，所以她赤腳走了一英里，跌跌撞撞穿過森林。為了保持清醒，她想像自己在鋼琴上演奏〈Somewhere over the Rainbow〉，這是她最喜歡的電影《綠野仙蹤》裡的歌曲，也是她在車內音響聽到的最後一首歌，由奧斯卡‧彼得森演奏的爵士樂版本。「我想著配合和弦的和聲。『用C調吧，不過降個九和弦會很好聽。』」她後來回憶道。「我從未想過我會活下來。」隨著生命逐漸消逝，斷裂的骨頭從皮膚戳出來，她仍繼續前進，每一步都努力專注在音符上。最後，她看到正在野餐的一家人，才終於倒下。

凱伊能倖存下來簡直是奇蹟。經過醫生診斷，她胸口的刀傷距離她的主動脈只有零點四公分，差不多只有一根繩子的寬度。凱伊身體上的傷花了將近三年的時候才痊癒得足以讓她能夠照顧自己。而心理上的傷持續的時間要久得多。她無法入睡。她經常被過去的畫面所困擾。她日日夜夜都能聽到克莉絲丁最後的哭喊聲。對凱伊來說，那就像謀殺案再次發生在她眼前一樣真實。她會堵住耳朵，試圖隔絕聲音，用手指摳進耳朵

深處，用力得都流血了，但仍無濟於事。她無法集中注意力，與人談話時也會恍神，即使是最熟悉的面孔也很難記起來。她無法再去回憶那次襲擊，卻又不斷想起。她痛恨自己，也相信她的朋友痛恨她。

傷口逐漸復原後，她開始接受心理治療。她害怕獨處，更害怕離開房子。她發誓這輩子都不會再進到森林。她的治療師要求她試著出門去看一棵樹五秒鐘，然後下個禮拜再看久一點，最後去看一片樹叢。她還得寫下她對那一天的記憶，鉅細靡遺地記錄每一個景象、聲音和氣味，作為治療的一部分。這是一段既痛苦又漫長的過程。她不斷在重複她自己的人間煉獄。

襲擊發生的最初幾分鐘，凱伊試圖用她的削皮刀擊退歹徒，劃傷了他的小腿，但後來武器就被奪走。幸運的是，警方從她袖子上的幾滴血中提取到兇手的DNA。最終，這幾滴血幫助他們抓住了兩名歹徒，他們是來自巴勒斯坦的男子。後來才知道，他們之前還謀殺了另一名女性。在一部關於此案的以色列紀錄片中，警方提供的畫面顯示，員警把其中一名歹徒帶回犯罪現場。他一臉落腮鬍，戴著手銬，穿著橘色囚服，面無表情的模樣，令人不寒而慄。接受警察審問時，他就像在背誦購物清單一樣無動於衷（從阿拉伯語翻譯過來）：

警方：你為什麼選這個地方？

歹徒：我們想殺人。

警方：殺什麼人？

歹徒：猶太人。

警方：為什麼？

歹徒：沒為什麼。我們想殺人。

警方：動機是什麼？

歹徒：沒有動機。

　　凱伊不得不再次經歷她的創傷，因為她要上法庭指認兇手；他們最後被判處無期徒刑。審判結束後，凱伊逃到沙漠，在那裡整整待了三年，獨自生活，不與任何人交談，保持沉默，甚至不聽收音機。她仍無法入睡，無法忍受噪音。連她自己的呼吸聲也讓她難以忍受；她恨不得自己可以停止呼吸。她把她的記憶和心痛傾注於寫作中，藉以應對創傷，最終出版了一本優美而深刻的書《The Rage Less Traveled》。

　　如今，十多年過去了，那次襲擊仍時時困擾凱伊。她的症狀沒有減緩。她仍然夜不成眠，無法忍受噪音。她的警覺心非常高。她活在倖存者的內疚中，因為那天是她帶著克莉絲丁進入森林。她的戰鬥或逃跑反應似乎永遠處於高度戒備的狀態。焦慮和恐懼如影隨形。她那份曾經熱愛的導覽員工作早已結束。

　　她對襲擊她的歹徒依然怒不可遏。然而矛盾的是，她沒有

把精力用在報復那些巴勒斯坦男子，而是用在幫助巴勒斯坦的兒童上。凱伊與一位巴勒斯坦的年輕朋友一起在他的難民營創辦了一個名為「黃磚路計畫」的課後輔導班，以紀念那首幫助她活下來的歌曲。她向其他傳統敵人伸出援手，擴大朋友圈，其中包括以色列的阿拉伯人和巴勒斯坦人。幾年前，一名阿拉伯少年因為批評激進的巴勒斯坦組織哈馬斯綁架以色列少年而收到死亡威脅，她便把他藏匿在家中，這件事還登上頭條新聞。

　　我與凱伊透過Zoom視訊通話時，她身穿運動衫，戴著色彩繽紛的圍巾，坐在自家明亮的廚房裡，兩隻狗狗希寶和小可愛在背景中吠叫，她告訴我她又開始畫畫了。她向我展示了她為朋友的小孩所創作的最新作品，那是用三原色繪製而成的一幅色彩繽紛的動物遊行畫，畫中動物們快樂地排著隊伍。「我喜歡顏色，我喜歡卡通，我喜歡讓人們開心。這麼做有一種重生的感覺。」她告訴我。她也再次彈鋼琴，現在主要是為自己而彈，不過幾年前她在華盛頓特區的一次公開露面中，演奏了一曲以充滿情感的爵士樂改編而成的〈Somewhere over the Rainbow〉，靈感來自她那可怕的一天。她也完全沒有失去她的幽默感，她告訴我她已經找到了一種可以善用她長期失眠的方法。「我喜歡賞鳥，我不喜歡噪音。我想到一個點子：我要帶人們去觀鳥。鳥兒很早就起床了──你可以叫大家閉嘴，仔細聽。」

我試著去理解她人格的這兩個面向，它們看似互相矛盾，卻同時存在於她的體內：一個仍然天天承受著殘酷的創傷，努力從謀殺未遂活下來的倖存者；一個繪著快樂的畫作，與她仇敵的孩子們成為朋友的畫家。

「我想我過去十年活在黑暗裡的日子夠久了。」她解釋道。「就像我們所生活的世界即使再黑暗、再混亂，背後仍然有很多美麗的事物。我們只需要去尋找它。」

自有歷史記載以來，就有許多關於創傷後留下可怕後遺症的故事。歷經戰火的古代英雄們就跟凱伊一樣，飽受焦慮、失眠和抑鬱之苦。出土於伊拉克美索不達米亞文明的楔形文字泥板，可以追溯到公元前3200年，上面描述了士兵們在戰爭後不斷遭受可怕的幻覺和惡夢折磨。他們因為恐懼而癱瘓，無法集中注意力；美索不達米亞人認為，他們的症狀是那些被他們殺死的敵人鬼魂造成的。有一名士兵的行為就像被「腐臭的油詛咒，他的嘴被封住，導致他無法向睡在他旁邊的人求救。」在古希臘，戰後歸來的士兵也會被幻覺擊倒，也會因為恐懼而無法動彈。希羅多德在公元前440年講述了一個名叫埃皮澤魯斯（Epizelus）的士兵，在馬拉松戰役時看見幻覺，他看見一個「有濃密鬍鬚的高大士兵」以「幽靈般的幻影」姿態殺死了他旁邊的人，之後他就失明了。雖然他完全沒有被刀劍或飛鏢打中，身體也沒有問題，卻再也看不見任何東西。

古代抄寫員似乎對那些在戰爭中被性侵和掠奪的婦女的

精神創傷毫不在意。在他們的文本中，這些婦女只是「發瘋」了。與男性不同，社會認為精神受創的女性是有錯的，要嘛是因為她們激怒神靈，要嘛是因為她們的子宮在體內遊走，導致她們行為瘋狂。順便說一句，那個麻煩的子宮（希臘語是 hystera）後來也成為「歇斯底里」（hysteria）的起源。然而，女性的瘋狂看起來往往與男性在戰後的創傷非常相似；莎士比亞在他的《馬克白夫人》中把這種情況描述得很好。她如夢遊般走來走去，擦拭著手上並不存在的血跡。

幾百年來，相同的痛苦使用過各種不同的名稱。在南北戰爭時期，從前線歸來的退伍軍人患有「軍人心臟綜合症」。第一次世界大戰後，因恐懼、惡夢和侵入性記憶而發瘋的歸國士兵，據說是因為轟炸而出現「砲彈恐懼症」。第二次世界大戰的退伍軍人則患有「厭戰症」。超過一百萬名來自「最偉大一代」的士兵因為這種疾病接受治療，佔了陸軍所有退役人數的四十％。

直到1980年，精神科醫生診斷出從越戰歸來的士兵身上也出現相同的症狀後，這種症候群才正式在醫學文獻中確立，取了一個現在大家都耳熟能詳的名稱：創傷後壓力症候群（post-traumatic stress disorder），或稱PTSD。患者得知後紛紛鬆了一口氣，他們沒瘋，他們的症狀也不是想像出來的。反之，心理學家推論，這是因為我們的大腦無法理解那些可怕的事件。我們無法處理。血淋淋的創傷記憶隨時會入侵大腦，出

乎意料地重新浮現。為了阻隔那些不願意想起的回憶，我們的大腦會對我們耍花招，進而出現疏離親友、憂鬱、失眠和憤怒等症狀。臨床上的PTSD症狀還包括了往事重現、注意力無法集中、自我毀滅，以及像是出現藥物或酒精成癮等自我藥療的行為。自我厭惡和憤怒的情緒更是如影隨形。

醫學定義最一開始指的是親身經歷過瀕臨死亡壓力的人，主要是從戰場返回的男性。確實，美國退伍軍人事務部估計，約有十一％到二十％的歸國士兵患有創傷後壓力症候群。但從這種疾病首次被發現後的幾十年內，定義已經擴展到包括那些經歷過暴力、疾病和自然災害的受害者，以及因為親人去世等事件而受到衝擊的人，甚至包括親眼目睹他人經歷創傷事件的人。

依這個標準，九十％的人一生中都會經歷創傷——自從疫情爆發以來，這個數字可能更高。據某些統計，超過三分之一的一線醫護人員患上PTSD，還有超過三分之一的新冠肺炎重症倖存者也患上PTSD。患有創傷後壓力症候群的醫護人員考慮自殺的機率是同行的五倍多。更有幾百萬人因為親朋好友的死亡、疫情封鎖、經濟損傷以及由此產生的所有不確定感而受到嚴重創傷。疫情引發一場大規模的心理健康危機：憂鬱症和焦慮症的發病率飆升，而倦怠感也飆升至史無前例的程度。

PTSD的症狀通常不會自行消失。近幾十年來，神經科學家靠著造影技術，如功能性磁振造影，來觀察我們的大腦，並

確定大腦的哪些部分會被記憶和情緒觸發。他們發現，PTSD不只是一種心理疾病：極端的創傷甚至會重塑我們的大腦。

對PTSD患者來說，任何會讓他們想起創傷的事物——即使是像聲音或氣味這樣輕微的刺激——都會讓他們的大腦和身體重新回到高度警戒狀態，彷彿可怕事件在此刻再度發生一樣。他們的身體會分泌腎上腺素，心跳加快，血壓飆升，大腦中稱為杏仁核的原始部分會觸發戰鬥或逃跑反應，就像當初身處在那場可怕事件時一樣。他們的警報系統彷彿卡住了，就像一個無法關閉的汽車警報器。患者無法光憑意志力自行切斷他們的內部警報系統。這會導致壓力指數持續升高，進而出現各種症狀，從失眠到記憶和注意力問題。

凱伊·威爾森的情況幾乎是有如教科書式的PTSD案例：失眠、易怒、不愉快的想法總是不請自來、對噪音極度敏感，以及高度警戒的身體狀態。遇襲之後，她與人對話時往往會失去思路。她很難記起老朋友的名字；每當她看著他們時，她看到的卻是被謀殺的克莉絲丁。她對世界感到麻木，卻又因為討厭自己而不知如何是好。出院不久後，她夢見那場襲擊其實只是夢一場。等她醒來回到現實後，受到巨大的打擊，導致她開始強迫自己不再睡覺——接下來的十年裡，她的身體都會在她準備做夢前醒來。

然而，我遇見凱伊時，始終無法擺脫一種感覺，我總覺得她的情況不能完全用PTSD去解釋。沒錯，創傷後壓力症候群

確實描述了她在遇襲後多年來一直在面對的種種問題,卻無法解釋凱伊其他在根本上非常真實的轉變,也無法解釋她為何致力於幫助巴勒斯坦兒童,並與昔日的敵人成為朋友。她怎麼會以繪製色彩鮮豔的畫作為消遣?怎麼會喜歡賞鳥?怎麼會體悟到混亂生活背後的美好?該如何解釋這一切?

幾千英里之外,心理學家正在深入探究這個問題的答案。

1980年代早期,北卡羅萊納大學夏洛特分校的心理學家理查・泰德斯奇(Richard Tedeschi)開始思考智慧。具體來說,他想知道究竟是什麼讓人變得睿智。很多人都很聰明,但他想探究的是大腦如何累積和處理智慧。韋伯字典中,所謂智慧的定義是「從生活中的各種經驗所獲得的知識」,或「理解多數人無法理解的事物的本能」。心理學家幾乎研究了我們如何思考的所有面向。神經科學家用價值數百萬美金的造影設備來探測我們的大腦皺褶。然而,智慧的起源——我們如何獲得它,它又是從哪裡來的——仍是一個謎,就像理解人類靈魂的本質一樣神秘。

泰德斯奇和他的同事勞倫斯・卡爾霍恩(Lawrence Calhoun)為了找到答案,設計了一項研究。他們的首要任務是找到擁有智慧的人。他們心想,也許老年人掌握了一些變得睿智的特殊訣竅,尤其是那些經歷過人生中最艱苦時刻的人,像是失去親人。這個想法又讓他們思考:也許不僅僅是老年人,其他受過苦難的人,說不定也能幫助他們找到讓人變得睿

智的原因。於是，他們開始尋找經歷過苦難的人。他們花了很多時間研究老年人，也採訪了身患重度殘疾或經歷過慘烈事故的受害者。他們想知道，這些苦難給他們帶來了什麼？

令他們失望的是，他們幾乎沒有學到關於智慧起源的知識。但他們驚訝地發現了完全不同的東西，一些他們沒有在尋找的答案：許多受訪者提到他們生活中發生的正向變化。他們感覺比以前更堅強。他們談到對新體驗更加開放，並獲得發展新技能的能力。有些人徹底重塑了他們的生活。這些人不僅僅是「恢復」到他們創傷前的生活，而是向前躍進，在許多方面繼續追求更充實的、全新的目標。

泰德斯奇對其中一位受訪者的印象尤其深刻。他是一個名叫傑瑞的搖滾音樂家，在一場車禍中癱瘓了。「這是我生命中必須發生的一件事；這可能是我遇過最好的事。」這位三十四歲、半身不遂的受訪者在事故發生的八年後告訴他們。「從旁觀者的角度來看，我相信這很難令人接受。但是，嘿，這就是我的看法。如果我沒有經歷過這一切並活下來，考慮到我以前那種自我毀滅的生活方式，今天我很可能就不會在這裡了。」

這聽起來實在很難接受。這些人經歷了一個人一生中可說是最慘的遭遇。有年長的受訪者，看著孩子和配偶死於疾病，甚至是自殺。也有像傑瑞這樣遭遇意外的受害者，在生命的壯年時期被擊倒。「傑瑞的回答讓我非常震驚。」泰德斯奇告訴我。更令人驚訝的是，「我們發現他不是唯一一個這麼說的

人。」他和卡爾霍恩採訪其他意外受害者和殘疾人士時,他們被自己聽到的許多言論所震懾,其中包括:

─我為我的人生開拓了新道路。
─我能用我的人生做更有意義的事。
─以前不可能出現的新機會出現了。
─我改變了生活中重要事情的優先順序。

傑瑞說,車禍前,他是一個喜歡參加派對和濫用藥物的人。後來,隨著他的搖滾事業結束,他回到學校。最終,他獲得了研究所學位,並且在一個幫助殘疾人士改造房屋的非營利組織工作。他成功把生命中最糟糕的經歷化為積極。

泰德斯奇和卡爾霍恩熟知創傷後壓力症候群的科學原理,但他們越來越清楚發現,光是把重點放在創傷後壓力症候群的負面症狀的話,視野過於狹隘。它掩蓋了創傷帶來的其他影響。每當研究人員擴展他們對倖存者的觀察範圍時,它無法解釋他們所看到的現象。在研究中,許多經歷了創傷後壓力症候群的人也經歷了成長──這通常是同時發生的。

他們需要理解發生了什麼事。於是他們繼續尋找經歷過創傷的人。接下來的幾年裡,他們與其他人進行一系列研究,採訪那些經歷過颶風、戰爭、家庭暴力、至親離世的人。當然,這些倖存者肯定也受到嚴重創傷。許多人都患有創傷後壓力症

候群。然而,在每個研究中,也有相當多的人覺得煥然一新。他們改變了人生的優先順序。他們感覺到人生有了新的可能性。他們變得願意追尋新的道路。

1995年,兩位研究人員為這種現象創造了一個詞:創傷後成長。原始研究中那群患有殘疾的男女受訪者告訴他們,在悲劇發生後他們的生活獲得哪些改善,他們便根據受訪者所說的內容,創建一份二十一種改善生活方式的清單。這份直接從倖存者口中所得到的清單包括「我培養了新興趣」和「我發現我比我想像中更堅強」。清單上的項目涵蓋了五個領域的成長:對日常生活的感激、與他人的關係、精神上的改變、個人力量,以及特別值得注意的「生活中新的可能性」。在賓州大學的瑪麗・福佳德(Marie J. C. Forgeard)進行的一項三百七十三人的研究中,大多數受訪者也表示在經歷創傷後,創造力有所提高。

從此以後,這個新興領域不斷擴展,研究涵蓋了各種類型的創傷受害者。根據調查,紐西蘭地震、智利國家恐怖主義和馬德里火車爆炸案的倖存者都出現正向的個人變化。上百個研究在不同的群體中都發現類似的軌跡,這些群體包括童年遭受性虐待的受害者、受到性侵和家暴的倖存者、打過仗的退伍軍人、骨髓移植患者,以及心臟病發作的倖存者。2019年一項涵蓋二十六項研究的整合分析所得出的結論顯示,將近一半的創傷倖存者最終都會經歷創傷後成長。整個社會都可以在經歷

集體創傷之後獲得創傷後成長,例如在戰爭之後,或者更貼切地說,在爆發全球性的疫情之後。

創傷後成長最早有記載的案例,發生在1987年歐洲一場可怕的渡輪事故之後。當時自由企業先驅號從比利時前往英國的途中,因為船頭的門沒關而突然翻覆。渡輪在幾秒內沉沒,男人、女人和小孩都被拋入漆黑的冰冷海水中,其中一百九十三人喪生。事故發生後不久,心理學家史蒂芬·喬瑟夫(Stephen Joseph)訪問了倖存者,不用說,他們都表示自己飽受惡夢和焦慮症的折磨。然而,喬瑟夫三年後再次訪問他們時,有四十三％的人表示他們的生活和態度都變得更好了。

另外,一項針對乳癌研究的整合分析顯示,創傷後成長實際上可能會隨著時間增加。在一項針對653名乳癌患者的研究中,研究人員在四個不同的時間點要求女性填寫衡量創傷後成長的二十一項陳述,評估她們對那些陳述的感受強度,包括「我培養了新興趣」、「我改變了我的優先事項」和「我為我的人生開拓了新道路」。她們在確診不久後,第一次回答這些問題。接下來在六個月、十二個月和十八個月後重複填寫問卷調查。有趣的是,研究人員發現,這些女性對於正向情緒的調查結果,每次都在增加:她們適應新現實的時間越長,就越是強烈感覺到,儘管面臨著可能致死的疾病,但她們的生活實際上在某些方面得到了改善。

某些傑出的成功人士直接將他們的成就歸功於他們的創傷

經驗。薩默·雷石東（Sumner Redstone）是一位億萬富翁企業家，他的媒體帝國包括CBS和Viacom影視集團。五十五歲那年，他在飯店經歷一場可怕的火災，差點喪命。當時，他只是一位不太出名的律師和電影院老闆。他被火焰吞噬，身體有一半的面積三度灼傷。他爬出高樓層的窗戶，用指尖緊緊抓著窗台才倖免於難。康復之後，他的雄心壯志大幅提升，開始了他瘋狂的帝國建設時期。「我認為我以前就很有動力，但我這輩子做過最令人興奮的那些事情，大部分都是拜那場火災所賜。」他曾說。

泰德斯奇和卡爾霍恩是首個為創傷後成長命名的人，但這種症候群在文學、歷史和宗教中屢見不鮮。在基督教中，耶穌藉由他的苦難改變了他的追隨者；新約聖經（約翰福音16:20-21）裡，耶穌說：「我確確實實地告訴你們：你們將會痛哭、哀號，這世界反而會喜樂；你們將會憂傷，然而你們的憂傷要變成喜樂。」佛教教導信徒要擁抱苦難。在伊斯蘭教中，先知穆罕默德遭受磨難考驗，包括他的妻子和叔叔的死亡。文學作品中充滿了英雄和英雌克服了巨大的困難，最終不只是煥然一新，而是徹底脫胎換骨的故事。從荷馬的《奧德賽》到托爾金的《魔戒》，從托妮·莫里森的《寵兒》、瑪格麗特·愛特伍的《使女的故事》到史丹·李的《蜘蛛人》。

歷經苦難後成長的概念，最知名的例子，也許就體現在維克多·弗蘭克（Viktor Frankl）身上。他是一位猶太人大屠殺

的倖存者，其開創性著作《活出意義來》認為，人們即使在最苦不堪言的環境下，也能透過尋找意義而成長茁壯。弗蘭克講述他在納粹集中營的恐怖經歷時，得出結論：「無論在何處，人都會遇到命運的挑戰，都有機會透過自身的苦難取得某種成就。」他稱之為「悲劇式樂觀主義」，他把這種主義定義為「人類有能力把生命的消極面以富有創意的方式轉化成積極或有建設性的東西。」

令人驚訝的是，迄今為止的研究顯示，創傷倖存者所經歷的成長可能比臨床上的創傷後壓力症候群患者更多。然而，並不是每個人都能做到。雖然有些人改變了他們的生活，卻有另一些人仍然陷於壓力和痛苦之中。是什麼讓那些茁壯成長的人與眾不同？他們是否發現了其他人也可以效仿的策略？

事實證明，有一些方法能幫助激發創傷後成長。如前所見，自我重塑通常遵循探索、掙扎、停滯和解方的順序。對經歷過創傷的人來說，這種進程有一個轉折：創傷通常會顛倒順序，催化劑成了創傷——即掙扎。接著才反過來驅使創傷者探索——試圖去理解發生的事情。

創傷會動搖我們的核心價值觀，動搖我們對世界的理解。我們本來對未來、對公平、對人生的掌控視為理所當然的一切，都突然破滅。對倖存者來說，要順利度過創傷，他們必須明白他們並不孤單，也沒有瘋，而是經歷這種不正常情況的正常反應。到了探索階段，倖存者開始重新理解他們對人生和未

來的信念。這個過程有點類似於尋找未來「可能的自我」。

泰德斯奇稱在這個階段之後又是另一個「掙扎期。」這個時期令人困惑，往往痛苦不堪，在其他類型的轉變也是常見的苦差事。這是不可避免的過渡期。倖存者已經拋棄了他們的舊身分和世界觀，但還沒有弄清楚下一步該怎麼做。他們無法「回到」以前的狀態，那是不可能的。反之，他們試著向前邁進，走向新事物。「這需要時間。」泰德斯奇告訴我。「你需要一段時間才能重新站起來，弄清楚你要往哪個方向走。」

心理學家發現，要度過掙扎階段，倖存者需要學習管理他們的情緒——透過運動、冥想或任何對他們有效的其他方法。他們需要對其他人敞開心扉，為他們的經歷發展出一個新的敘事——可以把過去、現在及未來方向聯繫起來的說法。換句話說，經歷過創傷後成長的人學會講述他們自己的一個連貫故事。新故事向他們展示一條前進的道路，讓他們不再只是試圖重拾已經失去的生活。

有趣的是，成功度過掙扎期的倖存者經常提到一個關鍵因素——泰德斯奇稱之為「專家夥伴」（expert companion）。這位夥伴可以是專業人士，例如治療師，但一般來說，這個人是朋友、家人，甚至是幫助他們理解現在新世界的熟人。倖存者可以借助專家夥伴的旁觀者視角，看見他們沒有意識到的優勢，或以前從未想像過的路徑。這位夥伴可以打開倖存者的心扉，讓他們接受新的思考方式，幫助他們照亮未來的路。唯有

這樣，他們才能真正成長——甚至蛻變。

麥可‧墨菲（Michael Murphy）正是這樣的例子。2007年，他是維吉尼亞州藍道夫馬肯學院的一名歷史系大三生，同時也是一位棒球和美式足球運動員。但是，在一場喝醉的派對上，他和朋友決定爬上屋頂欣賞校園風景，他的世界就是在那時崩塌了。他不小心滑倒，從二十五英尺高的地方摔落，背部著地——摔斷脊椎。

他有三年時間難以適應他的新生活。但過了十多年後的今天，他說：「這是一個神奇的命運轉折，最後卻成為在我身上發生過最好的事情之一。它為我打開很多機會。」他開始重新定義自己，設立了新目標努力前進：他完成兩次的障礙跑競賽（Tough Mudder），參加十幾次馬拉松，未來還會繼續參賽，以及學習單板滑雪。他在一篇部落格文章中思考了這種轉變是如何發生的，以及轉捩點是什麼。他意識到，關鍵是擁抱「脆弱」，拒絕陷入「單打獨鬥的心態」。他的朋友們，甚至是陌生人，都支持他追求那些體育活動，幫助他堅持不懈，即使那些關卡對他而言看似難如登天。他做物理治療讓他遇到了他的妻子。「我得到了幫助，我尋求了幫助，我接受了幫助。」他寫道。

對凱伊‧威爾森來說也是同樣的情況。「我很幸運擁有很多很棒的朋友。」她對我說。「每個性格的朋友都滿足了我不同的需求。」遇襲之後，她的朋友漢娜立刻承擔起照顧她的責

任。她的導覽車司機,一位身材魁梧、名叫卡利勒的阿拉伯裔以色列人,「會搖搖擺擺走進病房,帶一些我從來不吃的食物過來,然後坐在那裡,喝著蘇格蘭威士忌。他會說:『我會陪著你,教你一些阿拉伯髒話。』」其他朋友輪流開車載她回診,幫她英國家人翻譯,招待她,並在她康復期間,當她的傾聽者,讓她慢慢開始消化發生在她身上的事情。這些人是她可以傾訴的人,也是她可以一起建構新故事的人。「每個人都是一個禮物。」她說。

掙扎時期可能持續好幾年,但即使是最可怕的悲劇,倖存者最終也能成功度過。1993年,研究人員與九十四名遭遇過人生中某件數一數二悲痛意外的人進行訪談:也就是自己的孩子或配偶因為車禍而驟世的人。值得注意的是,他們在四到七年後接受訪問時,大多數人至少出現一項積極變化,包括更有自信和更能專注於享受當下。幾乎有四分之一的人表示他們對生活更加充滿感激。令人驚訝的是,研究人員發現他們經歷的積極變化在數量上「顯著」超過了消極變化。

沒有人會覺得孩子夭折或其他可怕的悲劇是好事。泰德斯奇強調,帶來成長的不是糟糕的事件本身,而是倖存者的應對方式造成改變。因為他們重新評估了他們的生活、目標和優先事項,並且找到新的方式來建構對創傷的理解。

倖存者通常會發現,解決問題的方法之一就是幫助他人。研究人員發現,利他主義可以促進創傷後成長。你會常常聽

到失去孩子的父母設立非營利基金會來紀念他們的孩子,例如旨在防止槍枝暴力的珊迪‧胡克承諾基金會(Sandy Hook Promise)。該基金會之所以成立,是因為發生了2012年那場可怕的校園槍擊案,造成康州一所小學二十六人死亡,其中大多數是小一新生。一項針對蘇格蘭癌症倖存者的研究發現,有一半的人參與了慈善事業——這個數字超過了那些用夢想假期獎勵自己的人數。

這項發現在我採訪像凱伊這樣的倖存者時獲得證實,她在差點被巴勒斯坦襲擊者謀殺後,為巴勒斯坦兒童建立了課後輔導班。她希望「消除仇恨,無論是對阿拉伯人還是對猶太人的仇恨。」她說。她的慈善工作「幫我為這場毫無意義的襲擊創造意義。」隨著我們越聊越多,她停頓一下,然後又回到了那句話:她強調,關鍵是創造意義,而不是尋找意義。這個差別看似微不足道,但對於像凱伊這樣的創傷倖存者來說至關重要:我們不可能在隨機謀殺中找到意義,只能想辦法在事後創造出更積極正向的東西。

新冠疫情後,我們會看到大規模的創傷後成長嗎?對於過往各種重大事件的研究,特別是近期聚焦在九一一恐怖攻擊事件的研究顯示,整個社會是可以一起經歷創傷後成長的。蓋達組織的襲擊是美國歷史上死傷最慘重的恐怖攻擊,造成近三千人死亡,並讓整個國家陷入震驚和難以置信的情緒中。即使大多數美國人沒有親身經歷過襲擊,但幾乎所有人都感受到那

股創傷。數百萬人從電視目睹了飛機撞向世界貿易中心大樓，眼睜睜看著大樓倒塌。他們看到了另外兩架飛機仍在冒煙的殘骸，一架撞上了五角大廈，另一架墜毀在賓州的田裡。二十多年後，心理和身體的創傷仍未完全癒合。超過兩千人因為吸入有毒的灰塵和煙霧而生病死亡。

當初第一架飛機撞上大樓時，我和我的同事喬都在世貿中心。我們過一會兒走到外面時，簡直無法理解眼前的景象。上方，大樓的高樓層有個可怕的大洞噴出滾滾濃煙。眼前，汽車被遺棄在人行道上，以奇怪的角度停在那裡。其中一輛車被一塊巨大的水泥壓垮。粉碎的水泥從蔚藍的天空飄落下來，幾乎像雪一樣，水泥灰落在我的太陽眼鏡上，發出金屬撞擊的聲音。空白的財務報表從天而降。我們仰著頭瞠目結舌地看了幾分鐘後，趕緊衝往馬路對面華爾街日報的辦公室，以為這只是一起可怕的飛機事故，將成為一個頭條大新聞──結果發現我們的路被擋住了，首先是一條路上成排燃燒的飛機座椅和碎片，等我們繞路走到另一條路時，情況更糟。血淋淋的屍體殘骸四散在路面和人行道上，有如一場人類大屠殺。

我們小心翼翼地穿過這個人間煉獄，踩著謹慎的步伐，閃過一具無頭屍體，有人用餐巾紙稍微蓋住。就在這時，第二架飛機飛了進來，就在我們頭頂上方，接著伴隨一聲震耳欲聾的巨響後墜毀。街上每個人都四散奔逃，甚至沒有抬頭去看。在原始本能驅使下，所有人都緊貼在離自己最近的建築物牆上。

直到那時我們才意識到，這不是意外；我們被攻擊了。

最後，我們和其他幾百個人一樣，徒步前往紐約上城。我們的另一位同事很鎮定，他抓起一台相機，在路途中拍了一些照片。現在令人驚訝的是，在第一棟大樓倒塌前幾分鐘的照片中，那些為了逃離襲擊而前往上城的人們完全沒有回頭。他們沒有跑。相反，他們只是面無表情，步伐沉重地緩慢前進。撇除身上的西裝不說，他們看起來就像眼神空洞的難民，準備離開飽受戰爭蹂躪的國家。這段經歷實在震驚得難以消化。那些住在上城、沒有經歷過這一切的人，在照片中則是睜大雙眼，眼神恐懼的模樣。

不出所料，我和喬都出現典型的創傷後壓力症狀——做惡夢、往事重現、神經衰弱。即使是現在，過了二十幾年後，我仍然不敢看電視上的紀念儀式和每年大量的紀念文章，我認識許多當時在場的人也是如此。這是典型的PTSD症狀之一：逃避（Avoidance）。對我和當時我認識的許多人來說，世界被一分為二，分成了「之前」和「之後」。

然而，接下來的幾年內，我們許多人最終都以新的方式重新建構我們的生活。我和喬都離開報社，追求新的可能。幾年後，我對抗乳癌成功活下來後，我為我的職涯邁出了以前從未想像的一大步：我放棄穩定的工作，創辦一份新雜誌，這即使是在景氣最好的時代也是充滿風險的決定，但這個機會太令人興奮了，不容錯過。不知不覺中，我們接受了創傷後成長的

原則,包括「我培養了新興趣」和「我為我的人生開拓了新道路」。

我們並非特例。九一一恐怖攻擊為心理學家和神經科學家提供了一個前所未有的機會,讓他們能夠即時追蹤創傷倖存者的軌跡。一項在攻擊後立刻進行,並在六個月後再次追蹤的研究中,對1,505人進行了調查,其中十一%的人要嘛在場,要嘛就是與受傷或死亡的人關係緊密。研究結果發現,創傷後壓力症候群的症狀與後來經歷成長的受試者之間存在相關性。另一項從2001年十一月開始,對1,382名成年人進行三年追蹤的研究發現,超過一半(五十八%)的人回報他們出現各種不同形式的正向改變。

在九一一事件發生前不久,心理學家克里斯・彼得森(Christopher Peterson)和馬汀・塞利格曼(Martin E. P. Seligman)對四千名以上的受試者進行了一項研究,旨在評估善良、領導力和感恩等性格優勢。他們當時並沒有關注創傷後成長的議題,當然也不知道即將發生的事件。但是,等他們在恐攻發生的兩個月後和十個月後再次調查時,整體受試者在感恩、希望、領導力、團隊合作和善良等等的得分上一次比一次高。

新冠疫情是否會促進類似的積極成長仍是一個未知數。我們今天所處的世界與2001年大相逕庭。當時,恐怖主義威脅團結了全國大部分地區;如今,疫情卻進一步分裂了這個國

家。儘管如此，如果我們能夠自我教育，最終走出這個掙扎時期，講述一個關於我們自己的新故事，那麼我們至少還有一絲希望可以實現創傷後成長。

某些類型的人，例如樂觀主義者、個性外向者和那些願意接受新事物的人，似乎更有可能對創傷後成長持開放的態度。但泰德斯奇和他的同事希望教各種類型的創傷倖存者如何採取這些正向的步驟。他們希望重新建構關於創傷的話題，納入希望和成長等概念，打破PTSD主宰了倖存者生活的假設，消除他們只得學會忍受這些症狀的迷思。「我最不喜歡的詞是『應對』，感覺就像你在要求他們接受品質降低的生活。」喬許‧戈德堡（Josh Goldberg）說道，他是致力於創傷後成長的非營利組織Boulder Crest基金會的聯合創辦人。「我們應該提供他們更好的東西。」

Boulder Crest基金會由泰德斯奇擔任主席，幫助想要克服創傷的退伍軍人和第一線急救人員，提供免費課程。（基金會的非官方座右銘是：「掙扎彌足珍貴，切勿浪費。」）退伍軍人在位於維吉尼亞州布魯蒙特村莊的校園裡度過一週，後續會有十八個月的定期追蹤。課程一開始先教導他們——幫助他們理解憤怒和麻木等反應是「對非正常情況的正常反應」——然後指導他們如何調節情緒，包括冥想、呼吸和沉浸在大自然中。接下來是開誠佈公——談論事件造成的影響——然後分享他們的故事，並在其中找到成長的種子。最後一步是專注於服

務──也就是回饋他人。

　　Boulder Crest基金會最近擴大服務範圍,為第一線急救人員提供培訓課程,包括警察、醫護人員和消防員等等。戈德堡說,這項培訓對一般大眾也很有意義。「我們遇到掙扎時,心裡會想:『我是不是出了什麼問題。我可能永遠好不了了,沒有其他人能夠了解我的感受。』」他說。「諷刺的是,世界上每個人都會經歷同樣的掙扎……我們所教授的內容具有普遍性,無論你是不是急救人員都適用。」

　　儘管所有證據都指向相反的情況,但醫學界仍然執著地專注在創傷的負面影響──如泰德斯奇所說的「失調和崩潰」──而不是潛在的正面影響。過度關注負面影響會導致治療的目標僅僅致力於減輕痛苦的症狀,「讓人們只能過著缺乏生活品質的日子。」他認為這種方法會讓人們對生活「不滿意」。更重要的是,專注於負面的的療法通常要求重溫創傷,談論創傷,概念是反覆碰觸傷口,最終傷口就會麻痺。然而「很多人會抗拒這種治療,因為感覺不是很好受。」

　　泰德斯奇希望顛覆這種做法──把注意力集中在潛在的正面結果上,而不是加倍關注負面影響。「我們正在努力改變創傷對人只有負面影響的看法。我們認為幫助促進心理健康的各種社會機構在這方面錯失了良機。」

　　這種觀點正逐漸獲得接受。牛津大學薩伊德商學院組織行為和領導學教授莎莉·梅特利斯(Sally Maitlis)把研究對象

放在職業生涯因傷而縮短的職業舞者和音樂家身上。對這個群體來說，失去職業是一種非常沉重的打擊；他們的職業是他們對自己身分認知的關鍵。「如果我不再是表演者，我的身分是什麼？我是誰？」一位受傷的舞者問過她。然而，梅特利斯對這個群體進行了十多年的研究後，她發現大多數的人「都想辦法創造了有意義的未來，成就感甚至更勝以往。」她說：「通常是這樣的，他們會發現連自己都不知道的那一面。隨著這些發現，他們對自己可能成為什麼樣的人、可能從事的工作有了新的理解。」

她告訴我，這個過程不能操之過急。不過她描述的內容與Boulder Crest基金會給退伍軍人的課程非常相似。表演者通常必須在一位專家夥伴的協助下，先努力克服情緒創傷的問題。「受訪者在分享他們的苦難時會變得淚眼汪汪⋯⋯當中有些人曾經出現自殺的念頭——他們覺得活不下去了。」她說。「治療過程的一部分包括調節那些情緒以及與他人抒發感受。等到你總算可以談論發生的事情時——這不是幾週或幾個月，人們通常會花好幾年的時間試圖重返職業生涯——即使只是承認有這件事，也是走出創傷的一部分。你不再否認，而是說：『這確實是真的。現在我該怎麼做？』」

在這之後，整個過程與轉職的發展進程非常相似，只是轉職沒那麼痛苦。它始於探索訊息：「不是光用想的，或『我該怎麼辦？』而是一個真正主動積極的過程：我失去了什麼？有

什麼是我想過但從未嘗試過的？」探索後是一段嘗試期——這是一個過渡時期，你已經拋棄舊身分，但還沒有完全擁抱新身分。「先從小事做起。」梅特利斯建議。如果你喜歡烹飪，不用買一家餐廳；反之，你可以與該領域的人一起工作，或自願跟著一位專業人士從旁學習。

藉由遵循這些步驟，梅特利斯追蹤的表演者最後進入了各種不同的領域。像是有舞者變成了連鎖健康水療中心的老闆，也有拿到認知科學博士學位、現在專攻表演神經科學的昔日巴松管演奏家。「你會意識到自己過去沒有意識到的潛力。」正如梅特利斯所說。「你會向自己證明，有很多時候，你不但可以克服困難，甚至可以超越自我。」

必須說清楚的是：創傷後成長並不會讓悲痛、傷心和焦慮的情緒消失。事實遠非如此：創傷後成長可以與那些創傷反應共存，一般情況下也確實是這樣。研究人員追蹤了一百零三名以色列前戰俘三十多年後發現，雖然那些士兵表現出顯著的創傷後成長，但他們仍得與PTSD苦苦對抗。這兩者都源於當初他們被囚禁時感受到的失控情緒。研究人員得出結論，創傷後成長和創傷後壓力症候群是「互相重疊，而不是對立的。」

但到頭來，學會控制PTSD的同時鼓勵成長可以帶來很大的改變。凱伊就是一個很好的例子。有些日子她感覺良好，但在其他日子裡，突如其來的景象或氣味就會讓她立刻陷入恐慌。她的旅程並非一帆風順。「我從來不是照著一定的步驟逐

漸康復。一切複雜得多⋯⋯所謂PTSD就是前進一步，後退兩步。」創傷始終存在。

凱伊再也無法成為導覽員，她仍然難以入睡，仍然遭受著身體上的疼痛。然而，這些揮之不去的PTSD症狀並沒有阻止她成為賞鳥導遊、畫家、鋼琴家，以及發現自己是個喜歡回饋他人的人。她說，把她的憤怒集中在襲擊她的歹徒上，讓她能夠以其他的方式敞開心扉；這「解放了我，讓我不要對所有巴勒斯坦人都貼上邪惡的標籤。」幫助巴勒斯坦兒童「在一定程度上賦予我意義。恐怖主義是多麼沒意義。那些歹徒甚至不知道自己要謀殺的人的名字。但你必須找到某種平衡，讓自己能夠擺脫困境。」

她拒絕接受自己是受害者的概念。「這種無助感曾經幫我重塑自我。但我不想再無助下去了，永遠不想。我不想乞求活命。我想要自尊心和獨立感。」她告訴我。「成長的關鍵是意識到我的苦難不一定比別人的更糟。所有苦難都是不同的。我們這裡發生了恐攻，也有人死於新冠病毒。我從不說：『為什麼是他們？』所以，我哪來的傲慢去問：『為什麼是我？』」

她靠在明亮的餐桌旁邊點了一根菸。「我有過很糟糕的日子，但我認為這並沒有讓我停止成長。」她說。「我重塑了我自己。」

5

迫不得已的創業家

弱勢群體的挑戰與隱藏優勢

需要為冒險之母。
——馬克‧吐溫

　　珍‧維儂（Jane Veron）從未想過離開職場。擁有哈佛大學MBA學位的她，曾在貝恩顧問公司和美國運通工作，她熱愛她的事業。但她也夢想擁有一個家庭。她就像許多女人一樣，對家庭和事業都有強烈渴望——同時也對無法全心兼顧兩者而感到沮喪。於是，她在生下第二個女兒後，勉強辭去工作。

　　接下來的十二年，珍留在紐約斯卡斯代爾鎮的家中撫養孩子。她感到幸運，也很感激有能力負擔得起這樣的生活。但她也感到失落，放棄了當初辛苦工作得到的職業身分。「我有十二年的時間覺得自己是隱形人。」她回憶道。「我感覺到我的身分價值急速下降。一個人的自我認同通常與工作息息

相關。」每當她與先生一起參加聚會，被問到「你是做什麼的？」這個不可避免的問題時，她都會手足無措。她得到的回應通常是漠不關心的茫然表情。「他們幾乎立刻就把我忽略。他們會往我的後方張望，去找下一個人。」遇到這種情況，珍總是特別沮喪，因為她一直希望能兼顧家庭和事業。「我充滿幹勁和決心。如果職場能讓我以一種可行的方式工作，我就能發揮我的價值。當初我就能留下來。」她說。「但這是不可能的。」

她把她多餘的精力和優秀的商業技能投入到社區計畫中。她靠著遊說爭取到興建一座兒童公園。她努力振興鄰里，然後被大家推選管理社區。她與當地政府、公共工程部門、學校和警察合作，在高中附近成功設置一個四向停車標誌。她去參加商學院同學會時，同學們都吹噓自己被任命為投資銀行的常務董事或顧問公司的合夥人。「我非常自豪。我參加我的商學院同學會時說：『我在高中旁邊爭取到了一個四向停車標誌。這可不是容易的事。』我感覺這給了我意義。」

話雖如此，珍仍希望能再次投入職場。她懷第三個女兒的時候，甚至試過找一個顧問工作，但出差的職務需求對她所建立的生活來說並不實際。於是，等孩子們越長越大，她便更加投入參與社區活動：她擔任規劃委員會主席和女性選民聯盟主席，並成了小鎮託管人。

等大女兒離家上大學後，她終於意識到，「我需要人生的

新篇章。」這時候,她已經離開支薪職場十年以上,而且仍有兩個孩子住家裡。因此,與其重操舊業,她決定改變。她匯集她對社區的了解,再拉攏她的媽媽好友們,共同創辦了一個名叫「加速計畫」(Acceleration Project)的非營利組織。該組織支持當地企業主,尤其是女性和有色人種。為了提供企業主建議,她召集一個像她自己一樣的志願者團隊——她們都有商業和金融背景,但為了撫養孩子而離開勞動力市場——來指導他們有關資產負債表、行銷和營運方面的知識。

這個非營利組織的目標不僅是幫助企業主,也是幫助那些志願媽媽,她們有些人希望能重返職場。「我希望能為女性提供一個機會,讓她們運用自己的技能,也證明她們沒有被社會淘汰,還是可以做出貢獻。」珍說。

有些人之所以會做出人生重大的改變,通常是為了追逐某個特定的夢想,就像詹姆斯‧派特森在廣告公司辦公桌前創作小說那樣。但對某些人來說,重塑自我並不是選擇;而是必要。像珍這樣不適合傳統職場的人可能不是天生的企業家。但世界沒有提供他們其他選擇時,這可能是唯一的出路。

成千上萬像珍一樣的女性,在孩子年幼時選擇退出職場。然而,孩子大得很快;不過眨眼之間,許多這些女性就躍躍欲試,準備重新投入職場。她們活力充沛,擁有野心和智慧。但她們被舊行業拒之門外,被潛在雇主忽視。這些「隱形女性」是全球未開發的巨大資源之一。她們無法再選擇她們的舊

行業，而履歷上的空白讓她們無法在其他地方找到工作。有時候，自動化的履歷篩選系統甚至在有人看到她們的履歷前就直接刪除。這些女性不得不克服困難才能重返職場，有時是透過培訓進入新的行業，有時則是靠著創辦自己的企業。

女性以及像是有色人種、殘疾人士和年長勞工等等的弱勢群體，面臨著一系列的職場挑戰。他們通常沒有獲得指導的管道，機會較少，薪水較低，升遷的機率也較低。例如，麥肯錫的分析發現，黑人員工佔最低薪資員工的十二％（全國總人口中佔十四％），但來到資深經理的級別時，比例下降到只有四％。西班牙裔佔全國總人口的十九％，但只佔最低薪資員工的十一％，以及資深經理的六％。

倘若這些群體中的經理確實想辦法升到最高層，通常也是在公司陷入經營困境時才能得到這份工作。埃克塞特大學的蜜雪兒・萊恩（Michelle Ryan）和艾力克斯・哈斯蘭（Alex Haslam）在一項針對女性高層的研究中發現，女性領導者通常只有在最高職位不可能成功、甚至注定要失敗，而男性不想要的情況下，才輪得到她們。接著，等到這位女性無法解決問題時，她就會受到責備並被解僱——直接從兩個教授稱之為可怕的「玻璃懸崖」（glass cliff）掉下去。

雖然玻璃懸崖指的通常是女性，但也影響到一些非主流的男性領導者。猶他州立大學的研究人員對一級男子籃球隊（NCAA Division I）教練的一項研究中發現，當一個球隊的戰

績不佳時，更有可能聘用有色人種教練。學校給這些教練扭轉局面的時間更少——他們的平均任期比白人教練將近少了一年——而要是他們失敗了，幾乎總是被白人教練取代。

另外，在各行各業中，黑人領導者比白人領導者更容易因為出錯而受罰，而黑人女性受到的懲罰比黑人男性和白人男性及女性都多。對他們來說，自我重塑通常不是一種選擇，而是有其必要。

隨著嬰兒潮世代的人來到退休年齡後，他們發現職場也越來越沒有他們的容身之地。最近一項針對五十七至七十五歲人群的調查發現，有七十九％的人不願意退休，要嘛是因為他們負擔不起，要嘛是因為他們根本不想退休。在另一項調查中，七十八％的人表示他們經歷過或目睹過工作中的年齡歧視，比例大致相同。年齡歧視是少數幾種「歧視」中似乎莫名能被接受，也被認為是不可避免的。然而，有多項研究顯示，擁有老年員工的團隊在生產力和創意程度上更強，滿意度也更高。

許多老年人為了重塑自我和他們的職涯，也開始轉而創業，而不是試圖融入那些不想要他們的地方，或許就並不意外了。保羅・泰斯納（Paul Tasner）便是這樣的例子。他是一位來自舊金山的產品主管。六十四歲時，在聖誕節前一週的星期五晚上，他的新老闆把他叫到辦公室冷不防地開除他。保羅非常震驚。他從未失業過。他擁有工程學背景和數學博士學位，

是供應鏈和製造方面的專家。他的整個成年生活中，工作一直很穩定。遭到解雇是他不曾有過的經驗，當晚他照預定計畫與妻子和朋友共進晚餐，並宣布自己被開除時，「大家都笑了。」他們以為他在開玩笑。

突然失業後，保羅開始尋找能善用他技能的方法。「我們的文化認為，如果你達到一定的年齡，就會一直打高爾夫球或和兒孫玩。」他說。「我愛我的兒孫們，但也想要有意義的工作。」他零星找到一些顧問工作，幫助公司解決供應鏈的問題，但他覺得自己沒有完全發揮實力。他精力充沛，擁有技能和專業人脈，他可以做更多的事情。「我有超過四十年的經驗！」他說。「我不想顧問做一做就消失了。」由於在傳統職場上幾乎沒有選擇，他開始「尋找一些可以利用我的經驗，又能以創業的方式去做的事情。」

最後，保羅在六十六歲那年，共同創辦了自己的公司 PulpWorks。這家公司把廢料轉化成可生物降解的包裝，取代有毒的塑膠。「這比我做過的任何工作都好，當然我以前也做過很好的工作。」九年後，七十五歲的他告訴我，他仍然擔任執行長一職。他的收入不如以前，但「我的孩子們很欽佩我正在做的事情，我的兒孫也喜歡我正在做的事情。光這一點就讓你感覺很棒……對我來說，它改變了成功的定義。我不再從經濟角度來衡量成功。你必須支付貸款，但我感覺非常成功。為什麼不呢？我正在做有益的工作。我正在盡自己的一份心力防

止塑膠污染。」

他的成就讓他受邀到TED演講。他在演講中強調還有很多人像他一樣,而且未來還會更多。他指出,根據人口普查的數據顯示,到2050年,美國將有八千四百萬個老年人。「你能想像在這八千四百萬個人裡面會有多少新創企業家嗎?他對觀眾說:「一位七十歲企業家的成就與一位三十歲企業家的成就一樣有意義、一樣有新聞價值,不是嗎?當然了。這就是為什麼我想讓『70 over 70』這個詞和『30 under 30』一樣讓大眾廣泛接受。」

雖然所有非主流群體都面臨障礙,但女性更有可能重塑她們的職業生涯,尤其是有色人種女性。部分原因是,職場不夠重視職場媽媽的需求,這方面的認知緩慢得令人憂心。許多研究發現,職場媽媽被認為能力較差,對工作所投入的心力也較低。一項勞動數據的分析顯示,整體而言,女性比男性更容易被解雇;職場媽媽最有可能被解雇,爸爸們則是最不可能。更重要的是,雖然年齡歧視不分對象,但影響女性的時間點更早(四十歲,而男性是四十五歲),打擊更大,從失業率就能證明這一點。

女性佔勞動力的比例接近一半,幾十年來,她們也獲得絕大多數的大學學位。然而,在組織的各個層級中,女性的升遷率都低於男性。這個問題很早就有了:麥肯錫和Lean In非營利組織發現,每一百名升遷到初階管理職的男性中,只有八

十五名女性加入他們的行列。對於有色人種女性來說,這個數字要低得多——黑人女性只有五十八名。這種不平等隨著職位越高,更是呈指數級增長,絕大多數女性被排除在最高職位之外,因為她們在升遷過程中沒有獲得相同的機會和指導。財富五百大企業中只有八‧八%的執行長是女性——光是這樣就已經是歷史新高。

複雜的是,男性更有可能毛遂自薦擔任領導職,並大談他們為什麼有資格。女性通常會等到別人認可她們的能力。迪克體育用品公司執行長勞倫‧霍巴特(Lauren Hobart)回憶說,雖然公司董事會在她得到這份工作的幾年前就已經相中她,「但這不是我一直以來在爭取的事情。我當時是行銷總監,我得到了成長的機會,開始管理電子商務。我聽說女性通常不認為自己可以成為執行長,原因百百種。」

霍巴特說,自2021年成為執行長以來,「我已經和其他幾位女性執行長聊過。她們幾乎都跟我有同樣的故事,那就是別人在她們自己看到之前,就已經先在她們身上看到潛力。」這種現象在女性中非常普遍,甚至有一個名字:皇冠症候群(tiara syndrome)。這個詞是由卡洛‧費林格(Carol Frohlinger)和黛博拉‧科爾布(Deborah Kolb)創造的,指的是女性傾向等待她們的成就被他人認可。

由女性擔任領導職的時候,成果往往超過男性同行,像是財務上升,債務下降,風險降低。女性主管比較多的公司,獲

利提高了，股票價格也表現得更好。這些公司更負責任，並提供更好的客戶體驗。然而，女性領導者受到的評判要嚴厲得多。洛克菲勒基金會的一項研究發現，一家公司陷入危機時，如果執行長是女性，八十％的新聞報導會把責任歸咎於她個人，責怪男性領導者的類似文章則寥寥無幾。女性犯的錯誤比起男性，大眾記得的時間更久，女性犯錯時，面臨的懲罰也更嚴厲。

在一項揭露本質的練習中，研究人員要求兩百名成年人在閱讀一場關於抗議集會失控的新聞報導後，對一位警察局長進行評分。唯一的區別是，在一些文章中，局長寫的是男性，在另一些文章中，局長寫的是女性。男局長最終導致二十五個平民受傷時，受試者認為他的工作能力下降了十％。可是換成女局長時，她的工作能力暴跌了三十％——受試者甚至要求把她降職。維多利亞·布雷斯科（Victoria Brescoll）和她的同事給受試者閱讀州最高法院大法官和一家工程公司執行長犯錯的虛構報導時，發現也有類似的反應，女性受到的評判要比男性嚴厲得多。

我們不僅在學術研究中看到同樣的結果，在現實生活中也是如此。根據一項政府的數據分析，失去病人的女性外科醫生之後的轉診病人會減少五十四％，而在相同情況下，男性外科醫生的轉診病人幾乎沒有下降。更糟的是，一位女性外科醫生失去病人時，其他女性外科醫生的轉診病人也會跟著減少：所

有女性都要為一位女性的錯誤付出代價。

不只是男性對女性嚴苛，女性甚至可能對自己更嚴苛。比起男孩，女孩從小的教育就更容易低估自己。女性企業家比起男性同行更習慣支付給自己較少的薪資，女性自營商的收入比男性同行少了近三分之一。部分原因是，女性企業家獲得的資金支持只佔男性資金的一小部分。但更重要的是：研究顯示，女性在成長過程中把自己比較沒價值的觀念內化了。

在這方面，最令人瞠目結舌的研究之一與孩子和kisses巧克力有關。研究人員要求一年級學生執行一項簡單的任務，然後用巧克力當作薪水支付給自己。才六歲的孩子，男孩支付給自己的kisses巧克力就比女孩多！這個實驗在國中和高中重複進行時，這次用現金支付薪水，男孩一樣給自己更多薪水。事實上，隨著年齡增長，薪水差距也越來越大；一組高一的男孩支付給自己的薪水是女孩的五倍。

那麼，我們也就不該驚訝，在新冠疫情高峰期間，新創企業的女性執行長給自己減薪了三十％──男性執行長則幫自己加了薪。

由於女性容易受到嚴厲的懲罰，使得她們在職業生涯遭遇挫折後更難東山再起，但也更需要東山再起，因為不太可能有人會介入，幫她們脫離困境。女性領導者被解雇的可能性比男性同行高出四十五％，令人震驚。然而，當《財富》雜誌調查那些失去工作或離開職位、並從「最具影響力女性」名單（主

要由執行長組成）落榜的女性時，發現只有十三％的人能夠在其他地方找到同等價值的工作。

矛盾的是，這些障礙迫使女性成為自我重塑的高手。儘管困難重重——或更有可能正是因為這些困難——女性已經變得非常善於重新建構自己的職涯。近年來，女性，尤其是女性有色人種，在創業方面表現出巨大的潛能，人數更是不斷增加。美國運通的一份報告發現，2014年至2019年間，由女性企業家掌舵的公司數量飆升了二十％以上——由黑人、拉丁裔和太平洋島民女性主持的公司數量，增長速度更是翻了一倍，甚至更多。研究發現，有色人種女性佔女性總人口的三十九％，卻佔了新興女性企業家的八十九％，相當驚人。

研究指出，這些女性很多都是別無選擇。她們因為「找不到工作或失業」成了「逼不得已的創業家」。其他人則是「彈性創業家」，因為「勞動力政策無法讓她們兼顧照顧他人的責任」導致她們被職場排除在外。女性之所以創辦自己的公司，是因為在其他地方找不到合適的工作。她們也非常堅忍不拔——為了生存，她們必須如此。女性企業的資金嚴重不足。在全球，三分之一的企業由女性擁有，但總體而言，她們面臨著一・五兆美元的融資缺口。

這些創業家為那句古老的格言「需要為發明之母」賦予了新的意義。請注意，沒有人說發明之父。我想這是有原因的。

男性的職業生涯通常以一種可預測的成長模式發展。他們

遵循一條直線向上，然後趨於平穩，最後以退休作結。女性則不然。組織心理學家迪博拉・歐尼爾（Deborah O'Neil）在一項針對職業女性的研究中發現，女性的職業生涯會經歷三個很明顯的階段，這些階段與我們在其他類型的轉變所看到模式很相似：也就是開始→掙扎→停止→解方的範例。在她的分類法中，最後的解方階段，她稱之為「自我重塑」。她發現，女性幾乎必然要在她們的職業生涯中做出轉變，並且重新構想她們的職業軌跡。

在第一個階段——我們可以看作探索階段——歐尼爾發現，女性對她們的職業生涯充滿理想；她們會積極主動地尋找機會，想像一個無限的未來，並專注於成就和成功。在第二個階段，也就是職業生涯中段，現實帶來沉重的打擊，一場全面的掙扎期隨之而來。此時，女性的職業生涯通常會停滯不前：她們已經在職場工作十年或更長時間，也許已經升到中層管理職，前方的道路如今卻被堵住了。在歐尼爾的研究中，這個階段的女性幾乎都說她們經歷過騷擾、歧視或其他讓人不舒服的互動。她說，她研究的女性尋找的是成就感，卻只發現一片虛無。她們心想：「我希望我的職業生涯可以成為我生命的延伸，替我帶來意義。但我就是看不到。」

傳統觀念會把這個令人沮喪的階段歸咎於工作和家庭之間的衝突。但現在我們知道，傳統觀念是錯的：不管女性是不是已婚或有孩子，職業生涯停滯對她們來說都很常見。例如，

非營利組織Catalyst對全球野心勃勃的商學院畢業生所進行的一項調查發現，不休假的女性仍然沒有獲得與男性同行相同的機會。一項針對千禧世代女性的全球研究發現，與普遍看法相反，三十多歲的女性辭職並不是為了成家。她們離開的首要原因是為了去其他地方獲得更高的報酬。第二個最常見的原因是為了追求更吸引人的職業機會。照顧孩子排在遙遠的第五位。然而，社會上仍然頑固存在著女性為了撫養孩子而沒有野心的有害迷思──這也是數十年來導致薪資和升遷機會不平等的主因。

鮑林格林州立大學教授歐尼爾在她的學術論文中把職涯中段的掙扎時期稱為「務實的容忍」階段，女性在工作和家庭中都要面對挫折。然而，我們交談時，她提出了一個更口語、可能也更準確的說法：「對那些女性來說，這就是一場鬧劇。」

歐尼爾發現，這個艱難的階段通常會導致停滯，正如我們在其他轉型期所看到的那樣。可能是遭到解雇，或被迫辭職，或純粹只是受夠了，準備離開。也可能是出現某個觸發點，例如離婚、配偶去世，或孩子們上大學。無論是什麼原因，女性容易在這個時候碰壁，陷入僵局。這是一記警鐘，把她們從自滿的狀態中敲醒，撼動現狀。

不過，這種突如其來的衝擊也有其好處。女性被迫重新評估現狀和重新設定期望的時候，她們可能會以意想不到的方式重塑自我，她們也可能因此更滿意。歐尼爾說，無論是什麼

事讓她們偏離正軌,「當下都有如晴天霹靂,令人崩潰,但這會變成一個真正的機會。」研究中,她發現正是這些時刻「促使這些女性說:『嗯,好吧,是時候重塑自我了。』」她們進入「解方」階段,準備好重新構想自己的未來。歐尼爾解釋:「我們的部分發現是,女性的信心和自我效能(self-efficacy)在第二階段的掙扎期受到打擊。」按照自己的方式重塑職涯和未來,是「找回」自我的一種方式,「重回戰場的概念。」

正如我們在其他類型的改變中所看到的,歐尼爾描述的這些階段並不是靜態的。這個過程是循環的;女性可能來到一個階段,然後又退回前一個階段。她們不一定按照相同的順序經歷這些步驟,不過隨著年齡增長,許多人確實遵循著一個十年到下一個十年的整體進程。對於中年或中年以上的女性來說,「重塑」通常是在她們不情願的情況下被迫降臨的。她們經常被擠到一邊──被踢下職涯階梯,而她們的男同事仍繼續攀登著。

然而,這些女性認真去重新構想自己的職業生涯時,她們經常會踏入極具潛力且尚未開發的領域。歐尼爾發現,許多人轉職去做更有意義、更有成就感的工作,而且往往是在完全不同的領域。更意外的是,她們的新職業幾乎都是專注在幫助別人,尤其是幫助其他女性。這是「一種達到自我接納的狀態。」在這種狀態下她們可以說:「這就是我,我想有所貢獻。」

華爾街資深人士薩莉・克勞切克（Sallie Krawcheck）把這個現象稱為女性職涯的「第三幕」。她和歐尼爾一樣，發現第三幕通常建立在「真正的使命感」之上。年輕的職業婦女們一再被告知：「帶小孩的前幾年會很辛苦。帶著睡眠不足的身體為工作打拚……還得努力不讓孩子輸在起跑點上……這並不容易。」但等孩子們上大學後，「沒有人告訴你的是：這段時間可以成為女性職業生涯的復興期。」

儘管對女性而言，職場不是一個公平的地方，但她們也因此變得更堅強。雖然把這種情況稱為不幸中的一絲希望有點牽強，但事實是，女性失業時，通常比男性更具韌性。無論是被解雇、裁員、排擠，還是單純被忽視，她們都比較堅強。這些女性擁有堅韌不拔的精神。被擊倒時，她們會立刻重新站起來，繼續前進。

部分原因是女性內心彷彿有一種情緒保護機制。研究發現，比起男性，女性通常比較不會完全把自尊和工作綁在一起。儘管女性面臨的阻礙更多，但這算是一種補償吧。女性往往擁有在工作之外明確的自我定位。這就是為什麼當工作消失時，她們不會像男性那樣沉溺在自我厭惡中。

心理學家調查兩百名失業人士時，他們發現男性喪失地位的痛苦更強烈。「我覺得自己是個魯蛇。」一名三十七歲的男子說。「我覺得超市裡所有的女人都看著我，知道我失業了。對一個男人來說，失業很可恥。」另一名三十六歲的男子說。

另一方面，女性經常聊起她們工作之外的角色，無論是業餘運動員、學生、父母、女兒還是朋友。她們所得到的社會支持也比男性更多。「我發現我的閨蜜和家人對我非常有幫助……每個人都非常正面，我沒有讓失業影響到我。」一位二十九歲的女性說。

2009年，我創辦的商業雜誌《Portfolio》因為2008年的金融危機而倒閉時，我強烈感受到這種兩極化的情形。我趁驚魂未定的員工們在清理辦公桌時，在公用桌子上放了一瓶瓶在混亂之中隨手拿來的酒，設置一個酒吧。大家打包裝箱時，一邊喝著常溫的紅酒和威士忌，一邊互相抱怨。我立刻被男女之間明顯有差異的聊天內容所震撼。男性因為突然失去身分而悲痛欲絕，為了需要立刻找到下一份工作而恐慌。這不只是為了薪水。許多女性也是家庭的主要經濟支柱，她們卻能立刻以另一個身分取代。她們談到這讓她們有機會與孩子或父母共度時光或抽出一段難得的時間照顧自己。

這種堅定的自我認同感，讓人無論身處順境或逆境，都能以正確態度看待工作。事實上，CNBC財經記者茱莉亞·布斯丁（Julia Boorstin）說，這是一種職場「超能力」。她在她的書《When Women Lead》中提到她對放完產假重返工作崗位的擔憂。然而，她回到職場後，發現自己感覺更有能力、更有活力、更有創造力。她很欣慰地知道，「無論工作場所的『茱莉亞·布斯丁』受到多少侮辱，我都可以退回到家裡的另一個身

分。現在生活中最重要的事情是我的家庭，所以我不會被我的老闆或採訪對象嚇倒。相較之下，這些風險似乎更小。」她寫道。「與其覺得我的女性身分是我需要克服的東西，倒不如說這成為一種超能力，帶給我新的視角，並在我遇到困難的挑戰時支持著我。」

這種堅韌的精神對於那些屬於多個非主流群體的人來說尤其必要。我聯絡上一位曾經被稱作平價時尚教主的女性時，就想起這一點。十年前左右，她經常出現在電視上，是一個有趣、平易近人的年輕部落客，也是《今日秀》的常客。她的個性活潑大方，會在Marshalls折扣百貨和Target平價百貨的走廊之間閒逛，挖到一些絕妙的單品。看著她我總是很享受，因為她讓我覺得省錢是一件很棒的事。她會告訴觀眾：「我想要教你們怎麼穿得更時髦好看。我可不希望時尚警察去你家！」看她上節目差不多就跟在出清商品裡找到上一季的Prada窄裙一樣有趣。

我有好一陣子沒在電視上看到她，所以最近當我找到她時非常驚訝。原來那位以「平價時尚教主」頭銜聞名的凱薩琳・芬妮（Kathryn Finney），現在是美國最具影響力的黑人科技投資者和企業家之一。她最近的創新工坊（Genius Guild）是一個混合型風險投資公司，也是科技孵化器，背後有兩千萬美元的資金支持，使命是支持並投資由黑人創辦的公司。在白人男性主導的科技世界中，她正在努力改變這個行業的面貌。

對她這位友善、熱衷撿便宜的平價購物者來說，這似乎是個非同尋常的轉變。然而，我詢問芬妮她是如何成功重塑自我的時候，她似乎很困惑。「我不會稱之為轉型，我會稱之為延續。這始終是我。」她說。在我訪談過的人當中，有相當多的人也分享了同樣的感受。有趣的是，那些在外表上做出最激進改變的人，往往最不可能自我意識到這一點。

凱薩琳·芬妮這個案例的差別在於雖然她從未懷疑過自己的身分，但幾乎所有人都懷疑過她。有拒絕她的風險投資家、忽視她的科技大老，以及表示他「不投資黑人女性」的那位潛在投資者。就連讚揚她成功的那些正面報導，也常常帶有居高臨下的語氣，例如《Essence》雜誌的那篇文章，稱她為「科技新創公司的仙女教母」。

像芬妮這樣的黑人女性面臨著雙重偏見，因為種族和性別而遭到貶低。除此之外，她發現自己身處科技和金融兩個行業的交匯點，這兩個行業在修正種族和性別不平等的問題上一直很緩慢。儘管創投者為企業家提供資金，女性創業者卻大多被拒之門外，2021年女性創業者更是只獲得數十億美元中的二%。黑人女性創業者的情況更糟糕，只獲得總數的〇·二七%。創投公司甚至在女性創業者開口前就對她們不屑一顧：他們花在研究男性創業者投資簡報的時間比審閱全女性團隊的時間多了十八%。總體而言，女性企業家獲得的貸款比男性企業家少，而有色人種的小企業主比白人企業主更有可能被拒絕

貸款。

以芬妮的情況，她在許多方面都有障礙得突破。她的事業起初並不是在時尚界，而是一位專攻全球衛生的流行病學家，在迦納工作。但她心愛的父親診斷出大腸癌時，她便放棄了她的全球抱負，趕回明尼亞波利斯市照顧他。她瞬間被拋進那個令人不安的掙扎期。「這很不容易。我們大多數人都對未來的生活有一個計畫。」現在，她必須找到一條新的路。

三個月後，父親送她離開，告訴她：「你的生活不在這裡。」凱薩琳來到費城，在那裡她很快就遇到了丈夫並結婚，成為一名非營利組織的執行長，專注於黑人女性的健康。後來，她的父親因病去世，讓她傷心欲絕。她突然完全停滯下來。那是一段低潮的日子。「我的壓力真的很大。父親去世了，而我剛結婚。我的朋友們都在紐約，家人在明尼蘇達州。回想起來，我可能有點憂鬱症，而且我瘋狂購物。」

就在那時，她的丈夫——「我的專家夥伴」——建議她或許可以把她愛買衣服的狂熱寫下來。於是，她開始寫部落格，寫她在Nordstrom's Rack暢貨中心買到的超值商品，像是鞋子之類的文章。「那是2002年。網路上沒錢可賺。」她說。「那是在網路泡沫化之後的事⋯⋯我不是因為錢才寫的。我只是無聊。」但幾個月後，美聯社發表了一篇文章，裡面引用很多她的內容，導致她的部落格因為流量太大而當機。更多的媒體報導隨之而來，然後是寫書合約，最終是上電視露面。她的部落

格變得大受歡迎,芬妮得以辭掉白天的工作。這位流行病學家變成了平價時尚教主。

然而,她很快就重新進入探索模式。隨著 Rent the Runway 等時尚新創公司的崛起,芬妮開始思考如何把她的部落格轉變為一門網路生意。她想出一個她認為絕不會錯的想法:一個黑人女性美容服務,按月寄送一盒專業髮品給客戶,這些客戶通常無法在當地商店找到需要的產品。她對自己的計畫感到很興奮,接著加入一個所謂的加速器計畫,一個由大約四十五位即將成為新創公司創辦人所組成的團隊,他們會接受培訓、指導,並有機會在觀眾面前測試他們的想法。就在那時,她的雄心壯志與現實相撞。參與加速器計畫的人之中只有四位女性。她是唯一的黑人女性。第一次,「人們對我沒有任何期望。不是期望很低,而是完全沒有。我們就是知道你做不到。」

她仍記得把想法告訴團隊的那一天。那天她的表現很好。「我剛上完《今日秀》的節目,而且我是明尼蘇達人,我的口才很好。」她回憶道。「太神奇了⋯⋯現場鴉雀無聲,你可以聽到一根針掉下來的聲音。」她精采收場,欣喜若狂。她很肯定自己做得很好,然後她等待反饋。

但反饋不如她的預期。一位男同事認為:「我不認為你能跟其他黑人女性產生共鳴。」他背後的意思是她太成功了,沒辦法接近「真正的」黑人女性。她覺得震驚又憤怒。「作為一名黑人女性,讓我左右為難的是,我該不該反駁他?如果我反

駁他，我就是『憤怒的黑人女性』。情況很尷尬，也很傷人。如今回想起來，那是一種貶低我的方式。這真的很難。」

後來，芬妮又遇到另一個停滯時刻。「有段時間，我心想：『我不想做了，這太難了。』」她回憶道。但諷刺的是，這種排斥的心態反而幫助她重新設定了未來的方向。2012年，她賣掉了平價時尚教主網站，開始與一家經營居家生活部落格的公司合作。她成為科技會議上的常客，在那裡，她經常是唯一的有色人種女性。她忍不住想：「我不可能是唯一一個在科技領域奮鬥的黑人女性才對。」

明白這一點促使她再次轉型：她創立一個名叫數位共融（Digital Undivided）的非營利組織，幫助由有色人種女性所領導的新創企業成長茁壯。由於打從一開始就沒人費心追蹤有多少這樣的創辦人，她還創立了黛安計畫（Project Diane），一個以民權運動家黛安・納許（Diane Nash）命名的少數族裔女性創辦人數據庫。「因為我們需要數據來證明我們的存在。」她解釋說。「大家一再告訴我，黑人女性的市場太小眾了，不會有人關心⋯⋯如果你不把一件事量化，就很容易被忽略。」

數位共融促成創新工坊的成立，創新工坊又進一步投資由黑人創立的新創企業，同時與創辦人合作擴展他們的生意。投資範圍從專門提供給有色人種女性的醫療資訊網站到一款專為「黑人動漫宅」設計的社交媒體應用程式。

乍看之下，芬妮今天的角色似乎與那個熱情洋溢、大談打

折鞋款的部落客相去甚遠。但對她來說,這完全合乎邏輯。「這不是轉型,而是更合邏輯的下一步。」她告訴我。「我天生就喜歡變來變去。」

儘管對女性和其他非主流群體來說,職場環境一直令人沮喪,但有跡象顯示,情況正一點一點地發生變化。還記得斯卡斯代爾鎮的珍・維儂嗎?她的非營利組織和社區經驗大大提高了她的知名度,於是她在2021年當選為斯卡斯代爾的鎮長。她仍然是加速計畫的執行長,而這個計畫現在已經擴展到全國。她人生路上的每一件事——離開職場、參與社區活動、創辦非營利組織——對她現階段的角色都是非常重要且不可或缺的。

她向觀眾講述自己從全職媽媽變成鎮長和非營利組織執行長的旅程時,聽起來「好像我已經計畫好了每一步,一切井然有序,完美無缺。」維儂說。「但我想要分享的是,你身在其中時,其實不知道結果會如何⋯⋯我向你保證,當時我的內心非常煎熬。」她希望她能把自己的經驗轉化為幫助他人的一種方式。除了非營利組織的其他計畫,維儂也試圖創造一個靈活的工作場所,讓照顧者不必像她一樣在家庭和事業之間做出艱難的選擇。

「對於資源不足的社區和那些為了帶小孩而休假的職業女性來說,障礙一直存在。」她說。「把精力用在解決社會問題上讓我充滿動力⋯⋯我知道我想用我的天賦和技能來為社會做

好事。」

晨間節目《早安！喬》的共同主持人米卡・布里辛斯基（Mika Brzezinski）創辦「綻放價值」（Know Your Value）運動，以支持女性的職業生涯，她樂觀相信像珍這樣的女性領導者以及新的工作政策——尤其是遠距工作和彈性工時——將會改變職場的遊戲規則。她對成千上萬的女性申請《富比士》「五十位五十歲以上」的傑出女性名單感到非常興奮。這些女性幾乎都在某個時刻改變了她們的職業，有些人甚至到了中年或更晚才開始轉職。

「有那麼多了不起的女性，超過五十歲、六十歲、七十歲、八十歲——八十多歲耶，還是超厲害的！」布里辛斯基告訴我。「許多人自己就是老闆，創造了對其他女性更友善的工作環境。」她說：「我不指望男人來改變現狀。我正在關注這些強大的女性，她們要嘛仍在職場上非常活躍，要嘛正在重塑自己。」

她指出，這些年長女性也在塑造一種新的職業道路。這條路可以延續幾十年，中間可能包括多次轉型，並為生活的其他方面，如養育家庭，留出時間。「我們發現了比我們想像中更長遠的跑道。」她說。「這條跑道上有更多時間，更多機會，不只是為了實現夢想，而是為了實現好多個夢想。」

另一方面，有證據顯示，年輕世代所要面臨的障礙可能變得越來越少。根據皮尤研究中心（Pew Research）的研究，千

禧世代和Z世代在種族和民族上更多元，明顯比上一輩的人更具包容性。Z世代（1997年至2012年出生）有將近一半的人是非白人，這表示無論長輩是否準備好，變革都是不可避免的。年輕女性正在大膽地重塑自己，從零開始創造新的角色和身分，讓自己的生活有更大的自主權。她們正在為她們的弟弟妹妹們樹立新的標準。

其中一位就是科技企業家魯茲瓦娜・巴希爾（Ruzwana Bashir）。她是文盲巴基斯坦移民的女兒，在英格蘭北部一個保守的巴基斯坦社區長大，父親是蔬果小販，母親不會說英語，負責照顧家庭。在他們緊密的小社區裡，男性開計程車或在工廠工作，女性則待在家中。魯茲瓦娜在上學前只會說烏爾都語，而家人對她未來的期望是包辦婚姻，她說。虐待婦女和女孩受虐在她的社區是很普遍的事，卻沒人說出口，因為害怕給家庭帶來恥辱。魯茲瓦娜自己從十歲起就被鄰居性侵；她說她「因為羞愧而麻木」，多年來對此保持沉默。直到成年後，她才勇敢站出來，冒著被社區排擠的風險，指控她的施虐者；對方被判入獄。

對魯茲瓦娜來說，學校成為她的避風港。她說：「學校激發了我內心的喜悅。」她的學業表現出色，並考進一所頂尖女子學校。在那裡，她長長的旁遮普傳統服飾（shalwar kameez）和穆斯林頭巾標記著她是一個局外人，是六百名學生中唯一的巴基斯坦人。儘管如此，她優異的成績為她贏得牛津大學的獎

學金。踏入校園的那一刻讓她激動萬分。「突然間，這個世界對出身卑微的我敞開了。」她告訴我。

在牛津，魯茲瓦娜換下傳統服飾，穿上牛仔褲，全心全意投入校園生活和學業活動。身為一個局外人，「我企圖證明我和其他人一樣有能力。」她繼續保持優異的好成績，最終成為牛津學生辯論社社長，是第二位達到這個成就的穆斯林（貝娜齊爾・布托是第一位）；前任社長包括了四位前英國首相。她熱衷了解不同的文化。她和同學們一起前往非洲的坦尚尼亞幫忙建造學校。她也攀登了吉力馬札羅山。（「我準備不足，但我做到了！」）她走出孤獨的童年，擁抱對旅行的熱愛，享受新的體驗，前往秘魯、玻利維亞、阿拉伯聯合大公國、巴西和伊朗等地旅行。

魯茲瓦娜就像許多牛津大學的學生一樣，發現自己最後來到金融業。她獲得高盛集團和黑石集團令人稱羨的職位。「我遵循了這條路⋯⋯所有人似乎都這樣做。」她說。雖然有些工作內容讓她覺得有趣，包括黑石集團對飯店的大量投資，但最終，她發現這份工作沒有成就感。「我意識到你可以成功，但不一定能激發你的熱情。」

不過，就像許多到頭來重塑自己事業和生活的人一樣，魯茲瓦娜一直不知不覺朝著一個新未來前進，不知不覺在探索著下一步。生活中看似偶然和無關的元素突然浮出表面，融合在一起，形成一個新東西。她有在不同文化中成長的經歷。她渴

望學習和了解其他人的生活方式。她透過工作對飯店業有深入的了解。最重要的是，她在大學期間激發了自己對旅行和新體驗的無盡渴望。

這些分岔的支線在某一天交織在一起。當時的她想要與朋友計畫一次去伊斯坦堡的生日之旅，發現自己只是為了安排觀光行程，就花了二十個小時的時間，大多是打電話，簡直令人抓狂。她心想，這一定有更簡單的方法。就在這時，靈感閃現。如果她能只需要一次點擊就能安排所有行程，無論是博物館之旅、搭乘熱氣球或是租賃皮划艇，那該有多好？「感覺有機會可以建立一個一站式商店，而且我在市面上找不到任何好東西。」

受到新想法的激勵，魯茲瓦娜決定轉職。她辭去黑石集團的工作，拿到傅爾布萊特獎學金（Fulbright scholarship）進入哈佛商學院。畢業後，她收拾行囊前往矽谷，希望實現自己的夢想。她找到了志同道合的夥伴奧斯卡·布魯寧（Oskar Bruening），一位麻省理工學院出身的工程師。他們在2012年推出了Peek，一個讓消費者可以預訂騎馬或葡萄酒之旅等旅遊體驗的網路平台。

當然，掙扎並沒有結束。魯茲瓦娜的幾個男性同儕在創投家的圈子裡混得風生水起，並獲得重大投資。但這些創投家並沒有認真對待她，她的女同學也沒有像男性創辦人那樣毫不猶豫得到尊重。一位創投家完全沒有請魯茲瓦娜介紹她自己或她

的背景,就放棄投資,因為他輕蔑地告訴她:「我們不確定你有足夠的毅力來建立這樣龐大的生意。」

她沒有毅力嗎?魯茲瓦娜已經克服大多數人一生中都不會遇到的困難。她不夠堅強嗎?「還有很多事情要努力。」她委婉地說。

儘管創投家說話愚蠢,魯茲瓦娜最終還是獲得資金,雖然比一位迅速燒光更多資金且宣告失敗的男性競爭者還要少。後來,她也經歷了其他挑戰。疫情來襲時,她不得不裁掉近兩百名員工的三分之一。公司迅速從旅遊體驗轉向本土體驗——推廣「一日遊」,例如在芝加哥划皮艇或在奧札克高原玩滑索。當地活動大受歡迎,最後隨著限制放寬,業績恢復成長,Peek 籌到更多資金。

國際婦女節時,我在曼哈頓一個菁英社交俱樂部參加年輕女性創辦人活動中遇到魯茲瓦娜,即使在那個星光熠熠的群體中,她也顯得外向時髦。周遭的人都拿著香檳碰杯時,她正喝著一杯茶,一邊熱烈討論著募資策略。你無法想像她為了走進這個房間經歷過什麼。她已經將自己的掙扎化為力量。「我習慣做局外人了。」她說。「我習慣走自己的路。」

越來越多年輕女性創業者也像魯茲瓦娜一樣,在二十多歲或三十出頭時就展開第二甚至第三次的職涯而獲得成功。過程中,她們經常會發現男性所忽視的有利可圖的新興領域。2021年,八十三家由女性創立的新創企業成為「獨角獸」,即估值

達到十億美元以上的公司。最近專為女性設計的新創企業包括專注於女性健康、化妝品和鄰里交流的公司。

這些年輕女性正在開闢一條讓其他人更容易追隨的道路。她們提供了更有希望的未來，而且不只對女性，對其他非主流群體也是。也許有一天，身為「少數」將不再是一個障礙，甚至可能成為一個機會。這些開拓者為那些現階段可能受到阻礙的人提供了不同的思維。

正如歐尼爾在她對女性職業道路的研究中發現的那樣，魯茲瓦娜在她人生的第二幕找到更多意義。在她第一次的職業生涯中，「我熱愛商界，但我發現我對財務金融業沒興趣。」對於Peek，「無論是租船還是上課……都是一種非常愉快的體驗。這對我來說意義重大。」

另外，值得一提的是，公司收到數千份工作申請，其中有很大一部分的求職者看起來很像魯茲瓦娜。他們是移民或第一代移民，或來自不同社區的女性。「創辦人擁有多元背景有助於這一點。」魯茲瓦娜說。「我想成為一個能夠對別人產生正面影響的角色。」

第二部

成功的秘訣

6

超前部署
（沒想到吧！你早就在為
你的下個階段鋪路了）

> 真正的人生，是在細微的變化中活出來的。
> ——托爾斯泰

威爾‧布朗（Will Brown）在紐約州沃里克有一座寬闊農場，養著草飼牛。雖然農場與曼哈頓西北方僅有五十英里的距離，卻遠離塵囂，彷彿身處另一個星系。農場的家是一棟整修過的二〇年代農舍，牧場圍繞四周，羊群和牛群悠閒吃著草。遠處，群山綿延起伏。

在某個春光明媚的一天，這位七十一歲的農民穿著破舊的polo衫和耐磨的牛仔褲，帶我參觀了他的農場。他指向農地的盡頭，越過我視線所能看見的地方，那裡有一條波丘克溪——當地原住民萊納佩印第安語中的意思是「蠻荒之處」——最終匯入沃基爾河。他解開一道鐵柵欄，沿著一條泥濘小徑帶我穿

過牧場，空氣靜止，只有鳥兒的啁啾聲和長草在風中沙沙作響。

我停下腳步欣賞遠處牧場上的一群綿羊。突然，我跳了起來——一條又肥又大的駭人黑蛇正從我腳下滑過。

「有蛇！」我大叫著說。

走在前面幾步的威爾，面無表情地回頭瞥了一眼，沒有停下腳步。「什麼顏色？」

「黑色！是一條超大的黑蛇！牠是什麼？」我已經放聲尖叫。

「黑蛇。」他是個沉默寡言的男人。「牠就叫黑蛇。」我在泥濘中跌跌撞撞追趕他，努力跟上他的步伐。

我們來到他那輛破舊的鈴木汽車旁，他開車帶我參觀低地農場的其他地方。這座農場佔地一千多英畝，橫跨紐澤西州的邊界。我們穿過鄉間小徑，沿途看見一片片新舊交錯的農田，有他的，也有他鄰居的——他們大多數的人都是沃里克的務農家庭，世世代代耕耘著這片土地——偶爾點綴著幾棟建在昔日農田上的大型郊區豪宅。我們經過一片牧場時，他放慢車速，他的「肥育牛」正在那裡吃草——這些牛幾週後將被宰殺，送往產地直送餐廳和他在附近經營的在地農產品商店。

「宰殺這些牛會不會很難？你不會對牠們產生感情嗎？」我問道，目光掃過一群壯碩的牛，牠們在一幅如田園般的景色中悠閒吃草。他搖搖頭。這些都是年輕的牛，是養來吃的，他

解釋道。每年都會有一批新的小牛出生。每年春天，兩歲和三歲的小牛就會被做成上等的牛腩和肋排。

威爾停頓片刻。好吧，他承認，他確實會對母牛產生感情。只要牠們能繼續產下小牛，他就會一直照顧牠們，也許十幾年，甚至更久。母牛們都有名字，跟小牛不一樣。

「你有偏愛哪一隻嗎？」我問道。

喔，有啊，他點點頭。「牠的名字叫波道夫。」

取自波道夫・古德曼（Bergdorf Goodman），紐約曼哈頓的那棟貴婦百貨公司。

而這個，就是農民威爾・布朗其實也是一位哈佛大學經濟學家的唯一線索。他曾在倫敦和紐約的摩根大通度過了職業生涯的前三十年。

我初次聽到威爾・布朗的故事時，以為他是那種厭倦企業生活、夢想搬到鄉村或是經營一家旅店的人。我腦中浮現出現代版的《快樂農夫》（按：美國一部情境喜劇），伴隨那首輕快的歌曲〈再會，城市生活！〉然而，隨著對他越來越了解，我發現他的自我重塑完全不是這麼回事。這甚至不在他的計畫之內。

「我們從未突然決定說『來買個農場吧』。那不是什麼明智之舉。」他告訴我。八〇年代中，威爾和他的妻子芭芭拉買下這棟農舍時，只是想找一個便宜的週末度假屋，帶著年幼的孩子們遠離紐約市的塵囂。他們沒打算真的認真經營什麼。反

正他們也辦不到；他每週工作六十個小時，還經常出差。芭芭拉曾是紐約大學的研究心理學家，她同意買下這個地方時，只有一個條件：她「要我保證我們絕對不會養動物」。

這棟週末度假屋花了十幾年的時間，以及數不清的步驟，才漸漸變成一項全職事業。整個過程緩慢得連威爾都幾乎沒有意識到。「改變是一點一滴發生的。」他說。「我花了二十年時間學習如何經營農場。」

在大眾的想像中，轉變是瞬間發生的，無須任何事前準備。青蛙變成王子，掃著壁爐可憐的灰姑娘變成公主。威爾‧布朗脫下西裝，換上連身工作服。從此以後，他們都過著幸福快樂的日子。當然，在現實生活中，想像某種神奇的變身是災難的根源。那種情況跟童話故事完全沾不上邊，反而更像是卡夫卡的《變形記》：旅行推銷員葛雷高‧薩姆沙某天早上醒來，突然變成一隻巨大的蟲子時，沒有人向這個可憐的傻瓜解釋他應該如何調適。規則是什麼？四腳朝天時，又該如何翻身？

儘管有些改變在旁觀者眼中看起來不是如此，但是所有重大改變幾乎都是循序漸進的，絕對不是一瞬間的事。我稱之為「超前部署」。大多數人在完全接受重大改變前，往往會在不知不覺中開始朝那個方向邁進。那時候的他們處於改變的第一階段，也就是探索階段，但可能渾然不覺。我為這本書進行研究的過程中，發現這是每一種轉型成功的共同特點——也是必

不可少的特點。很少有人在毫無準備的情況下就邁出大步，而且很可能會失敗。相反地，那些成功做出重大改變的人，會在探索階段就採取初步措施，而他們往往沒有意識到。

有時候，這些無心的早期行動看似沒有意義，彷彿是在原地打轉，後來卻證明它們是有啟發性的。大學輟學的史蒂夫·賈伯斯，因為好玩而旁聽了一節書法課——這後來啟發他在電腦中引入多種字體。Google共同創辦人賴瑞·佩奇在高中時是一位認真的薩克斯風演奏者。他曾說，音樂是他把搜尋引擎的速度作為優先考量的原因：「演奏音樂時，你對時間非常敏感。時間就像是最重要的東西。」

如果你正在考慮做出重大改變，了解這個過程是如何發展的可以讓你得到些許安慰。「超前部署」意味著你正在做功課，即使是在潛意識裡。知道這點令人放心，表示你正在為未來奠定基礎，而且可能比你意識到的更早準備好去迎接下一步。

超前部署的美妙之處在於，即使你現在感到有點迷惘，你也能確定自己在向前進。你會發現你做的每件事都沒有白費；你以後都用得上。在熟悉的探索→掙扎→停滯→解方的模式中，你可能正在探索，卻沒有意識到你在探索什麼。你不一定知道你最終會走向何處，很多時候你甚至沒有計畫。你很可能會經歷一段黑暗的掙扎期，看不到這條路通向何方。但儘管難受，關鍵是要迎難而上，擁抱混亂。仍然身處其中的時候，這

一切可能對你毫無意義。即使當下往前看時，道路一片漆黑，但有時候，只有事後回首，才能清楚明瞭。

更重要的是，雖然你可能像威爾‧布朗那樣「超前部署」十多年，但整個過程不一定需要那麼長時間，也可以在幾年、甚至幾個月內快速完成。而且對各種改變和各個年齡層的人都很常見。超前部署，不僅適用於重新思考自身定位的二十多歲年輕人，也適用於像威爾這種在「第三人生」改變職涯的中年人。

例如，惠特尼‧沃爾夫‧赫德（Whitney Wolfe Herd）在二十五歲那年就不得不重新開始為自己的職業生涯轉型。她在二十三歲的時候與他人共創了約會應用程式Tinder，並順利度過探索階段。她成功發現吸引年輕人使用約會應用程式的新方法——像是進到大學校園裡，用發傳單、開披薩派對和送丁字褲，在兄弟會和姐妹會中推廣Tinder。

但她才一回神，就已經陷入了掙扎期。沃爾夫‧赫德在一場訴訟中指稱自己在工作中遭到性騷擾，控訴一位她交往過的共同創辦人不但發簡訊辱罵她，還在一次商業會議上叫她「妓女」（這場訴訟最終達成和解）。在共同創辦這個極其成功的應用程式兩年後，她失業了。更糟糕的是，她的訴訟新聞激怒一群網路酸民，他們對她進行了殘酷惡毒的網路攻擊。

沃爾夫‧赫德重重撞上停滯階段。「我陷入嚴重的憂鬱。」她說。她無法入睡，無法集中注意力，而且開始酗酒。

「在最低落的時候,我甚至想尋死。我才二十四歲,就已經覺得自己完蛋了。這就是網路騷擾和霸凌的可怕力量——尤其是每天早上都出現在你的手機裡,並且如影隨形地跟著你。」

然而,在這個掙扎的深淵中誕生了一個新想法,她稱之為「頓悟」。她將過去不同的經歷結合在一起,不僅是 Tinder 發生的事情,也包括那些看似隨機的彎路,例如她說曾對她造成「嚴重情緒虐待」的高中男友(他矢口否認)。「這段關係讓我看見戀愛中非常黑暗的一面,也讓我明白兩性互動所存在的問題。」她說。

絕望之際,這些碎片匯集成一個「啊哈」時刻:她要創一個女性可以互相留下讚美之詞的數位平台。這會是一種對抗她在生活中遭受虐待的方式,重拾她的尊嚴和自信,並在過程中幫助提升其他女性的自尊心。這個讚美的概念最終演變成 Bumble,一個熱門的約會平台,女性可以主動邁出第一步,就像現代版的莎蒂・霍金斯社交舞會(Sadie Hawkins dance),由女性邀請男性跳舞。

她找到自己的解方——甚至收穫更多。2019 年,Bumble 的控股公司任命她為執行長,負責管理 Bumble 和 Badoo(全球最大的約會網站)。2021 年,三十一歲的她成為美國最年輕的女性執行長,帶領公司上市。她在交易的第一天抱著她一歲的兒子站在那斯達克交易所,敲響開市鐘。股價立即飆升,當天收盤時,沃爾夫・赫德也成為世界上最年輕的白手起家女億

萬富豪。

　　沃爾夫‧赫德的巨大成功是罕見的，但在她這個年齡層，職涯轉變的速度並不罕見。年輕人比年長者更有可能重新思考他們的工作、職涯和身分認同，並在過程中重塑自我。他們憑直覺就能理解超前部署的節奏，毫不留戀地構想新生活。對他們來說，探索→掙扎→停滯→解方的模式更像一個不斷重複的循環，而不是從一個地方通往另一個地方的單行道。

　　根據人力資源網站CareerBuilder的研究，千禧世代平均一份工作只做兩年九個月。Z世代（1997年至2012年間出生的人）比千禧世代少了六個月，是目前有紀錄以來跳槽最頻繁的一代。一項研究發現，Z世代平均每人從十八歲到三十四歲之間會做十份工作。更重要的是，雖然經濟保障是首要考量，但八十四％的Z世代年輕人也希望從工作中找到意義。根據一項調查，他們為了找到符合自己價值觀的公司，甚至願意減薪──比例高達二十一％。

　　在職業方面，六十二％的Z世代表示他們要嘛已經成立公司，要嘛就是準備創辦一家公司，這使得他們成為史上最具創業精神的一代。其中年齡層最小、也就是仍在讀小學和國中的那些人，約有八十％表示希望成為自己的老闆。即使是沒有創辦公司的那些人，他們的頻繁跳槽也顯示他們比年長者更積極尋找最終的職業道路和身分認同，也更渴望改變。

　　這與前幾代人的情況截然不同。我在國中時期就踏上自己

的道路，堅持不懈。六年級時，在我還非常確定自己長大後會成為荷蘭交際花瑪塔・哈里（Mata Hari）的時候，我加入剛起步的校刊社。我的第一篇文章寫了關於遊樂場的新設備，被當地周報引用了。這是我經歷過最令人興奮的事情。就這樣：我找到自己的未來。從那時起，我就知道自己想做什麼，想成為什麼樣的人。我如飢似渴地閱讀奈莉・布萊（Nellie Bly）等新聞女記者的傳記。我的目標非常明確。

到了高中，我已經是校刊和文學雜誌的編輯。我待在附近羅格斯大學廣播電台的時間多到他們都忘了我不是那裡的學生，還任命我去管理新聞部。大學期間，我所有的暑期工作都是為了將來能夠從事媒體業。一年夏天，我在紐澤西郊區的當地報社擔任「稿件女孩」，負責一聽到印刷機轟隆啟動的聲音，就立刻衝到印刷廠，抓起傳送帶上最先印好的四份報紙，交給「重量級編輯」——就是那些辦公室環繞在開放編輯室四周的新聞編輯部主管們。

還有一年夏天，我在紐約市一家即將倒閉的雜誌社做無薪實習生。搭通勤巴士的漫長車程中，因為無聊，我第一次拿起爸爸的《華爾街日報》，一讀就深深愛上了。那是我讀過最好的報紙文章：頭版刊登的都是栩栩如生的商業故事——經營企業的掙扎、老闆們的自負心、董事會的各種戲劇性衝突——就跟那些愛情小說或電視劇一樣引人入勝。我唯一的目標就是在大學三年級結束後獲得《華爾街日報》的實習機會，於是我全

心全意投入在為校刊寫作。我順利得到了實習機會，畢業後，這家報社聘用我擔任我夢寐以求的工作：一名初級記者。我在那裡待了二十二年。

二十八歲的蘿倫・史崔霍恩（Lauren Strayhorn）也想像過自己的職業道路是這樣穩定。她的目標是獲得一份有保障的好公司做行銷。她的父親在通用汽車工作了將近四十年。這也是她的打算——她要加入一家公司，在那裡度過整個職業生涯，然後退休。「創業從未在我的腦海出現過。」

蘿倫相信行銷碩士學位能幫助她獲得夢寐以求的企業職涯。因此，她一邊在公關公司從事全職工作，一邊在喬治城大學攻讀研究所。她是個新聞迷，但她的日程安排得滿滿當當，根本沒有時間看電視。為了掌握時事，她開始閱讀電子報，這是一種瀏覽頭條新聞的方式，簡單易懂，十分流行。

問題是，沒有一份電子報「看起來像我，或是聽起來像我」——不像一位年輕的黑人職業女性。很快，她就訂閱了二十份電子報——有些是主流媒體，有些瞄準千禧世代，有些是多元文化的受眾——她每天花幾個小時拼湊資訊。「就像玩俄羅斯方塊一樣，才能了解新聞動態」，而且是與她有關的新聞。

蘿倫好奇其他人是否也有同樣的困擾。她把研究所行銷課的內容學以致用，採訪一百位年輕的黑人女性。果然，她們也表示找不到針對她們的新聞。蘿倫把她的研究成果變成一

個學校項目，創辦一份叫作「Notedd」的電子報，其中包含新聞、文化和娛樂等內容，目標受眾正是她所屬的族群。她說，這是一項「熱情專案」，是她喜歡在閒暇之餘做的事，但很有趣。因此，即使她在2019年五月畢業並找到一份新的全職工作後，她仍斷斷續續做著這項專案。

幾個月後，疫情爆發，蘿倫和數百萬人一樣，開始遠距工作。少了通勤時間和其他干擾，她在這人心惶惶的時期意外發現一線生機：「我現在起床就能工作，而且可以投入更多時間和精力在Notedd上。」蘿倫說。她開始定期發送電子報，並加強電子報在社群媒體的影響力。她擴展電子報的內容，舉辦線上健身活動，為讀者創建一個新冠肺炎專區，讓他們分享對疫苗的擔憂和經驗：「這對我的健康、對黑人社群、黑人女性會有什麼影響？」

她很快發現，她這份有意思的副業比另一份賴以維生的正職更有成就感。她開始每天匆忙趕完她「真正」的工作，好讓她有時間投入她的興趣。「那是我的轉捩點。」蘿倫正不知不覺走向一個不同的未來。她先是利用學校專案試著創辦電子報，然後反覆改進，完全沉浸在探索階段。「這是一場進化的過程。」她說。但這個過程只花了幾個月，而不是幾十年。不久，蘿倫開始思考她的「副業」是否可以發展成更大的事業。她開始與一位顧問合作，協助她制定商業計畫。

2021年，在顧問的幫助下，她辭掉工作，專心發展

Notedd。這位偶然成為企業家的女性，現在每天都在努力拓展她的事業，建立訂閱模式和舉辦活動。她仍會接一些自由業的案子來支付帳單，但她的目光堅定注視著未來，期待Notedd能夠自給自足並盈利的那一天。蘿倫現在正處於中間階段，也就是掙扎期：她還沒完全擺脫過去為他人工作的日子，也還沒完全步入未來，但她確信，等她成功後，一切努力都是值得的。

「真的很掙扎。」她說。「但作為一名黑人女性創辦人……我正在努力樹立一個榜樣，你可以轉型，也許可以做自由業之類的工作，同時仍然把你的時間、精力和努力投入到你有熱情的專案中。」蘿倫也發現一個附加好處：「對我來說，就是『我想做我熱愛的事情，這帶給我真正的快樂。』」

蘿倫的旅程，與一些成功的創新者和企業家的經歷是十分相似的，也就是堅守一份穩定的工作，同時邁向新事業。華頓商學院心理學家亞當‧格蘭特（Adam Grant）在他的著作《反叛，改變世界的力量》中指出，導演艾娃‧杜威納是在擔任電影公關的同時，拍攝了她的前三部電影；《呆伯特》的創作者史考特‧亞當斯在漫畫發行七年後才辭去在太平洋貝爾公司的工作；Nike聯合創辦人菲爾‧奈特辭掉會計工作全職投入他的運動服飾公司之前，曾經用汽車後車廂賣了五年的球鞋。他們都小心翼翼邁向新身分，同時仍然堅定固守在舊身分中──以及一份有薪工作。

「在一個領域保有安全感，給了我們在另一個領域自由創新的空間。」格蘭特寫道。

艾娃‧杜威納知道她想成為一名電影工作者，菲爾‧奈特知道他想賣運動用品，而且他們都在採取必要的步驟來實現目標。傳統的管理理論認為，這正是追求目標最正確的路線圖。傳統理論告訴我們，我們需要為自己設定一個目標，然後仔細規劃沿途的每一步，以到達應許之地。在1937年出版的自我實現聖經《思考致富》──至今仍是有史以來最暢銷的書籍之一──中，管理大師拿破崙‧希爾列出成功的六個步驟，其中的第四步是：「為實現你的目標制定一個明確的計畫，然後立刻開始……把計畫付諸行動。」正如他寫到的，「任何事業想要成功，明智的規劃都是至關重要的。」

不用說，如果你想成為一名外科醫生，那麼提前弄清楚該修哪些大學課程、何時申請醫學院、申請方法、爭取哪些住院醫師的實習和研究員職位，都是有道理的。如果你打算在華爾街工作，你可以制定一張路線圖，帶自己走過大學主修、暑期實習，再到研究所申請。我還是一名年輕記者時，我的一位二十二歲的同事宣布，他的目標是有一天成為一家媒體公司的執行長，而他為了實現目標，正在規劃他職業生涯的每一步。（順帶一提──他做到了！）

但寫這本書的時候，我發現有很多人並不屬於這種簡單俐落的範疇。他們踏上一條道路，生活卻指引他們往另一條路前

進。他們沒打算轉型,他們的行動卻把他們推往一個完全意想不到的方向。他們往往要等到抵達目的地後,才會意識到自己要去哪裡。他們是史蒂夫・賈伯斯在史丹佛大學畢業典禮上那句名言活生生的體現:「你無法預先把現在發生的點點滴滴串聯起來;唯有回首時,你才會明白這一切是如何串在一起的。」

一位名叫喬安・李・莫利納羅(Joanne Lee Molinaro)的四十三歲芝加哥出庭律師就是這個例子,她在無意間變成抖音上最令人意想不到的網紅。

身為韓國移民第二代,喬安在一間大型律師事務所擔任合夥人,擁有成功的律師事業。她為自己的出身很自豪,尤其喜歡童年時期的韓國料理。因此,當她的男友(現在的丈夫)在2016年初改而吃素的時候,她很生氣,起初拒絕加入他的行列。「我因為很多不同的原因而沒有接受。」她說。「我認為身為一個韓國人,我不可能成為素食主義者。這個白人試圖讓我吃素,我覺得真的很不體貼。」

但她還是決定嘗試一下他的植物性飲食,動手把他最喜歡的食譜(義大利菜)和她自己的食譜(韓國菜)「素食化」。她用醃製蘑菇代替牛肉,用豆腐代替雞肉,並想出素的泡菜炒飯、韓式炸豆腐和素拉麵等等的食譜,以及她丈夫最愛的義大利素燉飯。他對她的廚藝讚不絕口,鼓勵她開一個YouTube頻道,並說:「妳就是韓國素食主義者!」

暱稱就這樣定了下來。因為好玩，她開了Instagram和YouTube帳號，開始以「the Korean Vegan」這個名字發表她的食譜。這是一個有趣的消遣，讓她在有限的空閒時間裡可以轉移注意力，不去想工作。但在可愛暱稱、吸睛照片和熱門食譜的加持下，她的貼文迅速走紅。四年內，喬安累積了七萬名Instagram粉絲，並獲得出版料理食譜書的機會。然而，發表她的素食料理仍然只是一項副業。「僅此而已，就是一個愛好。」她說。「當時我甚至沒想過可以以此為業。」她的正職工作已經夠耗時了，此外她還跑馬拉松，並在業餘時間撰寫法律評論文章，包括與人合著了兩篇刊登在《大西洋月刊》上的文章，分析前總統川普對2020年大選提出的法律挑戰。

新冠疫情爆發後，她第一次拍起抖音影片。「主要是為了因應全球疫情造成的孤立現象。」她不在抖音的目標受眾範圍內。最受歡迎的抖音網紅是像查莉・達梅利奧（Charli D'Amelio）這樣的青少年，或是像艾迪森・雷（Addison Rae）這種二十多歲的年輕人，他們隨著流行歌曲跳舞和對嘴唱歌。喬安則是發布六十秒的短影片，內容是她一邊做菜，一邊聊著關於生活和愛情的深刻故事，背景音樂通常是她那身為鋼琴家的丈夫所演奏的古典樂。在其中一個影片中，她一邊組合素蛋和炸豆腐的三明治時，一邊回憶起她與大學男友的第一次失敗婚姻。「那是內心深處對失敗的恐懼。」她輕聲沉思。「如果我能回到過去給自己一些建議，那就是：多想想什麼能帶給你

快樂,少想想什麼能撫慰你的恐懼。」

出乎意料的是,這些抖音影片瞬間爆紅。她開始吸引幾百萬名的粉絲,其中有許多人的年齡不到她的一半。「我想只是因為這是完全不同的影片。」她說。「而且在抖音上,他們渴望安全感。他們渴望賦權。他們渴望母性的能量。」

喬安從粉絲那裡獲得的專注也同樣令人陶醉。「當你收到以愛心、點讚和留言等形式的回饋時,那股動力是很強烈的。你會想要做得更多。」她說。到了2021年秋季,她的「韓國素食主義者」角色佔用了她大量的時間,導致她沒空再去做律師。因此,她辭去律師事務所的工作,不過她仍是許多案子的顧問。如今,「the Korean Vegan」在抖音上擁有三百萬粉絲,在其他社群網路上也有大量粉絲,還有一個訂閱制的飲食規劃應用程式和一個podcast。喬安的食譜成了暢銷書,她還簽了出版合約要推出另外兩本書。這位中年律師成為名副其實的抖音網紅。

「我做夢也沒想到自己的人生會變成這樣。」喬安說。這個改變並不是計劃好的,也不是一蹴而就的;算一算,大概花了五年的時間。她一步步朝著她的新身分前進,超前部署。她的旅程並非命中注定,過程中她也沒有什麼最終目標。她說大家可能以為她在抖音上是一夜成名,但其實這是多年來一點一滴努力的成果。她告訴我,理解這一點「很重要」。否則「這會引發焦慮」,讓人產生一種錯誤的期望,以為「如果我不能

一夜成名，我就永遠不會成功。」

像喬安・李・莫利納羅的這種轉變可說是「違反直覺的」。華頓商學院的格蘭特說。「無論是《秘密》還是《思考致富》，或你最喜歡的任何一位大師，他們都告訴我們，如果想要某樣東西，你必須表現出你的企圖心，朝目標努力前進。」但事實上，「有些人幾乎是偶然撞見這個機會，這樣反而更好。」他說，「有時候之所以成功，原因之一是沒有壓力。當某件事只是一種愛好、一種副業時，你可以隨意嘗試。它釋放你的創造力，讓你不用墨守成規。你會有更多自由的聯想，你不必急著往前衝，也不必執行你想到的第一個主意，而所有這些微小的變化通常會帶來新的東西。」

當然，你身處那種非線性思考和微小改變的過程中時，回報不一定很明顯。有時候你感覺自己只是在偷懶，在拖延，而不是在做一些有生產力的事。副業可能看起來毫無進展。

這就是我對兒子小時候著迷於體育活動的感受。他不只參加體育活動——他也看體育比賽、談論體育比賽、閱讀體育方面的書籍，尤其是棒球。他把每年出版的棒球年鑑都背得滾瓜爛熟。他可以告訴你1926年世界大賽第三場比賽的贏家是誰（是紅雀隊擊敗了洋基隊——我剛問過他），或投手傑克・切斯布羅在1904年為紐約高地人隊投出了多少場完全比賽（四十八場，我也問了。）他能一字不差地引用棒球史學家比爾・詹姆斯的話。他的房間牆上貼著盧・賈里格的退休演講稿「最

幸運的人」(luckiest man)。

我恨不得他能把一半的精力放在課業上。我每晚都嘮叨他，叫他寫功課。我們坐下來吃晚餐時，他堅持要打開電視，看他向我保證是「年度的最重要比賽！」(顯然，每場比賽都是如此)，這總是讓我感到很沮喪。他什麼時候才能停止浪費時間？

事實證明，是我大錯特錯。他對體育的了解，所有這些他在閒暇之餘因為好玩而累積的知識，讓他大學畢業後在ESPN找到一份製片助理的工作。二十多歲的他，至今已經獲得兩座體育艾美獎。

格蘭特可能早就預料到這一點。在最近一篇研究拖延症的論文中，他發現有拖延症的人並非浪費時間，而是他們在磨蹭時，潛意識裡正在收集一些突破性想法的思路。他和申智海(Jihae Shin)實驗了這個理論。他們要求受試者寫一份商業提案。同時，他們在附近播放吉米‧金摩(Jimmy Kimmel)的熱門節目《超惡毒推特》引誘受試者拖延。在節目片段中，名人會誇張地朗讀陌生人發表的惡毒推特貼文。研究人員發現，適度拖延的人，比起沒有拖延或拖到最後一刻的人，想出了更有創意的提案。他們得出結論：「拖延有時會有回報。好點子可能會出現在那些拖延的人身上。」

我在研究這本書的時候，遇到的許多人都像韓國素食主義者一樣，是沿著蜿蜒曲折的道路過渡到新生活的，過程中他們

並不清楚知道自己的旅程會通向何方。但也有一部分的人在人生前半段時,就不得不想清楚如何重塑後半段的人生。他們別無選擇,只能適應未來的轉變,因為他們選擇了一個壽命有限的職業。

運動員、舞者和從事高體力工作的人,像是消防員和士兵,通常會提早退休。到了某個時間點,要嘛是他們的身體再也無法負荷,要嘛就是在一個以年輕面孔為主導的職業來說,他們已經太「老」了。這些人必須有意識地重塑自己。這對他們是很理所當然的事。身處第一個職涯時,他們就必須有自覺地花時間思考他們的第二個或第三個職涯會是什麼。沒有人比他們更了解超前部署的必要性。我們可以從他們身上學到很多東西。

舉例來說,NBA球員的平均職涯只有四年半。籃球巨星艾爾摩(Len Elmore)的職業生涯持續了十年,效力過印第安納溜馬隊和紐約尼克隊。即便如此,在他的整個球員生涯中,他都關注著球場以外的生活。他知道自己需要謀生;他在七〇年代和八〇年代活躍的時候,NBA球員的酬勞雖然不錯,但並沒有像今天這樣,有辦法賺到足以享受餘生的財富。他說,即使在那個時代,最頂尖的酬勞也「只是零花錢」,比起現今收入最高的球員來說根本不值一提。他的一些球員夥伴最終淪落到破產、吸毒成癮或無家可歸的地步。2009年《運動畫刊》的一篇文章報導,有六十%的NBA球員在退休的五年內

破產。許多人沒有其他技能可以依靠，艾爾摩要確保自己不是其中之一。

對他來說，關鍵在於堅持他最早的童年夢想，那是在他還不知道自己會在生活中和球場上成為佼佼者之前就有的夢想。他在布魯克林東紐約的低收入戶住宅區長大，父母親從小就向他強調教育的重要性。他的母親是佃農的女兒，因為家裡無力負擔她上大學，她不得不放棄大學獎學金。他的父親是一名城市清潔工，十年級就輟學了。「我錯過了我的機會，但你不會。」他的父親告訴艾爾摩，他是他們四個孩子中最大的。等父母親好不容易存夠了錢在皇后區買了一棟小房子時，他們在地下室設立一個「圖書館」：一個擺放著聖經故事的書架和一套他們負債購買的百科全書。

那是1960年代，一個見證了民權運動、越戰和反戰示威抗議的動盪十年。年輕的艾爾摩花了很多時間待在電視機前，把一切都看在眼裡。他被金恩博士和麥爾坎・X給迷住了；他的偶像是保羅・羅布森（Paul Robeson），他是一名足球冠軍出身的律師、歌手、演員和民權運動家。「我認為我可以成為變革的一部分。我的理念是：『我想參加遊行，我不想成為旁觀者。』」他回憶道。「我想成為《梅森探案集》裡的那位律師主角佩里・梅森（Perry Mason），為沒有發言權的弱勢發聲。」

但隨著艾爾摩不斷長高——長高，再長高，最後長到兩百

公分——運動佔據了他的生活。他一直是優秀的運動員,善於打棒球和踢足球。儘管如此,直到高中,一位體育老師看到他和朋友們在球場上嬉鬧後,才鼓勵他加入籃球隊。「但我不懂籃球規則。我的體育老師看到我像《飛越杜鵑窩》裡的瘋子酋長一樣跑來跑去。」艾爾摩學得很快,一年內,他就被鮑爾紀念學院(Power Memorial Academy)錄取,這是一所以籃球實力聞名的天主教學校,傳奇球星賈霸幾年前就在那裡打球。

籃球是艾爾摩進大學的入場券。等他帶領高中校隊贏得全國冠軍後,許多大學都想要招募他,提供獎學金和工作,派出有影響力的校友跟他聊天。這是一個令人困惑的時期,尤其是對他的父母來說,很不舒服。「我們曾經被買賣過一次。這種事不會再發生了。」他的母親說。最終,艾爾摩選擇了馬里蘭大學,他在大四那年被評為全美最佳球員,而在五十年後的今天,他仍是該校籃板王的紀錄保持人。

雖然艾爾摩是一位勤奮的學生,但最後,他在只剩一學期就畢業前離開了學校,與溜馬隊簽約,開啟他的職籃生涯。他先後待過堪薩斯城國王隊、密爾瓦基公鹿隊和紐澤西(現布魯克林)籃網隊,然後在1983年的夏天與紐約尼克隊簽約。當時的他已經三十一歲,他意識到「籃球生涯差不多要來到盡頭,隨著膝蓋受傷和年齡增長,職涯壽命也越來越短。我預料自己不會再打太久。」

然而,在他的職籃生涯中,他一直沒有放棄成為佩里·梅

森的夢想，他也始終把父母親對教育的重視放在心上，他的大學女友蓋兒（現在是結褵三十五年的妻子）更是強化了這一點。即使在打職籃的時候，艾爾摩每年夏天都會回到馬里蘭大學上暑修課，直到他完成學位。工作時，他把自己定位為「更衣室律師」，與其他球員夥伴和體育記者談論集體協商的議題。因此，與尼克隊簽下兩年合約後，他又報名參加一件完全不同的事情：史丹利・卡普蘭教育中心的預備課程，為法學院入學考試LSAT做準備。「你所說的轉型，就是在那一年！」他說。合約還剩一年的時候，他就從職籃生涯退休了，放棄豪華飯店和崇拜他的球迷，成為一個哈佛法學院的學生，過上相對樸實的生活。

在那不久，我第一次遇到艾爾摩和蓋兒，他們成了我的鄰居和摯友，他們兩個優秀的兒子也和我的孩子一起長大。一路走來，艾爾摩在轉換事業跑道的能耐一直令我印象深刻。他在布魯克林擔任幾年的助理檢察官後，回到了體育界，先是擔任CBS電視台的大學籃球評論員，然後是體育經紀人，後來又回到電視台，在ESPN和CBS工作。期間，他還擔任過公司律師和經營一家教育科技公司。

接著，在2017年，他遇上可怕的停滯期，這次是三重威脅：差點需要截肢的致命葡萄球菌感染、心臟病發作，以及最終的侮辱──他在ESPN評論員的工作遭到解雇。六十五歲時，他意識到自己必須再次從頭自我改造。

那是一段殘酷的時光──「最艱難的一次轉型。」他說。他被丟回掙扎期，那段離開一件事卻又不確定下一步該往哪裡去的時期。他甚至不確定自己還有未來。「我有沒有擔心過自己沒有能力，質疑過自己的能力？當然。」他說。「但我別無選擇，只能放手一搏。我必須做出選擇：我有沒有辦法恢復到可以繼續工作並保持競爭力的身體狀態？……這需要正向思考。」

為了幫助自己度過那段黑暗時期，艾爾摩把他的工作經驗和各項技能列成一張清單，包括演講、體育界的專業知識和法律議題。他像以前一樣，以開放的心態思考如何把這些技能重塑成新的事物。就在這時，哥倫比亞大學的一個職缺公告引起他的注意，他們要招聘一名體育管理學的教師。雖然他沒有學歷證明文件，但他的親身經歷──所有的一切，從他童年時期對麥爾坎·X和保羅·羅伯遜的景仰，到職籃生涯，再到他在法律和商業領域的努力──都匯聚在一起，彷彿他職業生涯的所有片段都是探索的一部分，幾乎是水到渠成地引導他找到人生下一階段的解方。

現在，艾爾摩在哥倫比亞大學教授運動員利用自己的影響力來推動社會正義，以及體育領導力等等的課程。他把他早期對社會議題的熱情與他的職籃生涯、媒體專業知識和運動員行動主義結合起來。他起初選擇一個有「有效期限」的職業，後來在整個職業生涯中不斷轉型，最終成為了重塑自我的專家。

他有足夠的自我意識,能夠綜合過去的經驗,重新構想一個不同的未來。

「你必須進行探索,把找到的機會與你擁有的專業知識互相比對,看看是否契合,就像在拼兩塊拼圖一樣。」他告訴我。「那些執著單一視角的人,無法體會到自己是可以轉型的。」只要透過新的方式去組合不同的技能。「這就是我審視機會的視角。」

格蘭特的說法是這樣的:「你正在蒐集一道菜的所有食材,只是你還沒有食譜。」——但這些食材將來會以某種無法預料的方式組合成一道美味佳餚。

艾爾摩觀察到,重塑新的未來時,重要的是必須整合過去的經驗,這正是那些成功轉換新生活或新職業的人所掌握到的關鍵。這需要正確的心態,以及對新挑戰懷抱開放的態度。就像艾爾摩的職業生涯從籃球場到地方檢察官辦公室,再到主播台,最後到大學講台一樣,他始終保持開放的心,關注人生的起承轉合,即使是一些在當時看似沒有意義的經歷,也能引導你走上一條完全不同但令人開心的意外之路。

舉例來說,威爾・布朗肯定沒想過要成為農夫。他是史瓦斯摩爾學院經濟學教授的兒子,上過私立學校,後來就讀哈佛大學,畢業後進入摩根大通。當初他和妻子正在找一間便宜的週末度假屋,在漫長的一天結束後,房仲說服他們去看看一座老舊的酪農場。他們沿著蜿蜒的鄉間小徑前進,然後轉進一條

崎嶇不平的泥土路，在幾十年前曾是一條馬路。最後他們來到一間農舍，四周環繞著兩百英畝的農田。地上覆蓋一英尺厚的積雪。這裡彷彿進入了時光膠囊。

「沃里克被世界遺忘了。這裡很落後。因為道路不便，沒有被發展到。」布朗回憶道。「所以你沿著這條半英里長的泥土車道往下走，那裡有一間老舊的農舍。裡面住著女主人——屋內暖氣壞了，所以他們用煤油暖爐取暖。長老教會的牧師也在那裡，穿著他的黑色長袍。我心想，我們不過來到距離曼哈頓一小時車程的地方，卻像是回到了一世紀前。」

他立刻就被迷住了。除此之外，「這裡比康乃狄克州的任何一間房子都便宜。」他們買下這個地方，重新翻修，週末時會過去那裡，遠離繁忙的城市生活放鬆一下。他們很喜歡在一旁欣賞農村生活。芭芭拉會帶著孩子們去看鄰近的農夫擠牛奶。另一位鄰居則會來幫忙收割牧草。

隨著時間過去，有一名當地男子租下他們的牧場來放牧他老母親的肉牛。有時候牛隻逃離牧場時，威爾會幫忙把牠們趕回去。母牛生產時他也在場，他甚至學會了閹割公牛。慢慢地，他吸收更多農務相關知識。幾年內，他開始買下更多周圍的農田，先是為了能通往主幹道，然後是為了保護農田不被開發。轉捩點出現在2003年左右，當時年邁的母牛主人去世，她兒子決定賣掉她的牛群。「我們說：『反正我們一直在照顧牠們。』所以我們決定買下他的十六頭牛。」威爾回憶道。他

認為這不會花費太多精力。「這些是肉牛,牠們會自己吃草。牠們不需要太多照顧。」

芭芭拉的回憶稍有不同。當時她在紐約一家非營利住房機構擔任高階主管,工作非常忙碌。「你想做什麼就做什麼。」她記得她告訴丈夫,「但別以為我會因為有頭牛在路上亂跑就請病假跑來這裡。」

到了這時,威爾已經進一步被農村生活吸引。他離開銀行,成立一家顧問公司,讓他可以花更多時間在農場上。下午,會有一位鄰居過來在農場狩獵,幫忙照顧牛群。他說服威爾買下自己的拖拉機。「所以漸漸地,我們開始越做越多。當然,牛會生小牛,然後你的牛也就越來越多。」芭芭拉在2008年辭掉工作,也開始花更多時間待在農場,負責管理網站、行銷,替日益增長的牛群做記錄。

不久,這對夫婦意識到養牛事業的規模已經變得太龐大,也太耗時,無法只是當作一個副業。他們要不是得完全退出,就是得想辦法讓它成為一門可行的生意。沒有中間地帶。

城市生活還是農村生活?這是一場拉鋸戰。

「我是比較抗拒的那一個。」芭芭拉坦承道。話雖如此,她也漸漸愛上農村生活。就連我們在聊天時,她也忍不住對我說:「等春天小牛出生的時候再過來一趟吧。那是非常、非常美好的時刻。小牛一出生,母牛就會開始舔牠,牠也會立刻抬頭。」她嘆口氣。「農村生活有實質的成就感。儘管有所犧

牲,不過我這算是在間接告訴你,我是怎麼迷上務農的。」

農村生活獲勝。

參觀完農舍的幾週後,我加入威爾日常巡視的行列。那是一個悶熱的夏季週日早晨,他以前的同事們大概會外出打高爾夫球或在漢普頓享用早午餐。而我,卻坐在威爾滿是泥濘的敞篷農用車的副駕駛座上,把牛群趕到新的牧場。在溫暖的月份裡,他每天都重複著同樣的動作,把牛群從一塊地趕到另一塊地。每個牧場都用鐵絲柵欄給圍起來,柵欄上有八千伏特的電流通過。我看著他切斷一段柵欄的電源,把牛趕出去,然後重新改變柵欄的佈局,再把電源打開。每次他把手伸向那帶電的柵欄時,我都很緊張。

「你不怕被電到嗎?」我問。他聳聳肩,「常有的事。」這是日常巡視的一部分。

我們把牛群安全移到一個牧場後,繼續開車顛簸穿過草地,我緊緊抓著防滾桿保命。抵達另一座牧場時,他再次跳下車,拆掉一段嚇人的柵欄。一群牛懶洋洋地躺在附近的樹蔭下,牛蹄子陷在泥濘和糞便中。我小心翼翼走下車;那片爛泥貪婪地黏住我的靴子,彷彿要把它們往下拉。牛群睜著眼睛,動也不動,平靜地看著我。我發現牠們的臉並不像我以為的那樣是黑色的;牠們的臉只是覆蓋著成千上萬隻的蒼蠅,這些蒼蠅在我們周圍嗡嗡作響,並聚集在牛的鼻子上。

威爾似乎沒注意到。他往牛的側腹使勁一打,接著拍手大

喊:「吼!吼!」說完,他跳回車上,帶領牛群前往鄰近的牧場。幾分鐘內,牛群就乖乖跟上來,就像許多小狗小跑步跟在我們後面一樣,只是每隻都重達六百多公斤。

這是項辛苦又孤獨的工作,一點也不迷人,與《快樂農夫》和「再會,城市生活!」的田園牧歌生活相去甚遠,完全超乎我的想像。農舍裡肯定也沒有伊娃·嘉寶(Eva Gabor)拿著雞尾酒在等待我們。

大家只要想到放棄喧囂的城市生活,去鄉村過寧靜、緩慢的日子,總是覺得很美好,但他們絕對不會想到是這種景象。農村生活充滿繁重的體力活。而這僅僅是威爾一天的開始。他趕完兩群牛、修好一條破裂的水管後,把車停到另一塊田地旁。他帶我穿過一片深及腳踝的牛糞池(「這不算什麼——你該看看下雨後的樣子。」)我們來到一片田野,一排排修剪整齊的長牧草綿延數英畝,一望無際。今天稍晚,這片田野將製作出八百磅重的乾草捆。一輛巨大的拖拉機停在附近,等待威爾開始幹活。

很難想像一個哈佛的書呆子經濟學家怎麼有辦法如此自在地轉型成為在農村生活的農夫。然而,我向威爾問起時,他就跟我採訪過的其他人一樣,形容這種轉變是一種延續。他說,在他的第二職涯中,他運用了所有以前的經驗,即使在外人看來,這些經驗完全不相干。

身為經濟學家的他,向來對解決問題的過程感興趣,無論

是農場或工廠或財金方面的問題。「管理農場非常適合喜歡解決問題的他。」他的妻子說。管理農場之所以吸引威爾、讓他覺得有挑戰性，部分原因在於他可以把他的經濟學頭腦應用在這個出了名困難的農業生意上。另一個吸引他的原因是，他可以監督農場運營的每個環節，從接生小牛一直到銷售牛排，而相較於過去的工作，他只是龐大企業中的一個小齒輪。「對我來說，務農是其中一個面向。另外吸引我的是經營一家小企業。你有收入、支出、薪資稅。我以前是上班族。你只做你的專業領域。你只能看到你那部分的業務。而這個更有吸引力。」

威爾的自我重塑與其他人一樣，是一個循序漸進的過程。他的成功，以及他之所以能自在地過著農村生活，或許最重要的原因是他在意識到自己正在離開舊生活之前就開始邁向新生活。他減少自己的顧問工作，同時增加在農場上的時間。他慢慢適應不同的生活節奏，日出而作，夏天早上五點前就起床，連鬧鐘都不需要，他以前在摩根大通工作的時候，他可是每早六點鬧鐘響起時都得強迫自己起床。

對他來說，全職務農只是人生的另一個階段，就像從大銀行的工作轉變為一人顧問公司，或在孩子們上大學後成為空巢老人一樣，沒有什麼不同。「然後你開始務農，這又是另一種不同。這些步驟中的每一步都是相當大的變化。」他說。但是「這些都是分階段發生的。能夠每次多做一點，偶爾在週末做

一段時間,逐步投入其中,是一個巨大的優勢。」

我準備離開,渴望去洗個澡、吹冷氣時,威爾停下手邊工作目送我。他的破舊T恤大汗淋漓,鞋子也沾滿牛糞和泥巴。昔日那個穿西裝打領帶的常春藤名校經濟學家早已不見蹤影。儘管清晨的陽光才剛從樹林間探出頭來,但氣溫很快就逼近攝氏三十二度。

我把車開上泥土路,冷氣開到最強,威爾則轉身回去工作。還有好幾個小時的辛苦活兒在等著他。

他看起來很快樂。

7

放下手邊的工作

今天的你值得好好休息

> 偉大的作品,無一不是在長時間的靜默
> 和沉思冥想後誕生的。
> ——英國經濟學家,華特・白芝浩(Walter Bagehot),1860年

我曾經陪同一位精力充沛的同事到全國各地出差拜訪客戶,沿途在許多重大城市停留。有一次,我們在洛杉磯降落時,已經是深夜,而且才在中西部開了一連串的會議,疲憊至極。我渴望休息,我說我已經等不及入住飯店,好好睡一覺。

我的同事嗤鼻一笑。「弱者才需要睡覺。」他說。

我在工作生涯裡,聽過各式各樣類似的說法。我有另一個朋友,是一位媒體主管,每次他面臨一項艱難的挑戰時,他都會「煮一壺咖啡」,他都是這樣說的。他的意思是,他和他的妻子借助咖啡提神,熬夜一整晚,試圖找到解方。

大多數的人就像我的朋友們一樣,在遇到棘手的問題時,

會想要加倍努力,更認真工作。即使已經筋疲力盡,即使已經想不出答案,我們仍習慣繼續挑戰。如果我們正在思考的,是人生的重大改變,情況就更糟了,因為我們會不斷思考,想到失眠。我們就像薛西弗斯,一遍又一遍地把那塊巨石推上山,即使我們知道它每次都會滾下來。或像喬治‧歐威爾的著作《動物農莊》中那匹名叫拳擊手的工作馬一樣,重複著「我要更加努力工作!」直到崩潰。

這完全是錯誤的做法。

正如我們在「啊哈」時刻看到的,突如其來的頓悟往往發生在一段時間的分心之後。只有在你停下手邊工作,去洗澡、散步或睡覺之後,解方才會出現。但是,休息不僅有利於這些靈光一閃的罕見時刻,對於我們所探討的其他類型的改變同樣至關重要,無論是克服創傷、戰勝失敗還是重新思考工作場所。這是我們如今熟悉的公式:探索→掙扎→停滯→解方的一個基本要素,是各種自我重塑和創造性突破的關鍵。潛意識會趁我們沒有注意的時候,做很多繁重的工作。

想想你上次出現絕佳點子的時候,你人在哪裡?是在漫長的一天結束後的辦公桌前嗎?站著輪完八小時的班後?還是在兩小時的會議途中?我很肯定沒有人會在Zoom的視訊會議中想出天才的主意。事實上,《自然》雜誌發表的一項研究發現,Zoom會議會扼殺創造力。不停工作實際上會讓我們變得比較沒創意,也沒那麼容易想出解方。休息一下,轉身去做些

其他的活動會更有成效。

一項跨領域的研究證實,休息——無論是睡幾小時或休幾個月的長假——可能是產生新想法和新方向最重要的因素,卻也是最被低估的因素。這些研究結果意義重大,不僅有益我們個人的心理健康,企業、學校和政府單位也有必要重新思考他們的體制,變得更創新、更有效率——以及更人性化。

問題是,現代社會不是為了休息而打造的。我們大多數人都很難讓自己放鬆。我們總以為,為了克服難關或解決棘手的問題,緊盯不放才是上策。這已經深植在我們的文化、學校教育和成長過程中。

休息的概念本身就啟人疑竇。美國人有三分之一的有薪假都閒置不用。在疫情期間,遠距工作者實際的工作時間比以前更長,職業倦怠也成了一種普遍現象。「我太忙了」到現在已經成為一句炫耀身分的陳腔濫調。我們崇拜那些吹噓自己睡眠時間很少的高階主管,例如每天只睡四個小時管理百事可樂的盧英德(Indra Nooyi),或說自己每晚只睡三個小時的時裝設計師湯姆‧福特(Tom Ford),或聲稱自己每晚只需要不到四個小時睡眠的川普。這種對少睡的崇拜心態在我母校的一個廣告活動中得到體現:「那些沒有時間的人,會騰出時間閱讀《華爾街日報》。」

儘管如此,整個社會仍有一個完整的產業不遺餘力地告訴我們,我們做得還不夠。書籍指導我們如何工作得更認真、更

快、更好,如何管理才能達到事半功倍的效果,如何效仿高成功人士的工作習慣。顧問收取高昂的費用來重組工作流程和組織架構圖。教練教導老闆們如何從自己和下屬身上榨取更多工作。YouTube和Substack的網路平台上自詡為專家的人提供許多「提高效率的技巧」,承諾我們可以達到收件箱零郵件的涅槃。這一切都讓我們更加忙碌,更沒有時間重新思考我們的職業或生活,即使研究人員發現忙碌和生產力之間沒有任何關聯。

更嚴重的是,如果你真的抽空休息,我們反而會看不起你。北達科他州立大學一位教授分析了節慶賀卡後發現,在過去幾十年裡,提到「很忙」、「忙翻天」和「焦頭爛額」的次數大幅增加。研究人員要求受試者評價「吉姆」的社會地位時,每天工作十小時、週末也工作的吉姆,與另一個每天工作不到七小時的吉姆相比之下,工時過長的「吉姆」其社會地位遠遠超過悠閒度日的「吉姆」。同樣地,受試者在照片中看見戴著藍牙耳機(可能在工作)的「安妮」時,會認為她的社會地位比戴著普通耳機(好像在聽音樂)的「安妮」更高。對於使用送貨服務購買日用品的「馬修」與在超市親自購買日用品、可能沒那麼忙的「馬修」也給了類似評價。研究人員要求這一百一十二名受試者閱讀「丹尼爾」的信件時,一封信中的「丹尼爾」把自己的生活形容得「像往常一樣忙到不行」,另一封信中的「丹尼爾」描述自己的生活「像往常一樣放鬆」,

結果大家都認為忙碌的「丹尼爾」更富有、工作待遇更好，而且比放鬆的「丹尼爾」更受歡迎。

同一批研究人員也分析了Twitter上「故作謙虛的自誇貼文」──意思是「透過表面上看似謙虛的話來炫耀某件事的行為」。他們把一千一百則像這樣的貼文進行分類時，發現有整整十二％的貼文都在抱怨自己實在是太忙了。其中包括：

舞台劇導演，特拉洛克・里瓦（Tlaloc Rivas）：「上禮拜五一部舞台劇首演了。下禮拜二開始排練另一部。中間還要去華盛頓特區開會。我沒有生活！」

美式足球外接手，奧斯汀・佩蒂斯（Austin Pettis）：「過去幾週發生很多事，接下來兩週還有更多事……實在是太緊湊了，我應付不來！」

演員兼模特兒，亞瑟・凱德（Arthur Kade）：「我得寫一篇文章來更新一切！！我最近光是開會和打電話，就忙得不可開交，我忽略了我的粉絲。」

記者兼詞曲創作家，喬許・西古德森（Josh Sigurdson）：「嗨，我十六歲，今年要出三本書和一張專輯。你們建議我該怎麼做最有效率呢？」

然而，想要產出原創的點子，保持忙碌不休息可能是最沒用的方法。有些最具傳奇色彩的創新者把他們的成功歸功於

「不」工作。微軟的共同創辦人保羅‧艾倫告訴過我,晚上用吉他彈奏搖滾樂讓他白天成為一個更好的程式設計師。即使在公司草創時期,每次工作到精疲力竭的時候,晚上艾倫就會拿出吉他放鬆。他小時候學過小提琴,十五歲那年改學吉他,這輩子一直是個搖滾樂手。他發現演奏音樂時的放鬆感能減輕寫程式的壓力:他說,演奏「增強了你對創造力的信心」。他解釋,對他來說,彈吉他打開了他大腦中的新通道,進而幫助他改造了個人電腦。無論是音樂或程式設計,「都有一種力量在驅使你突破現況,鼓勵你以新的方式表達自己。」

你不必去自學吉他,也不必學保羅‧艾倫去聽吉米‧罕醉克斯(Jimi Hendrix)的音樂激發靈感,以獲得好處。光是做白日夢,讓思緒遊走,就可以達到目的。即使是太平盛世,我們也會花二十五%到五十%的時間做白日夢,心理健康專家認為這個數字在新冠疫情期間有所增加。大多數人都認為做白日夢是一個問題,甚至是一種性格缺陷。傳統觀念認為,做白日夢就是在浪費時間。我們試圖擺脫這個習慣。我們的孩子和另一半在發呆而沒有專心聽我們說話時,我們會大聲叫他們。我們在會議中被發現恍神時,會覺得難為情。老師會因為學生心不在焉而懲罰他們,並標註在成績單上。

然而,研究顯示,我們做白日夢的時候,其實正是處於最有創造力的狀態。幾年前,研究心神漫遊的加州大學聖塔芭芭拉分校心理學家喬納森‧舒勒和一群同事,要求兩百名左右

的作家和物理學家每天記錄他們最具創造力的想法。他不僅想知道他們在何時何地產生最原創的想法，還想知道這兩種類型截然不同的專家——「創造性」的作家與「分析性」的物理學家——產生想法的方式是否有所差異。

令人驚訝的是，這兩組人有二十％的絕佳想法都是在他們做其他事情而不是在工作的時候產生的。他們做白日夢時、在結帳時，只要不是專注在問題本身的時候，都能冒出一連串很棒的想法。在這些非工作的時間，他們也更可能解決一些特別棘手的挑戰或僵局。儘管他們的創意想法並非全都算得上是靈光一現的大發現。但是，那些確實經歷過「啊哈」時刻的人，發生的時機點確實更有可能是在他們「不」工作的時候，而不是坐在辦公桌前的時候。

其他研究顯示，散步、親近大自然、運動、睡覺、小憩、冥想和沖澡都有類似的好處，只要是休息，什麼方式都可以。在2015年的一項澳洲研究中，有1,114名年齡介在十八至八十五歲的人說，他們在打掃房子、做運動、搭公車或火車，以及沖澡等等的活動時解決了難題。正如一位受試者所說，解方「通常在我停止拚命思考問題的時候出現」。另一位受試者補充說：「我在打高爾夫球的時候，解決問題的方法有時候就會突然在腦海中浮現。」第三位受試者說：「解方通常在晚上出現，要嘛是我睡著的時候（解方會在夢中出現），要嘛是我醒來後就想到了解方。」

光是散步似乎就能產生巨大的影響。一項研究顯示，相較於坐著或坐在輪椅上給人推，散步的受試者在創造力方面飆升了六十％。任何形式的散步似乎都有效果，即使是在跑步機上盯著白牆也不例外。研究人員要求四十八名學生想出一些像是鈕釦等日常用品的替代用途時，坐著的學生提出的都是平庸且傳統的想法，走路的學生則更有可能提出打破常規的想法，比如「玩具屋的門把」或「迷你過濾器」。

散步有利於激發創造力也解釋了為什麼史蒂夫·賈伯斯喜歡成天去散步，以及邊走路邊開會。Netflix的共同創辦人瑞德·赫斯廷（Reed Hastings）也是這樣。作曲家貝多芬、馬勒、柴可夫斯基和布瑞頓也是每天散步來激發他們的創作靈感。許多作家也有同樣的習慣，像是亨利·大衛·梭羅、村上春樹、威廉·詹姆斯和喬伊斯·卡羅爾·歐茨。尼采在1889年寫道：「所有真正偉大的思想都是在散步中孕育出來的。」

到大自然裡休息也有類似的效果。2012年的一項研究發現，人們在阿拉斯加、科羅拉多州或華盛頓州的野外徒步旅行四到六天後，解決創造性問題的測試分數飆升了五十％。如果你沒有四天的時間可以玩，蘇格蘭的一項研究發現，僅僅在公園裡散步二十五分鐘就能帶來一些相同的好處，包括減少挫折感和放鬆思維，進而讓新鮮的想法相互碰撞結合。加拿大甚至在2022年啟動一項計畫，允許醫生為病人開立國家公園通行證，因為研究顯示，待在大自然可以降低壓力荷爾蒙，甚至

可以減少對氣候變化的焦慮。「只要親近大自然,任何疾病幾乎都能獲得改善。」協助分發通行證的PaRx計畫負責人梅麗莎‧萊姆醫生說。

我以前在《今日美國》的出版商甘尼特公司工作時,曾每天繞著我們位於維吉尼亞州郊區總部的安靜池塘散步。我有些同事也這樣做,我們有幾個人甚至開始一邊繞著池塘散步,一邊開會。我們不知道為什麼這麼做有用,但確實有用:在我們散步的這些時光裡,想出了許多文章的點子和講故事的新方法。我在另一個截然不同的環境裡也注意到同樣的現象——那就是以前愛因斯坦的學術家園,普林斯頓高等研究院。校園有佔地六百英畝的森林和許多小徑,一些偉大的科學家會在裡頭散步,一邊思考新理論和新發現。這些森林就是專門保存給「學者從事理論研究和智力探究的寧靜環境」。

研究人員發現,冥想也有類似的好處。現在大家最熟悉的方法是透過Headspace和Calm等應用程式進行冥想,這些應用程式可以緩解壓力,改善睡眠。但一項英國研究發現,冥想的人學東西也學得更快,這驗證了新時代大師拉姆‧達斯(Ram Dass)的箴言:「你越安靜,就能聽到越多。」

沒有人說休息很容易。從愛因斯坦到貝多芬,這些偉人都能掌控自己生活的節奏,但大多數人都是工作排程的奴隸。對許多人來說,不只是白天,就連週末和失眠的夜裡也不可能脫離工作。著名的越南佛教僧侶一行禪師花了九十五年大部分的

時間試圖說服人們休息和冥想。他有時成功,有時失敗。這位有影響力的禪宗大師在矽谷的Google總部向一群Google員工(偏偏是他們)宣揚:「放下思緒讓心靈沉澱是成功的秘訣。這就是為什麼我們不工作的那段時間會非常有生產力,前提是我們知道如何專注當下的話。」

　　如果你不讓大腦休息,任由它分心,它就沒有機會建立那些能帶來創造性突破的間接連結。比方說,最近的研究顯示,瀏覽社群媒體會阻礙孩子們做白日夢,讓他們沒時間靜下來沉思,因而扼殺他們潛在的創造性思維。《哈佛商業評論》同樣報導,花太多時間在臉書上會損害你集中注意力和學習的能力。

　　這就是為什麼睡眠對激發解決問題的能力尤其重要。正如我們從保羅・麥卡尼和〈Yesterday〉這首歌的例子中所看到的,人們常說他們在睡覺時會產生創造性的突破。瑪麗・雪萊在1816年的日記中寫道,她有天晚上與丈夫珀西・雪萊和朋友拜倫勳爵講完鬼故事後,就真的夢到了《科學怪人》。作家約翰・史坦貝克(John Steinbeck)以充滿詩意的方式描述過這種現象,他說:「夜晚難以解決的問題,經由睡眠委員會處理過後,早上就迎刃而解了。」

　　七〇年代以經典熱門歌曲〈Hello It's Me〉而走紅的搖滾名人堂成員托德・倫德格倫(Todd Rundgren)告訴過我,他有一首名曲,是在他睡覺時完整出現在腦海裡的,包括歌詞和

所有內容。當時是1982年，他正在錄製一張他招牌風格的流行專輯，但有一天半夜，他醒來時腦海出現一首完全不是他風格的曲子。他跌跌撞撞爬下床，寫下旋律和歌詞：我不想工作。我想整天打鼓⋯⋯

〈Bang the Drum All Day〉後來成為他最賺錢的熱門歌曲之一，派對裡、車上廣播、球賽和廣告中無處不在。「這是一首很新奇的歌。我不可能有意識地作出這首歌。這樣的歌不在我的意識裡。」他告訴我。他覺得這首歌像是賜予他的：「就像一份送我的禮物。」

話說回來，睡眠不只能激發那些「啊哈」時刻，在解決各種問題的過程中也扮演重要的角色。下次你聽到「睡一覺再說」的時候，請把這個建議照字面的意思理解吧。在大約五十年前的一項早期實驗中，威廉・德門特（William Dement）要求五百名學生在睡覺前解決文字問題，有二十％左右的學生夢見了答案。二十年後，也就是1993年，哈佛大學心理學家迪爾德麗・巴雷特（Deirdre Barrett）要求七十六名學生每晚就寢前思考一個特定問題，持續一週。有些人選擇的是關於人生的問題。（我該從事哪個領域？）有些人的問題則非常實際。（我該如何佈置我新公寓裡的傢俱？）過後，近一半的學生說他們有夢到他們思考的問題——其中有個學生甚至夢見一個非常適合她新公寓傢俱的佈局。

從那以後，越來越多研究圍繞在有關睡眠和夢境的好處，

包括我們如何在睡眠中真正學習。2004年德國呂貝克大學做了一項特別狡猾的實驗，研究人員對一些毫無戒心的受試者耍了個花招。他們教導受試者使用一種特別繁瑣的方法將一組數字生成另一組數字。但他們沒有告訴受試者的是，有一個解決問題的捷徑。等受試者過了八小時回來後，睡過覺的人比保持清醒的人更容易發現捷徑（研究報告沒有提到那些被剝奪睡眠的受試者有多憤怒）。

我是偶然發現這個道理的。大學時期，我對於考試總是很緊張，但對自己的寫作能力很有信心，所以我會去找那種需要繳交期末論文而不是期末考試的課程。我心想，這樣要拿到不錯的成績機會比較高。然而，頭幾次我嘗試這個萬無一失的計畫時，卻屢屢失敗。問題在於，我總是在截止日前熬夜趕論文。接近天亮時，我會碰壁，大腦會停止運轉。但我仍會固執地黏在椅子上，強迫自己保持清醒，繼續寫下去。壞主意。

經過幾次這種痛苦的情形後，我發現一個訣竅。只要大腦疲倦得拒絕運作時，我就會把草稿塞進抽屜裡。有時候我會把草稿擱置幾個小時，我則去小睡片刻；在極少數的情況下，如果時間安排得當，我會忽略好幾天。然後，等我拿出草稿重新閱讀時，砰！就像變魔術一樣。所有的缺陷都變得清晰可見。解方直接映入眼簾，修改論文變得輕而易舉。這其實滿有趣的，甚至很放鬆。

我以為我的寫作技巧——直到今天我仍在使用，只是我再

也無法熬夜了！——是我自己獨有的小秘密，直到後來我讀了天才作家、以巨蟒劇團聞名的喜劇演員約翰·克里斯（John Cleese）的回憶錄才發現不是這麼回事。他描述到他平常的創作過程時，我湧上一股奇妙的熟悉感：

> 我晚上獨自寫作短劇的時候，常常會卡住。我會坐在我的小書桌前，絞盡腦汁。最後我會放棄，跑去睡覺。
>
> 早上我醒來後，會幫自己沖一杯咖啡，然後走到桌前坐下，而前晚我一直努力想要解決的問題，答案幾乎是瞬間……就變得非常明顯！……這就像一份禮物，因為我為了這個難題而辛苦奮鬥的獎勵。

換句話說，克里斯經歷了所有我們現在很熟悉的步驟——探索短劇的好點子，遇到瓶頸時的掙扎，接著停滯下來，最終在他好好睡一覺之後，解方出現了。

克里斯回憶起他生涯早期一段特別令人沮喪的經驗。當時他與人合寫一篇模仿英國國教佈道的段子，他認為這個作品非常搞笑，極具喜劇價值——然後就不小心弄丟了。他翻遍整個房間，卻一無所獲。最後，他坐下來，試圖憑記憶重新寫出來。奇怪的事情就是在這個時候發生了。他重新寫完後，偶然找到他弄丟的原始作品，並把兩者進行比較。

「奇怪的是，我發現憑記憶重寫的版本寫得更好……這讓我百思不得其解。」他在2020年寫道。「我這才發現我的潛意識一直在處理事情，只是我沒有意識到。」

克里斯認為「潛意識在我們沒有注意的情況下一直在處理事情」，這個洞見完全正確。這就是我們打瞌睡時發生的事。想到我們生活的世界如此不重視睡眠，還真是殘酷的諷刺。你昨晚睡了多久？醒來時累不累？超過三分之一的美國人睡眠不足，美國疾病管制與預防中心把睡眠不足定義為每晚睡眠時間少於七小時。然而，研究人員發現，睡眠時間少於六小時是導致過勞的「主要風險因素」。休息越多，我們就越健康，也越有生產力：安永會計師事務所對員工進行研究時發現，員工每增加十小時的休假，績效評分就會提高八％。明尼蘇達大學心理學家埃里克・科林格爾（Erik Klinger）的分析顯示，你在思考重要的人生目標時，你的能力「在放鬆或睡著的時候，也就是大腦的預設模式網路佔主導地位時是最高的。」

當然，獲得充足的睡眠通常是一個難以實現的目標。但即使是小睡片刻也能帶來一些解決問題的好處。哈佛醫學院的研究人員要求九十九名學生記住電腦螢幕上一個複雜的3D迷宮，然後把學生們以虛擬的方式「放進」迷宮中，要求他們導航到另一個位置。幾個小時後，等學生們回來再次嘗試走迷宮時，那些在休息時間小睡九十分鐘的學生表現遠超過那些保持清醒的學生。更重要的是，有夢到迷宮的學生比沒夢到的學生表現好了十倍。

長久以來，科學家始終相信，睡眠可以幫助我們鞏固新的記憶，並選擇性遺忘一些舊的記憶，好讓大腦暢通。如果大腦

有太多資訊徜徉其中,就很難區分訊號與噪音,想出清晰的新想法。睡眠讓你的大腦掃除不重要的東西,專注於有意義的事情。更重要的是,當前額葉皮質——大腦的控制中心,調節理性思維的內在父母——關閉時,那些無拘無束的想法才能以新的方式組織融合。

證據顯示,我們的大腦最有創造力的時間點,並不是在我們睡得很深沉的時候,而是剛醒來、仍有點昏昏欲睡的時候。愛迪生深信,他最棒的發明點子是在他「半夢半醒」的朦朧狀態下產生的,所以他有時候一天會小睡好幾次,手裡拿著鋼球。如果睡得太熟,鋼球就會掉進他下面的金屬碟子裡,把他吵醒。他或許說過「天才是1%的天分和99%的努力」而備受讚譽,但他自己的行為卻並非如此。

愛迪生不必知道最新的神經科學研究就能明白小睡片刻的效果。他只知道如何誘導出自己最具創造力的想法。其他創作力旺盛的創新者和領導者也是如此。英國前首相邱吉爾習慣午睡是眾所皆知的事。任天堂電子遊戲設計師宮本茂曾說,他是在泡澡的時候想出了《大金剛》的點子。大導演柏格曼(Ingmar Bergman)據說每天下午三點半就下班——而他執導了六十部電影。史蒂芬·金寫了近七十本書和兩百多個短篇故事,而他通常每天只工作四個小時,下午小睡。

長時間的休息尤其有用。如果你的工作提供特休,就去休假吧。有休假的人升遷速度幾乎是那些沒休假的人的兩倍。

休長假的領導者會帶著更新穎的想法回來。黛博拉‧林奈爾（Deborah S. Linnell）和提姆‧沃弗雷德（Tim Wolfred）調查了六十一位剛休完幾個月長假的非營利組織高級主管，發現休假除了能緩解壓力，還能激發他們的創造力，發展出「跳脫框架」的思維，甚至為他們的組織引入全新的願景。

加州大學聖塔芭芭拉分校的舒勒認為，他之所以能夠貢獻出心神漫遊這個開創性的研究，要歸功於他的學術長假。在他職業生涯最初的十幾年裡，他研究的主題是記憶，但在1998年休完假後，他發現他想要改變方向。他把這種改變比喻為「傑克與魔豆」：「有幾個想法都讓我印象深刻，但我最後種下的那些『豆子』引導我開始研究心神漫遊，同時收獲了許多其他的重要想法。」他說，以他自身的經驗來說，休假時間越長，越有利於做出「重大改變」，例如追求新事業或新的專業領域。

牛頓也是一位擁護長時間休息的偉大思想家。「想要像牛頓一樣，獲得最純粹的真理，並且動手實踐，需要多年的沉思默想。不是拚命工作、不是推理、不是計算，不是任何形式的忙碌行為。不是閱讀、不是說話、不是努力、不是動腦。」英國博學家史賓塞－布朗（George Spencer-Brown）在他1969年的著作《形式的法則》（Laws of Form）中寫道，令人印象深刻。該書探討了數學和哲學的交集之處。

如同我們所見，創造力專家把這種休息時間稱為「醞釀」

期。在這段期間，你有意識地無視一個問題，之後，你的潛意識就會帶著解方來獎勵你。科學家的理論是，你在這段「醞釀區間」忙於不相關的事情時，你的大腦能在後台思考解決方案。更重要的是，你在參與其他活動時，你正在吸取額外的訊息，然後進入你潛意識大腦的漏斗中，與更多潛在想法混合，最後匯總成新的想法。等你最終回來後，能讓你用新的眼光看待任何問題或挑戰。

一般來說，每個人的醞釀期都是獨一無二的。你可能是在做飯、洗澡，或在公園裡跑步——或像舒勒那樣，休一段學術長假，從日常生活中抽出一段不算短的時間。但在新冠疫情爆發的最初幾個月，一種前所未有的奇怪現象開始出現。每個人的生活都被打亂了，而且是在同一個時間。雖然關鍵的工作人員和一線的醫療專業人員都不得不在危險的環境忙得天昏地暗，但全國上下其他地方仍戛然而止。學校關閉了，孩子們被送回家。上班族被派到自家的餐桌前遠距工作。祖父母不能探望兒孫；朋友們不能見面喝咖啡或聚餐；電影院關閉，體育賽事也取消了。生活中所有熟悉的元素，從上學到旅行再到吃飯，都整個天翻地覆，即使推出疫苗和治療方法，許多人的生活仍然處於混亂之中。

簡單來說，疫情迫使我們所有人從日常生活中抽出一段時間休息。這場疫情無意中創造了一個全球性的培養皿實驗，讓數百萬人同一時間在平凡日子裡放了一段長假。「你可以說新

冠疫情為每個人提供了一個孵化區間。」舒勒告訴我。數百萬人突然從日常生活抽離的這段醞釀期，成為了一個重新思考人生的絕佳時機。好多人重新安排生活的優先順序，重新評估人生目標，結束關係或投入新的關係。許多人都在重新構思一條前進的新道路。

這段醞釀期也解釋了這麼多人辭職的原因，儘管其中有將近三分之一的人沒有新工作可做。新冠疫情創造了一個完美的全球實驗室，讓我們得以學習醞釀期的每個過程是如何進行的。「你意外獲得休息時間，這也間接觸發了許多無意識的過程。」舒勒解釋道。「你處在不同的情境背景下、接觸到與平常不一樣的訊息，閱讀你平常不會讀的東西。」等疫情漸漸結束後，「時間過去了，等你最終回到崗位上時，你會用新的眼光看待這份工作。」

對於伊利諾州內帕維的露西・張・伊凡斯（Lucy Chang Evans）來說，情況正是如此。疫情剛開始的封城讓她「審視自己的內心深處……我花了更多時間進行內省。」身為一名前特勤人員，她在孩子們還小的時候就完全離開職場。離婚後，她又回到她最初的專業，當一名土木工程師。但在疫情爆發後，當時四十八歲的露西辭掉工作，一邊協助孩子們遠距學習，一邊攻讀線上MBA學位。她的生活縮小到只剩他們的小房子。然而，雖然生活空間變得狹窄，卻讓她能夠擁有更大的夢想。被迫停止過去的生活給她帶來一些意想不到的好處。

「這種劇變讓我的思考方式不再受侷限。」她說。少了每天通勤的時間和「讓我安於現況的規律生活」，讓她可以自由想像一個不同的未來。休息讓她漸漸領悟到其他事情。首先，露西意識到她受夠了有毒的工作環境：「我覺得我再也不願意忍受職場上的惡劣行徑了。」她決定轉職到更有意義的工作，也許是專注在幫忙陷入困境的兒童福利機構尋找解方。「我希望能直視我孩子們的眼睛，告訴他們我做了一些對他們未來世界有益的事情。」

她的經歷在疫情後引起許多人的共鳴。《紐約時報》在疫情進入第三個年頭時，詢問讀者們2022年的新年新希望，讀者一個個都談到了他們必須……稍作暫停。「我決定少做事，多享受生活。」一位讀者寫道。「我決定記住我的底線。『不』就是一個完整的句子。」另一位讀者說。「我再也不會在晚餐後或週末發送與工作相關的電子郵件了。」第三位讀者寫道。另一位說：「我決定把工作放在第二位。從現在起，我和我的家人排在第一位。」還有一位補充說：「我再也不想因為我的孩子們要通勤、上學、參加課後輔導，而我要工作，導致每天都跟他們分開十到十一個小時了。」

瑟列斯特・赫莉（Celeste Headlee）在她的著作《失控的努力文化》中主張，我們不僅可以把那些休息時間融入日常生活，而且也必須這麼做。「回想你生活中拚命加班的那段時期。你覺得你當時的心境適合創意發想或謹慎思考嗎？」她寫

道。「大腦只有處於閒置狀態時,我們才會允許自己重新與我們的創造力連結,並重新進行反省思考——這兩項活動都對進步至關重要。」

一整天下來,即使只能短短休息片刻也能帶來改變。幾年前,我在寫第一本書的時候,曾經度過一個漫長痛苦的假期週末,光是盯著筆記型電腦螢幕上空白頁面的閃爍游標。我遇到嚴重的寫作瓶頸。無論我以為自己的創造力有多豐富,總之都蒸發了。砰!我什麼也沒有了。四天後,我甚至一個句子都沒寫出來。

幾天後,我在橫跨大西洋前往瑞士參加會議的飛機上,發現自己坐在東尼・史瓦茲(Tony Schwartz)旁邊。東尼過去是一名記者,現在最著名的是幫川普代筆撰寫《交易的藝術》一書,後來也成為這位前總統最嚴厲的批評者之一。他同時也是顧問公司「The Energy Project」的創辦人,該公司幫助企業為員工創造出更平衡的工作和生活狀態。聊天時,我疲憊不堪,神經緊繃,對迫在眉睫的截稿日感到恐慌。我向他坦承我寫作遇到瓶頸。「試試九十分鐘法則。」東尼說。

他解釋,這個概念很簡單:你花九十分鐘專注在你的工作上。不收發電子郵件,不查看手機,不受到任何干擾。但九十分鐘結束時,你必須停下來。你必須休息一下,沒得商量。休息時做什麼並不重要——你可以運動、吃東西、看電視,只要不工作,做任何事都行。然後你回到你的桌子前,重複這個過

程。但他警告說,每天只能重複三次;工作超過這個時間,你就會筋疲力盡。

我嘗試東尼的建議——效果非常好。每次九十分鐘快接近時,知道時間就快到了,我反而更容易寫下東西,任何東西都行,人也不再那麼焦慮。我會告訴自己,我只要完成這個句子,或那個段落。我會把腦子裡想到的統統寫下來,專注於趕上截止時間。之後強制停筆的休息時間讓我毫無愧疚,而有一種輕鬆解脫的感覺,因為我知道我別無選擇,我不是在偷懶。我突破了寫作障礙,輕鬆在截止日前完成稿件。

東尼的九十分鐘法則源自於神經科學。六十年前,一位名叫納撒尼爾・克萊特曼(Nathaniel Kleitman)的睡眠研究人員發現了「休息—活動基本週期」:他發現,我們在夜裡會以九十分鐘左右的間隔時間,從淺層睡眠到深層睡眠,然後再回到淺層睡眠。事實證明,這個週期在我們清醒的時候也會持續。藉由集中注意力,然後休息一下,我們就可以讓大腦煥然一新,融合不同想法,為下一輪的工作獲得新的視角。

有些人靠自己就發現這個週期。十九世紀的博物學家達爾文每天安排三次九十分鐘的工作時段,中間穿插上午和下午的散步、與妻子共進午餐以及下午的小睡。他靠著這個時間表成功寫了十九本書,包括那本開創性的《物種起源》。法國數學家亨利・龐加萊(Henri Poincaré)則把他的工作時間安排為兩次各兩小時的高強度工作時段,一次在早上,一次在下

午──共四個小時。

已故的佛羅里達州立大學心理學家安德斯·艾瑞克森（K. Anders Ericsson）在他對小提琴演奏大師的著名研究中證實了這種方法確實有效。這個發現讓艾瑞克森聲名大噪，後來麥爾坎·葛拉威爾（Malcolm Gladwell）在他的著作《異數》中又進一步加強這個發現，也就是專家要精通他們的技藝，必須花上一萬個小時的時間。但艾瑞克森也發現另一個鮮為人知的掌握要素：專業音樂家不僅知道要練習多久，也知道何時停止。

他研究的這些音樂大師並不是每天無休止地在演奏。反之，他們會在他所謂的「刻意」練習九十分鐘後就放下樂器。在練習過程中，他們會非常專注於他們的工作。他們每天這種練習時段都不會超過三次，總共只有四個半小時。最優秀的學生也有在白天小睡的習慣，夜晚也比那些表現較差的學生多睡一個小時，並且每週花大約二十五個小時從事休閒活動。他們之所以成為大師，不只是因為他們比同齡人累積更多的練習時間，也因為他們投入了正確的時間。他們有練習的紀律，也有休息的紀律。這讓他們的大腦能夠儲存他們在練習中學到的東西，並加以融合。

諷刺的是，在艾瑞克森的研究中，那群雖然技藝精湛、但是算不上大師級的小提琴家，與他們天賦異稟的同齡人一樣，都是從相同的平均年齡（八歲）開始學習樂器，學習的年數也大致相同（十年）。差異不在於他們的背景，而在於他們如何

學習管理自己的時間——同樣重要的是，如何管理自己的休息時間。

我們的祖先就與我們不同了，他們明白休息的重要性。而且更重要的是，他們不會因此心生內疚。正好相反，他們讚揚休閒時光。亞里斯多德大力主張人要有喘息的空間。他認為安靜、愉快的沉思是最高的美德之一，也是帶給人類福祉的必要條件。古希臘貴族珍視閒暇時光，因為他們能利用這段時間把自己奉獻給城邦——思考他們的精神、道德和政治生活。事實上，羅馬人鄙視體力活，認為這是一種「粗俗」的工作，正如西塞羅在公元前44年宣稱的那樣，「他們得到的工資本身就是奴隸制的象徵。」在亞洲、印度和歐洲的統治階級中，思考的時間同樣備受重視。當然，這也是猶太教和基督教兩個宗教中安息日的起源。

崇尚忙碌是一種相對現代的產物，而且很大程度上是美國人發明的。約翰・史密斯上尉（Captain John Smith）於1607年建立殖民地詹姆斯敦（Jamestown）後，頒布一項法令，任何判處「懶惰」罪的人將被逐出殖民地（「不工作者不得食。」）開國元勳班傑明・富蘭克林進一步推動了這個信念。他年僅四十二歲就從印刷業退休，宣布自己打算成為一個「有閒之人。」然而，他在接下來的四十年裡卻忙得不可開交，身兼政治家、科學家、作家、法國大使等身分，顯然還是一個惡名昭彰的花花公子。他創造出許多格言，像是「今日事，今日

畢」和「早睡早起使人健康、富裕有智慧」。在他1757年出版的《致富之路》一書中也勸說「凡事勤則易，凡事惰則難」。

　　富蘭克林過世五十年後，工業革命引進了僵化的工作時間，改變了工作的本質，成千上萬本來在家裡或農場勞動的人，開始進入工廠或到鐵路上辛勤做工。女老師不僅教孩子們讀書寫字，也叮嚀他們「懶惰是一種恥辱」。過去按任務計酬的農民和工匠變成按工時計酬的工廠工人。時間突然等同於金錢。經濟學家估計，十九世紀的工廠工人每週平均工作時間超過六十個小時，有時接近七十個小時。「新教工作倫理」認為努力工作和節儉會帶來神聖的獎賞，強化只工作不玩樂的價值觀。

　　工作佔據了所有的時間和精力，導致心理學先驅威廉・詹姆斯在1896年一次名為「休閒的福音」的演講中，對這種現象進行抨擊。他哀嘆：「那些匆匆忙忙、沒有時間的感覺實在荒謬⋯⋯那種喘不過氣、緊張兮兮的情緒，人人臉上的焦慮表情。」他也告誡：「許多人刻意擺出某種態度，把忙碌理想化成令人欽佩的生活方式，這種情形非常嚴重，沒有必要⋯⋯只怕是壓垮美國駱駝的最後一根稻草。」他敦促他的聽眾，是時候冷靜下來了。他告訴聽眾，他們必須「鬆開」大腦，「讓它自由運轉」。

　　一個世紀後，科學家們驗證了他的話──大腦確實需要「鬆開」才能釋放創造力。但在當時，詹姆斯的演講內容大多

被當成耳邊風。等到十九世紀末和二十世紀初，卡內基、洛克菲勒和J・P・摩根等工業家引領的鍍金時代到來時，工人和富人之間的階級差距也越來越大。數百萬人長時間工作，卻只能勉強維持生計。每週工作六十個小時很常見，每週工作六天更是常態。現代所謂週休二日的概念還沒有發明出來。休閒只是遊手好閒的富人專利，他們甚至沒有把時間用在亞里斯多德式的沉思上。

經濟學家范伯倫（Thorstein Veblen）在他1899年的社會評論著作《有閒階級論》中，抨擊了那些認為勞動是「低等象徵」的富有工業家。對於富人來說，休閒時間是「他們利用經濟實力來彰顯社會地位的方式」。他們透過「炫耀性消費」購買沒有意義的奢侈品，以及大量空閒時間所帶來的「炫耀性休閒」來炫耀自己的地位。費茲傑羅在他1925年的小說《大亨小傳》中，把這個理論具體化作一群「冷漠無情的人」，他們「摧毀東西，毀掉生命，然後躲回到他們的金錢或巨大的冷漠無情中」。到了1927年，德國導演費立茲・朗（Fritz Lang）拍攝他無聲電影的經典之作《大都會》時，「休閒」在文化層面上已經演變成「邪惡」的代名詞。這部電影描繪一個反烏托邦未來的嚴峻景象，工廠工人在暗無天日的地底下拚命勞動，為大城市提供電力，「兒子俱樂部」——統治這座城市的工業家富二代——則在上面的屋頂嬉戲玩樂。導演的訊息清楚明瞭。在大眾的認知中，勤勞的人正是因為他們認真工作而高

尚,與那些邪惡的懶惰富人形成鮮明對比。

亨利·福特著名的事蹟是把汽車生產線上每週工作的時間從六天縮減到五天,這也幫助推動了1940年正式立法規定每週四十小時的工作制。隨著流水線和量產作業的出現,工作排程的潮流似乎終於朝著比較人性化的方向發展。

的確,經濟學家凱因斯早在1930年就預測,到了2030年,由於生產力的提高,每週工作時間將縮短至十五個小時。幾年後,尼古拉·特斯拉預測,機器人將在一世紀內取代大部分的人類勞動力。「自誕生以來,人類將首次面臨一個真正的、永久性的問題——如何利用他們從緊迫的經濟壓力解放出來後的自由。」凱因斯寫道,「如何打發閒暇時間。」哈。

然而,今天我們仍是一個沒有改過自新的工作狂國家。職業道德已經變成一個科學怪人,把清教徒努力工作的理想扭曲成對忙碌的狂熱崇拜:「忙碌」已經成為一種宗教。如果我們暫時停下來思考我們是否真的滿意這種不斷重複的生活,我們就會相信我們是在「浪費時間」。整整四分之一的美國員工每週工作超過四十五個小時,當中有十六%的人每週工作超過六十個小時,但其實這種工作強度,生產力會下降,健康風險也會急遽上升。對那些工作超過五十五個小時的人來說,罹患心臟病和中風的風險會大幅升高。一項針對一百九十四個國家的全球研究得出結論,2016年,過度的工作時數導致約七十四萬五千人死亡,過度工作成為「迄今為止計算出最大的職業

風險因子」。

然而，這一切仍可能有一條充滿希望的未來——一條由露西・張・伊凡斯和數百萬像她這樣的人開闢的道路。新冠疫情動搖了我們許多人的核心價值，讓我們意識到休息的重要性，以及⋯⋯停下來的價值。這場疫情幫助我們意識到舊的方式行不通，並告訴我們是時候重新開始了。

我們現在正迎來一個前所未有的機會，可以重塑工作地點、工作文化和我們自己的態度。我們大多數人在成長過程中所經歷的工作時數——標準的五個工作天、每週四十個小時——甚至在疫情爆發前就已經過時了。這是二戰後的標準化制度，建立在階級森嚴的軍事模型上，而且是奠基在家中有妻子處理家務的前提下，由男性為男性創造的。當然，從那以後，這個模型已經調整過，從開放式辦公室到免費食物等額外福利。但是，儘管技術和通訊有所進步，但工作的本質幾十年來基本保持不變——直到新冠疫情爆發。

新出現的模式包括刻意休息和彈性工作時間，包括在一天、一星期和一整年之中。混合的工作時間表正慢慢變成常態，每週有兩到三天在辦公室，其餘時間遠距辦公。超過一百家公司走得更遠，採用或嘗試每週工作四天。迄今為止，所有研究都顯示出縮短工作天數的好處，而且幾乎沒有缺點。例如，在冰島的一項實驗中，員工報告他們的工作壓力和倦怠感降低了，生產力則保持穩定或甚至有所提高。

有些公司也延續了疫情時期的做法，例如「充電日」、強制休假一整個禮拜、週五不開會，以及下班後關閉電子郵件。就連高盛也開始強制員工每年至少休假三週。 與此同時，Salesforce和其他公司也開始採用永久性的「隨處工作」（work from anywhere）政策，而包括Pinterest、Uber和Dropbox在內的一些公司則縮減原定的辦公室擴展計畫。

　　企業持續想要在遠距工作和現場協作的好處之間找到適當的平衡，因為現場協作和員工之間偶然的互動會激發新想法。不過，遠距工作顯然有助於釋放寶貴的時間：2019年，美國人每天的通勤時間將近一個小時，而每年有相當於十九個工作日都浪費在塞車上，真的令人心累。

　　企業正在擁抱這些策略來防止員工過勞，同時提高他們的留職率，這一切都很美好。但這種做法讓知識型員工與時薪制員工及其他工作彈性較差的員工之間的隔閡加深了。這於是引出一個問題：如果我們一開始就把工作環境設計成不必然會產生倦怠，那會怎麼樣？ 如果我們能把工作和生活更自然地融合在一起，讓這件事變成一種常態，而不是一種例外，那會怎麼樣？

　　要是實現這些目標，可能會在其他的領域引發連鎖效應，給所有人更多的喘息空間。以教育為例：大多數孩子的上學時間都太早了。如果我們要改變工作時間表，為什麼不調整上學時間呢？ 既然如此，也許是時候重新評估整個學校行事曆的

節奏了。在醫療方面,疫情期間的遠距醫療趨勢,只不過是醫療服務模式的冰山一角,我們應該進一步反思如何能讓大眾更容易獲得醫療服務,同時也為醫療人員創造更人性化的工作環境。

在某種程度上,這些改變需要我們所有人調整自己的態度。我們必須知道該怎麼停止把忙碌當作一種值得追求和崇拜的事物。我們必須重新調整我們的工作方式、生活方式,甚至思維方式。有些人已經這樣做了。例如,住在維吉尼亞州里奇蒙的布利特‧阿爾特澤(Britt Altizer)過去經常花很長的時間經營他家族備受歡迎的甜點店,而他的妻子凱莉的工作是賣壽險。兩人生活十分忙碌。他們在照顧新生兒的同時,還得兼顧工作。他們無法想像自己可以有其他的生活方式。

但在疫情初期的封城期間,三十一歲的凱莉不得不辭掉工作來照顧他們的兒子。與此同時,三十歲的布利特也暫時遭到解雇。由於日子突然空了下來,他開始到戶外活動,打理夫妻倆的花園。在這些獨處的時間裡,「我開始認真思考我的內心。」他說。戶外活動讓他重新想起在農場長大的回憶,並重新燃起他對環境科學的興趣,那是他在大學的主修。「在家期間,我一直在做園藝,而且非常熱愛生活。我意識到我想要重新開始到戶外工作。」

原本忙得團團轉的生活,因為突如其來的疫情而停頓,進而促使他們辭掉工作,一起開了一家景觀設計公司。「我們意

識到對我們來說,最重要的不是賺錢,而是我們的家庭、房子、彈性和生活品質。」凱莉說。這是一個艱難的轉變;她一直想像自己在商業領域有一份終身事業,現在卻不得不重新評估自己的計畫和自我形象。疫情的限制措施放寬後,她甚至嘗試回到企業,在辦公室工作——但她很快發現,額外的收入不值得她犧牲掉陪伴家人的時間。「我不能再這樣了,只能在兒子睡覺前趕回家,犧牲與他相處的寶貴時光。」她說。「我不能再忘記我在疫情期間所學到的一切。」

布利特說,他們的新生活「絕對」更值得。「這就是生活的意義所在,在於什麼讓你覺得完整,覺得滿足。」諷刺的是,正是疫情讓這一切成為可能。「新冠疫情是一個讓我重新評估人生的契機。」他說。否則,「我可能會永遠待下去(餐飲業)。」

這世界不應該得用一場全球流行病來給予我們喘息的空間。也許現在我們總算會注意到威廉・詹姆斯在一百多年前給的忠告:是時候讓我們每個人都「鬆開」我們的大腦,讓它「自由運轉」了。

8

找到你的「專家夥伴」

……並成為別人的專家夥伴

> 每個人的生命中,總會碰到內心的熱情熄滅的時候。
> 然後,它又會因為與另一個人的相遇而重新燃起。
> 我們要感謝那些讓我們重拾熱情的人。
> ——史懷哲醫生(Albert Schweitzer)

任何一位職業婦女都會告訴你,你總得放棄些什麼。多年來,在我傻傻地想要兼顧一份責任重的工作和撫養兩個孩子的同時,我放棄的不是一件事,而是兩件事:做飯和睡覺。我仍在努力找回睡眠。但疫情期間,我在家遠距工作時,終於學會做飯。那時,我可能是全國最後一個認識女主廚易娜·加田(Ina Garten)的人,她更廣為人知的暱稱是「赤腳女伯爵」(the Barefoot Contessa)。

顯然除了我,其他人都知道加田是美食節目的大明星。她有一眼就能認出來的鮮明造型——齊肩短髮、瀏海和牛仔襯

衫。她累積了一票狂熱的粉絲。她已經寫了十幾本食譜，總銷量達到數百萬冊。她的平底鍋檸檬烤雞和貝蒂巧克力蛋糕的食譜更是讓人欲罷不能。

但她差點沒做這些事。

1978年，擁有MBA學位的她，早早就走上職業生涯的快車道，在白宮擔任核能預算分析師的高收入職位。雖然這是一份光鮮亮麗的工作，但實際上她覺得很無聊。她更喜歡在家嘗試茱莉亞・柴爾德食譜中的菜餚，每週為朋友舉辦晚宴。她正處於探索階段，尋找另一條道路，但不知道會是什麼。

「有一天，我坐在辦公室裡默默想著，我得做點別的事情。」她回憶道。就在那個時候，正在翻閱《紐約時報》的她，看到一則廣告，有人要頂讓紐約州西安普敦海灘一家小型特色食品店，她從未去過那座小鎮。店名叫作「赤腳女伯爵」，源自一部艾娃・嘉娜（Ava Gardner）主演的電影，但她沒有看過。話雖如此，某些東西引起了加田的興趣。下班後，她和丈夫傑佛瑞在聊天時，這件事仍在腦中揮之不去。

「那天晚上回家，我對傑佛瑞說：『聽著，我真的需要做些別的事情。』」

「做你喜歡的事。」他回答。「如果是你喜歡的，你一定會做得很好。」

「於是我說：『那真是太巧了。』」

兩夫妻開車去參觀那家店，店面小得像一張郵票。「我看

到這間十一坪的小店,當時他們正在烤巧克力餅乾。我立刻覺得,這裡就是我想待著的地方。」他們給店面出了一個很低的價錢,心想這樣可以給她時間協商,同時仔細思考她是否真的想邁出這瘋狂的一步。沒想到,價錢馬上被接受了。「喔,該死!現在我非做不可了。事情不應該是這樣的。」她回憶道。儘管如此,在丈夫的支持下,加田深吸一口氣,硬著頭皮去做了。就這樣,回到華盛頓特區後,她辭去原本飛黃騰達的工作,接下這間在淡季時寧靜祥和的小店。

這個決定並不是受到大多數人的支持。

「雜貨店!」她的父母崩潰地大聲說。「為什麼?」

這個問題很合理。放棄MBA學位和有聲望的職位,跑去經營一家當地的小店,聽起來簡直是瘋了。更重要的是,對一個完全沒有經營經驗的人來說,這是一個挑戰性極高的任務。但加田已經沒有回頭路。幾乎就在那一刻,恐慌感襲來。「這是我一生中做過最蠢的事。」她回憶起最初的想法。「我從未涉足食品業,我什麼都不會。」她的丈夫再次跳進來。「如果你在第一週就什麼都做得到,那麼你在第二週就會覺得無聊了。」他安慰她。

雖然她的父母「一點也不支持」,但她有丈夫當她的支柱。在他的鼓勵下,她全心投入到新生活中。創業的過程異常艱辛。夏季的五月至九月,她每週工作六天,每天工作十五個小時。每晚要承辦多達十場派對。但她的努力得到回報。隨著

名聲日益增長，她擴大店面，搬到了東漢普頓，在那裡吸引了像史蒂芬・史匹柏這樣的大咖當地人。她開始獲得全國關注，憑藉自己的努力成為公認的美食偶像。這位核能預算分析師成功把自己重塑成美食界的女強人。

經營她那家廣受喜愛的商店將近二十年後，加田為了尋找新挑戰，把店給賣了。起初，她四處探索，覺得很迷茫，試圖弄清楚自己該做些什麼。她再次拋棄了舊生活和舊身分，但還沒完全找到新的方向。「我逼自己每天早上都去辦公室，最後卻花了好多天在看雜誌或抄寫地址簿。」她回憶道。那「是我這輩子最艱難的一年」。

傑佛瑞再次向她伸出援手。他耐心傾聽，並觀察到：「你熱愛食品業，繼續留在這個領域吧。」於是她決定嘗試寫食譜。五十一歲時，她出版她的第一本食譜，後來這本書成為十幾本暢銷食譜系列中的第一本。她的電視節目也隨之迅速取得成功。

「早期為傑佛瑞做飯的那些日子，以及多年來經營特色食品店的經歷，其實都只是為了讓我發現自己真正熱愛的東西——寫食譜——做準備。」她說。 她丈夫鼓勵她去做自己喜歡的事情，這是「最好的建議」。

「你只需要有一個人相信你就夠了。」她在接受凱蒂・庫瑞克（Katie Couric）的採訪時解釋道。「那個人可以是一位老師，可以是爸爸或媽媽，也可以是一位配偶。對我來說，那個

人就是傑佛瑞,我的人生因此改頭換面。」

正如我們所見,每次要做出重大改變時,我們往往會從探索新資訊開始,我們通常甚至沒有意識到自己在做什麼,就像易娜・加田還是年輕的MBA畢業生時,嘗試茱莉亞・柴爾德的食譜,為朋友舉辦晚宴一樣。接下來,就來到令人不安的掙扎階段,這個時期可能會持續幾個月,甚至好幾年。我們在這個階段拋棄了舊身分,但還沒有找到新身分。加田買下那家小小的特色食品店(「這是我做過最蠢的事!」)時,以及在她把店賣掉、陷入「我這輩子最艱難的一年」之後,都是處於這個階段。

然而,為了擺脫掙扎期,找到解方,有時候我們需要幫助。我們無法獨自克服恐懼,邁出那一步。有時候,我們只是被困在自己的腦海中,不停在猶豫、思考、幻想,但始終無法確定自己是否做出正確的決定。我們可能會迷失在我們紛亂的思緒中。

正是在這種情況,一位專家夥伴能夠起到關鍵作用。

我從創傷心理學家那裡借用了「專家夥伴」一詞,他們用它來描述幫助倖存者面對創傷、走向成長之路的人。心理學家理查・泰德斯奇發現,對那些經歷過戰爭、疾病、暴力或其他可怕事件的人來說,專家夥伴通常是讓他們改變的關鍵。這個人會傾聽你的故事,幫助你管理情緒,並在你重新思考你的信念和目標時鼓勵你。這個夥伴不一定會提供建議,當然也不會

發號施令。相反地，他／她是能夠以客觀的眼光看待你，幫助你發現新機會的人。

這席話在我聽起來很像易娜・加田的丈夫。他幫助她意識到她的熱情值得追求，值得冒險去走一條新的道路，設定新的目標。即使在她自己都不確定的時候，他就相信她的能力，看得出來她能夠應付這個全新的挑戰。他就是那個在她處於掙扎期的時候，給她信心，讓她勇往直前，朝未知的新方向前進的人。

在我的訪談中，那些經歷過各種重大改變的人幾乎都提到有一個外在的聲音，可以是另一個人或一群人，幫助他們找到自己的轉型之路。我在寫這本書的過程中，越來越清楚的是，所謂外在的聲音，以更口語化的意義來說，就是我們都需要專家夥伴。我們都需要有人能夠傾聽我們的擔憂，幫助我們釐清目標和決定。我們不僅需要專家夥伴，也可以努力成為別人的專家夥伴。

從這個意義上而言，專家夥伴可以有很多種形式。它可以是配偶，就像易娜・加田和電信維修工人克里斯・多諾萬的例子。克里斯・多諾萬的丈夫鼓勵他去追求成為女鞋設計師的夢想。當初我考慮離開我在《華爾街日報》待了很久的穩定工作，投入充滿風險和未知的領域去創立一份新雜誌時，我也向我的丈夫尋求幫助。我猶豫了好幾個月，不知道該不該採取行動。我丈夫堅持不肯發表意見，說這必須是我的決定。但他願

意聽我無止境地分析利弊,最重要的是,他觀察到我談到這本虛構的雜誌時,我的態度變了,我散發出他多年來沒見過的光彩。在他的幫助下——傾聽、把我說過的話重述一遍,而不是告訴我該怎麼做——我才發現我已經準備好邁出下一步。

吉姆・范德黑(Jim VandeHei)同樣把他共同創辦Politico新聞網的功勞歸功於他的妻子,因為她給了他需要的「臨門一腳」。2006年,還是《華盛頓郵報》的記者時,吉姆和他的同事約翰・哈里斯(John Harris)差點要放棄他們創辦政治新聞網站的計畫。首先,風險太大:他有兩個年幼的孩子,而且他從未管理過任何東西,「除了十幾歲的時候在披薩店值過夜班。」而且幾乎所有人都認為這個新事業會失敗。但他的妻子奧婷「告訴我們不要再當懦夫了,硬著頭皮去做吧。」他回憶道。她「經常比我更了解我自己」。此後,那個網站成為一個強大的力量,范德黑繼續共同創辦了另一個政治網站Axios,並擔任執行長。「我們都需要一個奧婷。」他說。一個「我們信任的人,能給我們明智又嚴厲建議的人。」

專家夥伴不一定是家人,甚至不一定是親密的朋友。那個人只要擁有一個看待事物的視角是你所缺乏的,就能扮演這個角色。專家夥伴可以來自最意想不到的地方。我有一個大學同學名叫克里斯多福・漢迪(Christopher Handy)。他大學主修英國研究,在藝廊工作很多年,陸續也從事過銀行業和保險業。他年輕時,趁空閒時間參加過飛行課程,並經常和他的妻

子艾咪一起去倫敦旅行。後來，這對夫妻從紐約市搬到緬因州的波特蘭撫養孩子後，他也重新涉足表演，這是我們在大學時的嗜好。他在業餘時間做配音工作，也在一些夏日劇場演出。2006年，社區劇院製作了小說家A·R·格尼的作品《情書》，他獲得這部雙人戲劇中的其中一名主角。

就在那裡，他那位白天是達美航空公司空服員的搭檔，有一天轉向他說：「你會是一位很棒的空服員。」

需要說明的是，克里斯多福從未有過這樣的想法。搭檔的話讓他措手不及。他對自己的認識比較狹隘，他覺得自己只是一個顧家的男人，在銀行工作，業餘時間參加一些戲劇演出。但他的搭檔在台上台下觀察他之後，把他自己從未拼在一起的碎片組合起來。他對航空業和旅行很感興趣。他個性外向，聲音宏亮，喜歡站在舞台上。他知道如何與觀眾溝通。他有一種迷人的魅力，能夠吸引人們的注意力。他的搭檔以一種全新的方式把這些拼圖拼湊在一起，清楚看到他的技能可以帶他走向何處。

「那一刻有如晴天霹靂。」他後來說。

他說，她「天外飛來一筆」的一句話讓他開始思考，最終讓他走上一條全新的道路。他辭掉工作，研究了許多家航空公司，最後參加了捷藍航空的培訓課程。如今，克里斯是捷藍航空的座艙長。2022年，捷藍航空選他成為飛往倫敦新航線的首批空服員之一，這個職位讓他可以利用到他豐富的英國研究

專業知識。（我們談話時，他毫不費力地從十九世紀的畫家菲德烈克・萊頓爵士談到吉伯特和沙利文的歌劇劇本。）他人生的每個篇章——他的戲劇訓練、他對航空業的興趣、他對旅行的熱愛，甚至他的大學專業——都匯集到他的新職業中。他經歷漫長的探索，接著為了找到正確的路而掙扎，但最終這一切都引導他找到一份他熱愛的工作。

「身為一名座艙長，我可以運用我的戲劇才能和配音才能，讓機上安全廣播變得悅耳，甚至有意思！畢竟，航空公司的乘客是逃不掉的觀眾；為什麼不讓他們開心一點呢？」他說道。「但更重要的是，我發現我喜歡伸出援手，讓別人的一天過得更愉快。」

這一切都是起源於那位最意想不到的專家夥伴——他的對戲夥伴、同時也是達美航空空服員的觀察。「她根據我的舞台魅力、我運用聲音詮釋台詞的方式、我在觀眾面前的表現、我如何展現自己，以及呈現故事中有用資訊的方法，來一點一滴了解我。」他說。「我自己絕對不會發現這一點。」

克里斯多福的專家夥伴對航空業瞭若指掌，因為她已經在那一行工作了二十多年。但所謂的專家夥伴並不需要具備特定職業的專業知識；相反地，他們的專業是你。加田的丈夫是一位管理學專家，也是耶魯大學管理學院的榮譽院長。她曾說，他所有的烹飪知識就只有煮咖啡而已。我的丈夫是一位律師，沒有任何新聞工作經驗（儘管他確實會做飯，而且咖啡也煮得

很棒)。

事實上,擁有一位與你的職業沒有緊密關係的專家夥伴可能更好。他們更容易擁有你自身缺乏的視角和清晰度。他們有足夠的距離能看見你自身看不見的特質。他們對你的觀察可能會給你啟發。那些完全轉職或以其他方式改變生活的人,經常提到他們受到某個人的影響,而那個人與他們的新工作完全無關。

想想餐廳老闆丹尼·梅爾(Danny Meyer)的例子。他在聖路易斯長大,從小就熱愛食物。在小學的午餐室裡,他會跟同學交換三明治,就為了嚐嚐別人家的味道。他的父母熱愛法國文化,很早就讓他接觸法國料理。每次家庭旅行,他都會品嚐當地美食,還在夏令營學會用營火烹飪。上了高中後,他開始為朋友們發明自己的創意料理(像是塞滿起司、裹著培根的德式香腸)。大學畢業後,他在一家安全標籤製造商做業務,經常到全國各地出差,每到一個地方,他都會品嚐當地美食。

但他遲早要長大。於是梅爾決定去讀法學院。他在曼哈頓與阿姨和姨丈共進晚餐時(「在第二大道的 Elio 餐廳。」幾十年後,他仍記得清清楚楚),他難過地說自己隔天就要參加法學院的入學考試。他告訴他們,他對於就讀法學院並沒有特別興奮,但他必須停止遊手好閒,成為一個真正的成年人。

他的姨丈不認同。

「你還是孩子的時候,每天嘴巴講的、心裡想的都是食

物。」他姨丈告訴他。「你何不乾脆開一間餐廳？」

梅爾回憶道，這個想法就像一道閃電擊中了他，既「陌生，又感覺正中靶心。」他意識到，從小時候交換三明治開始，他一生都在探索這個職業生涯。而他在想像自己的未來時，內心掙扎不已。姨丈簡單的觀察突然釐清了整個人生旅程。那句話讓他成為世界上最成功的餐飲大亨之一。「從那一刻起，我開始全力以赴。」他再也沒有去申請法學院。

如今，梅爾的聯合廣場餐飲集團旗下擁有十多家餐廳，包括熱門的格雷莫西小酒館（Gramercy Tavern）；他也是速食連鎖餐廳Shake Shack的創始人。梅爾告訴我，在Elio餐廳的那個晚上之前，「我知道我熱愛餐廳，但我從未想過那是一個可行的職業選擇。」

倘若沒有梅爾的姨丈，我們的世界肯定會遜色不少！是啦，我們可能會多一位律師，但我們會錯過美味的巧克力奶昔、數千種精緻餐點，以及無數間原本會出現求婚橋段的餐廳。

梅爾的情況也適用於許多像他一樣，若是沒有他人鼓勵就不會嘗試新事業的人。歷史上有些最偉大的領袖之所以能脫穎而出，都要歸功於專家夥伴的提拔和鼓勵。正如華頓商學院的亞當·格蘭特強調的，不少傳奇領袖都是在自己的才能被他人發現後，才心不甘情不願地投入他們的事業。

史蒂夫·沃茲尼克（Steve Wozniak）需要賈伯斯、親朋好

友,甚至他的父母不斷勸說,才願意離開惠普公司,與賈伯斯共同創辦蘋果公司。米開朗基羅並不認為自己是畫家——他以雕塑家聞名——甚至花了兩年時間拖延繪製西斯汀教堂天花板的任務,直到教皇再三堅持,他才開始動工。金恩博士則是被同事推舉去領導蒙哥馬利改進協會、領導公車抵制運動,並在1963年華盛頓大遊行中擔任壓軸演講者,他在那裡發表了影響深遠的「我有一個夢想」演講。

「想像一下,有多少像沃茲尼克、米開朗基羅和金恩博士這樣的人,因為沒有被推到聚光燈下,而從未去追求、宣傳或推廣他們的原創想法。」格蘭特寫道。

有時候,專家夥伴是職場上的導師。我們都知道擁有導師,或者更棒的是,擁有一位有力人士,對職業發展有多重要。導師可以提供建議,但有力人士可以做得更多,不僅可以為你提供建議,還可以為你發聲,幫助你獲得下一次的升遷。這兩個角色都很重要,但通常僅限於你的職業生涯。然而,在某些情況下,導師或有力人士會看見你在職場外的模樣,發現你的隱藏才能,協助你在生活和工作中找到新方向。

舉例來說,媒體主管辛蒂・史帝佛斯(Cyndi Stivers)剛出社會在《Premiere》雜誌擔任記者時,她的老闆蘇珊・琳恩(Susan Lyne)要求她協助處理業務方面的營運。辛蒂沒有把自己當作企業主管。沒錯,她做事井井有條,有簡化流程的天賦和過目不忘的記憶力,但這些特質「完全是與生俱來的」,

她說。她壓根不知道這些特質很特別或適合其他類型的工作。「我只是以為每個人都辦得到。」她老闆的賞識最終改變了辛蒂的職業生涯和人生軌跡。從那以後，她在許多家媒體公司擔任各式各樣的職務，從《Time Out New York》雜誌的創刊主編到瑪莎・史都華生活全媒體公司的高階主管。最近在TED大會擔任重要職務的她，負責招募頂尖的TED演講者，同時她也為努力開發新專案的創新者創辦一個駐點計畫以提供支持。

「我學到很重要的一課，那就是你在盤點你的人生應該做些什麼的時候，去跟那些見過你行動的人聊聊，問問他們覺得你的優勢是什麼。」辛蒂說。「我有一些對我來說已經習以為常的技能，我沒有重視它們，也沒有把它們條列出來。」

波士頓顧問公司（Boston Consulting Group，簡稱BCG）甚至建議每位執行長都要找到一位、以顧問的說法叫作「信任的談話夥伴」來扮演這個角色。BCG估算，過去五十年來，企業經營的複雜性呈指數增加。「這種高壓、高風險的工作環境，犧牲的是深度思考和反省的能力。」他們發現，損失這種能力阻礙了他們去「跳脫框架，發掘尚未開發的機會。」BCG建議執行長們在滿檔的行程表中抽出時間，與一位可以「坦誠直言」的信任夥伴會面，提供他們需要的清晰思路，以提出突破性的想法。

確實，對於考慮轉型的人來說，其中一項有用的第一步就是把別人告訴你什麼是你的優勢寫下來。斯卡斯代爾鎮的鎮長

珍‧維儂是哈佛大學工商管理碩士，她與人共同創辦了一個協助小型企業主的非營利組織，輔導的通常是女性專業人士和校友團體。她請這些女性「寫下別人經常對你說你很擅長、你卻自動忽略的事情。你不認為這很難，所以你低估了你擅長的事情，那些對你來說很容易的事情。」她說。結果可能會令人大開眼界。我們經常忽略自己的優勢，因為它們對我們來說並不特別，但在別人眼中卻可能閃閃發光。

　　維儂的建議強調了另一個重點：雖然專家夥伴可能是親密的朋友或同事，但這個人不一定得是你核心圈子裡的人。你的專家夥伴甚至可能是你許久沒見的人。許多研究都發現了「休眠關係」（我們已經失去聯繫的人）和「弱連結」（我們只是泛泛之交）的驚人力量。這些人可能包括我們幾年沒說過話的人，或沒太多交集的人。我們可能在以前的工作中與他們共事過，或他們是學校的同學。而這些人通常比你目前圈子裡的人更有幫助，因為你可能已經從他們身上汲取了智慧、人脈和建議。一段休眠的關係很可能引導你走向下一個冒險。

　　五十年前，社會學家馬克‧格蘭諾維特（Mark Granovetter）發表一篇名為「弱連結的力量」的開創性研究。他找來了波士頓兩百八十二位最近剛換工作的白領階級，問他們是如何找到新工作的。在那之前，研究結果預測他們是透過親密的朋友或同事，或可能是透過親戚找到新工作的。像這樣強而有力的人際關係，自然「會更積極提供求職情報」，格蘭諾維特寫

道。這樣的預測當然符合直覺。如果你正在尋找另一份工作或另一個行業，你難道不會依靠你熟悉的人嗎？你難道不會去找你的導師、同事和親密的朋友嗎？

但格蘭諾維特發現，情況並非如此。絕大多數的轉職者，約八十四％，反而是透過沒那麼熟的點頭之交找到新工作的。他們提到大學時代的老同學和以前的同事。他們談到偶然遇見的人，或是藉由共同朋友建立聯繫的人。這份工作可能是朋友的熟人、同學的前室友或同事的姻親介紹的。格蘭諾維特總結道，正是那些在你核心圈子外的人，才是獲得新機會最重要的關鍵。在你自己親密網絡裡的人知道你所知道的，他們也擁有相似的世界觀。需要局外人——泛泛之交、以前的同事——帶來新的情報。

格蘭諾維特發現，弱連結的力量也有助於促進創新。關係密切的群體都熟悉他們自己的工作；必須與關係疏遠的群體建立聯繫，才能提出真正有突破性的新想法。「真的很神奇。」他幽幽地說，「人們竟然從那些他們已經遺忘的人身上獲得重要訊息。」

這些休眠的關係可能是提供好建議的來源。大約十年前，研究人員要求兩百二十四位高級主管去聯絡他們以前很熟悉但至少三年沒接觸的人，要求他們選擇一個「可能可以提供訊息、知識或建議來幫助你」解決工作問題的人，而且必須透過見面或電話與他們交談，而不是透過電子郵件。

研究結果令人印象深刻：他們聯絡的那些人所提出的想法，比高管們核心圈子裡的人所能提供的想法更有創意、也更有原創性。受試者與那些休眠的關係交談時，他們也能夠直奔主題，而不是像我們在社交閒聊中經常做的那樣漫無目的地閒聊；這種方式對時間寶貴的高管們來說非常有效率。而且由於他們擁有共同的過去，所以也更容易信任彼此。「在與他們聯絡之前，我以為他們沒辦法提供太多東西……但事實證明我是錯的。他們新穎的想法讓我感到非常驚訝。」一位高管回報說。另一位補充道：「這次的經驗讓我大開眼界。首先，它讓我看到了我的人脈網絡有多少潛力。」

　　除此之外，另一個好處是，利用這些「弱連結」關係，包括我們日常生活中那些隨機的邂逅，也能帶來更大的幸福感。心理學家吉莉安・桑史東（Gillian Sandstrom）要求受試者記錄他們一天中的每次互動──與跟你打招呼的警衛、咖啡廳裡的咖啡師、超市的收銀員。她發現，擁有最多這種弱連結的受試者是最幸福的。更重要的是，那些在某一天有最多這類互動的人，也比其他日子更快樂。

　　格蘭諾維特的開創性研究完成於LinkedIn和臉書發明之前。但在社群媒體時代，弱連結和休眠的關係更有成效。如果你已經在關注彼此的貼文，與學校的老朋友重新聯絡起來就容易得多。如果你想找到以前的老闆或教授，只要在Google上搜尋一下就行了。你前男友的老室友也是如此，他可能在你想

要轉行的領域工作，或住在你打算搬去的城市。

的確，說到如何與其他人保持聯絡，科技已經勝過生物學和人腦。人的一生中，可能會建立數千種關係。但人類天生一次只能兼顧一百到兩百種關係。超過這個數字，一些關係就會休眠。過去，大家總是認為那些疏遠的關係最終會枯萎和消失。現在不再是這樣了。

社群媒體的問題多到數不清，從假訊息的散播到網路霸凌的增加。但至少在一個方面有所貢獻，這點無庸置疑：它讓我們能夠建立連結，重新與人聯絡，從最親近的人到最遙遠的人，都能在彈指間辦到。回到過去重新建立連結比過去任何時候都更容易。

有時候，你的專家夥伴就像易娜·加田和她的丈夫那樣，選擇顯而易見。但選擇並不總是那麼清楚。如果你本身需要一位專家夥伴，應該從哪裡開始尋找呢？

你在你的生活中很可能已經有這樣的一個人──或很多人。想想有誰的觀點是你很重視的，可能是朋友、親戚、同事，甚至是泛泛之交。你以前可能沒想過他們會扮演這個角色，但他們已經準備好了。專家夥伴是「讓你覺得自在，所以你不需要改變的人」。泰德斯奇和合著作者布列特·摩爾（Bret Moore）在《創傷後成長工作手冊》（*The Posttraumatic Growth Workbook*）一書中寫道。他或她會嘗試透過你的眼睛看事情，但也能「提供一種觀點」。這個人「對你有信心，相

信你能夠繼續朝著這條通往未知的道路上走下去」以及「相信你會做得很好」。同時,他或她會「指出你沒注意到的事,尤其是關於你自己和你正在取得的進展。」

當然,找到一位專家夥伴,要求他們直截了當說出我們的優缺點,可能會讓人覺得不自在。有許多人不願意尋求建議。如果這讓我們看起來很懦弱或很無能怎麼辦?如果我們想給這位熟人或同事留下好印象,我們可能會更焦慮。我們深信我們會看起來很笨,對方會懷疑我們的能力。

然而,事實證明,情況恰恰相反:我們在尋求建議時,別人會認為我們更有能力。

在一系列的研究中,華頓商學院和哈佛大學的研究人員要求學生與一位夥伴一起解決腦筋急轉彎的問題或具有挑戰性的數學題。研究人員告訴一些學生,他們只會根據答案的準確性來評判。其他學生則是根據合作夥伴對他們的印象有多好來評判(事實上,合作夥伴是一台電腦)。在開始前,學生們有三種與合作夥伴溝通的選擇:(1) 說:「嘿,你能給我一些建議嗎?」(2) 說:「嘿,我希望你做得很好。」或 (3) 完全不發送任何消息。

不出所料,那些根據準確度評分的學生迫切想要尋求建議。相較之下,那些根據要讓對方留下好印象來評分的學生尋求幫助的可能性不到一半。他們怕自己看起來像個笨蛋,即使尋求建議可以幫助他們解決問題。然而,當其他學生與一位態

度中立或向他們尋求建議的合作夥伴配對時，他們對合作夥伴的評價更高。他們認為向他們尋求建議的人一定很聰明——部分原因是因為被尋求幫助讓人感到很榮幸。我們傾向認為，我很聰明，所以他知道要尋求我的建議也很聰明。

尋求建議不僅讓我們看起來更聰明，還能讓我們更受歡迎。另一項研究中，哈佛大學的研究人員分析了人們在初次見面時的閒聊談話，以及參加面對面快速約會時的互動。他們在這兩種情況下都發現到，人們對那些提出很多問題的人更有好感。提問者看起來更善解人意。事實上，研究人員總結道，我們大多數人提出的問題都不夠多。正如他們寫的，「問問題不會少你一根寒毛。」

一位專家夥伴甚至不必真正給出建議就能發揮作用。有時候，只要陪伴在身邊就足夠了。他們最重要的貢獻可能純粹是傾聽。當我們心中有一個目標，但沒有明確表達出來時，我們很容易就這樣不了了之。但如果與他人分享我們的目標時，我們會突然覺得更有責任感。我們更有可能去實現它。假設你想減掉十磅。如果你把這個目標藏在心裡，不讓人知道，那麼你就很容易偷吃東西。但如果你每天都與另一個人分享進度，你就更有可能堅持下去。

事實上，與別人分享任何目標都能提高你的成功率。2015年一項針對二十三歲到七十二歲成年人的研究發現，那些每週向朋友更新進度的人中，有超過七十％達到了他們的目標，

是那些沒有分享書面目標的人的兩倍。不管目標是什麼都一樣，包括提高生產力、改善工作與生活之間的平衡、寫完書的一個章節和賣掉一間房子。

這個概念與倫敦商學院艾米妮亞・伊貝拉（Herminia Ibarra）對轉職的研究結果相吻合。她發現，雖然思考一條新道路是有用的，但如果你只是光用「想的」，那可能會適得其反。你必須把這些想法分享給別人，分享給你自己的專家夥伴。如果你陷在自己的思緒中，那你只是在做白日夢，這不會讓你走得太遠。同樣重要的是採取行動，包括「嘗試新活動、接觸新群體、尋找新榜樣，向周遭的人分享自己的故事時，一邊修正改進。」她在她的著作《工作身分：重塑職業的非常規策略》中寫道。換句話說，尋找一位專家夥伴，尋求他們的意見或向他們分享你的故事不是懦弱，而是有能力的表現。

總而言之，所有研究都指向同一個結論：如果你想走另一條路，但光用「想的」，你會發現自己陷入永無止境的自我對話中。你沒有去找新訊息或獲得新觀點。這裡描述的研究中所提到的所有方法——無論是書面分享你的目標、接觸新的群體，還是向他人講述你的故事——都有一個共同點，你都得把想去的地方告訴別人，然後獲得回饋。這些方法會打破你腦海中不斷重複、毫無意義的循環。

這正是葛倫・馬札拉（Glen Mazzara）的專家夥伴為他所做的事情。葛倫是紐約市一家醫院的後勤經理，負責監督醫院

的預算和建築項目。他不喜歡這份工作。但他很年輕就結婚了，而且已經是一位父親。他需要一份穩定的薪水。當然，這並不是他理想中的工作。他的夢想是成為一名電視編劇。由於他完全不曉得該如何做到這一點，他的夢想聽起來很不切實際，尤其是他還有家要養。

是他妻子的「阿姨」──她家族的一位密友──幫助他看到另一面。這位阿姨在美國公共電視網（PBS）製作紀錄片，所以她對電視圈很了解。聽到他的日常工作，以及他是如何維持醫院的運作、與各方協調的，她便評論道：「你的很多工作就像電視製作。」一與她分享他的目標後，這些目標就變得真實起來。她的鼓勵是「一個轉捩點」。他告訴我。「她把我的話當一回事。」

她的反饋讓葛倫開始認真寫作。這需要付出努力；他沒有電腦，所以他會在黎明時分趕到醫院，在上班時間開始前偷幾個小時寫作。終於，在寫了三個無疾而終的試播劇本後，他找到一位經紀人。葛倫最初是九〇年代唐‧強生（Don Johnson）主演的影集《特警天龍》的編劇，最後一路晉升成《光頭神探》的執行製片人和《陰屍路》的節目統籌，以及其他許多作品。

你的人生中不僅有機會擁有一位專家夥伴，你也有機會成為這樣的人，毫無疑問。關鍵是保持不帶批判的態度和耐心。你的角色是提出問題並幫助他們看到新的視角，而不是指手畫

腳,告訴他們應該怎麼做。重點是給予他們回饋,幫助他們了解自己的方向、他們的目標是否現實,並提醒他們已經取得的成就。正如泰德斯奇和摩爾所寫的:「一位專家夥伴會針對可能發生的事提出想法,而不會表現得像個萬事通。」

在泰德斯奇和摩爾的心理學領域裡,專家夥伴通常是家人或朋友,但也可能是受過專業訓練的心理治療師。同樣地,雖然你的專家夥伴很可能是你已經認識的人,但也可能是一位受過訓練的職涯教練或人生導師。

這就是凱瑪瑞・海伊(Khemaridh Hy)的情況。凱馬瑞是柬埔寨移民的兒子,父母在逃離祖國的內戰後定居紐約。他是勤奮好學又孝順的兒子。他遵循第一代移民的成功範本:成績優異,考上耶魯大學,畢業後從事金融業。他的職業生涯一切都按計畫進行。到他三十一歲時,他已經晉升為享有盛譽的投資公司,貝萊德的常務董事。然而,雖然他喜歡他的同事和豐厚的薪資,但他說:「有些事情不對勁。」他每天辛苦工作十二個小時,感覺「自在到麻木了。你沒有不開心,但也絕對沒有開心。你不特別喜歡你的工作,但也不討厭。」

他不懂自己為什麼沒有想像中滿足。他的收入優渥,有令人稱羨的頭銜,在雞尾酒會上還會得到同齡人羨慕的目光。但不知何故,這些都沒有意義。他說:「我從小就因為個性害羞、書呆子氣重,與周遭文化格格不入,有很多的不安全感⋯⋯你以為不安全感大多會隨著成功和金錢而消失。後來你

嚐到了成功的滋味，才意識到這些感覺並沒有消失。」

為了緩解無聊，凱瑪瑞投入到各種副業中。他匿名寫部落格談論音樂、舉辦社交聚會，並嘗試各種生產力軟體。有一次度假時，他創辦一份名為「RadReads」的電子報，分享生活小撇步和他正在閱讀其他有趣文章的連結。他回憶道：「這些事情讓我充滿活力。我意識到，我五％的活動帶來了九十九％的快樂。於是我心想：『想像一下，如果可以整天都做這些事會怎麼樣。』」在他和妻子生下一個女兒後，這種感覺進一步「具體化」。他受夠了。等他存到至少可以維持十八個月的積蓄後，他辭職了。

凱瑪瑞的舉動算不上是「憤而辭職」。離開貝萊德是一個很危險的決定。他年屆三十五歲，已經成家立業，而且也沒有找到下一份工作。他說：「我的父母很不滿意。『我們逃離柬埔寨，犧牲我們的一生，而你（升官）三年後就辭職了？』我妻子則說：『以後我認識新媽媽時，要怎麼跟別人介紹你的工作？』」他幾乎天天都會收到朋友或前同事閒來無事的簡訊，問他「你最近在做什麼？」，這讓情況雪上加霜。缺乏職業身分讓他覺得難堪。「我差點就被逼得重回職場。」

他的專家夥伴就是在這時派上用場。凱瑪瑞開始與一位人生導師合作，這位導師「給了我很多工具，讓我真正能夠駕馭湧現的情緒。」第二位導師自稱是「實用派哲學家」，幫助他探索像是「為什麼我這麼執著工作？」之類的問題。這些導師

幫助他了解自己真正想要的生活。凱瑪瑞一家子搬到加州,在那裡他可以盡情享受衝浪的樂趣。他專心經營他的週更電子報「RadReads」,接著發現他對人生的思考和關於生產力的建議引起其他中年上班族的共鳴。他的文章主題從「為什麼那麼多成功人士害怕破產?」到「你會為了貝佐斯的健美身材付出什麼?」電子報越來越受歡迎,引起CNN的注意,CNN在一篇文章中稱他為「千禧世代的歐普拉」。

從那以後,凱瑪瑞開始發展他的事業,聘請了全職員工,並開了一個關於生產力的線上課程,把他的時間管理技巧與他對人生問題的哲學思考相結合。正如他所描述的:「為生產力而來,為存在主義而留。」

在專家夥伴的幫助下,凱瑪瑞設計出一個可以把工作融入生活的事業,而不是讓生活繞著工作轉。他不會在上午十一點半之前安排會議,好讓他早上可以衝浪,並幫助孩子們準備上學。他每天晚上都和家人一起吃晚餐。雖然他的收入遠不如他在金融業賺到的七位數,但他反倒說這不是重點。他目前每週工作大約三十八個小時,目標是減少到三十個小時。他思考後心想,如果他想賺更多錢,就得工作更長的時間。「但我想做的就是買回時間,多衝浪。」既然他已經有時間了,「我不需要賺更多的錢來買回更多的時間。」

如今,凱瑪瑞自己也當起導師,成為其他人的職業級專家夥伴。我們交談時,他留著時髦的鬍碴,身穿黑色T恤;後方

斜放著一個衝浪板。他說,他辭掉金融工作後,「有四年時間非常可怕,但我現在不再害怕了。」

對易娜・加田來說,即使結婚超過五十年,她的丈夫仍是她的專家夥伴。他偶爾會在她最新的烹飪節目《易娜・加田宴賓客》(Be My Guest with Ina Garten)中亮相。她的著作《為傑佛瑞下廚》(Cooking for Jeffrey)實際上是對她丈夫的讚歌,書中充滿他們相遇的甜蜜故事,當時她還是個高中生,而他是她哥哥的大學同學。當然,那本書也收錄了他最喜歡的食譜,從完美烤全雞到檸檬重乳酪蛋糕,應有盡有。封面上,傑佛瑞拿著一塊巧克力蛋糕,笑容滿面地站在易娜身邊。

那本食譜書對傑佛瑞的描述,可說是「專家夥伴」教科書般的定義。易娜寫道:「是傑佛瑞率先鼓勵我把我視為興趣或消遣的烹飪變成我的事業。他的話引領我踏上一段旅程,這段旅程帶給我難以想像的生活和幸福。我原本就喜歡為傑佛瑞做飯,但他幫助我意識到,我可以把這份興趣發揮得淋漓盡致。」

傑佛瑞是最棒的另一半,他激勵她自己找到那條道路,而不是告訴她該怎麼做。她寫道:「我常說他是我的女性主義啟蒙導師;他相信我可以做任何我想做的事。他是我熱愛烹飪的原因,也是不斷鼓勵我做自己熱愛的事的那個人。」

一位專家夥伴,即使是我們疏遠一段時間的人,也能帶領我們拓展新視野,這點真的令人意想不到。我個人在這方面

的經驗就非常深刻。傑夫‧札斯洛（Jeff Zaslow）是我共事過最友善、最風趣、最有才華的記者之一。我們在《華爾街日報》做了多年的同事，後來我離職去創辦雜誌，他則開始他的第二職涯，成為一名多產作家，包括為蓋比‧吉福茲（Gabby Giffords）和薩利‧沙林博格（Chesley "Sully" Sullenberger）合著他們的自傳。

後來，我們有好幾年都沒有見面。有一次，我在《紐約時報》發表一篇弔文，紀念我童年那位嚴格的音樂老師後，發現他過去的學生也陸續寫信來，表達對老師遲來的感激，說長大後才理解老師教導的那些人生道理。文章中，我描述我前往老師的追悼會，並帶著多年沒碰過的中提琴參加為了紀念他而舉辦的校友音樂會時，過程中體驗的種種情緒。我以為我瘋了，竟然對一位高中畢業後幾乎沒有見過面的老師有如此強烈的情感。然而，我到達排練現場時，發現他的三代學生——現在是會計師、律師和老師——也帶著他們的舊樂器，從全國各地趕來，因為他們也有和我一樣的感覺。我們這個團體多數都是業餘音樂家，卻組成了一個規模堪比紐約愛樂樂團的交響樂團。這是我這輩子擁有過最強烈的體驗之一。

傑夫讀到那篇文章，拿起電話從芝加哥打給我。「你非得寫一本關於這件事的書不可。」他幾乎沒有寒暄就直接說道。我從來沒有這樣想過；在那之前，我的職業生涯一直是商業作家和編輯，而不是編織感性故事的人。「我不寫那種類型的文

章。」我抗議道。事實上，我只是在一位好朋友——另一位專家夥伴！——的堅持下才寫了那篇文章，因為我曾在晚餐時跟他聊過那段經歷。

但傑夫比我更清楚我的技能、我的潛力，甚至我的個性。他知道，在我一本正經的編輯外表下，是一個會因為溫情廣告而哭，還會在電影《莫忘當年情》（Beaches）重播時忍不住啜泣的人。

「我會每天打電話給你，直到你明白這是一本書！」他笑著說，但也是認真的。他甚至還寄給我一些書稿範例，向我示範整個過程是如何運作的。透過他的眼睛看我自己，明白他是如何看待我的，讓我充滿啟發。他幫我意識到，我其實很想轉型，想嘗試賺人熱淚的敘事性故事。最終，他清晰的洞見促成了《弦繫一生》（Strings Attached）這本書的誕生。這本書是我和老師的女兒——芝加哥交響樂團的小提琴家梅蘭妮・庫普欽斯基（Melanie Kupchynsky）合著的，講述她父親從烏克蘭戰爭的難民到古典音樂的引領者、這段悲傷又鼓舞人心的人生旅程。

我很幸運，在共事期間與傑夫建立了深厚的友誼，更幸運的是，我們後來重拾了這份友誼。他是最棒的專家夥伴。不幸的是，不久後，他就因為一場車禍去世了，享年五十三歲。

我們永遠不知道明天會發生什麼事。你可能不願意主動聯絡那個多年未見的人。你可能害羞，或覺得尷尬。你可能擔心

他們會生氣或感到厭煩。但,試一試吧。你肯定不會後悔——而且這說不定還會改變你的人生。

9

培樂多哲學

讓品牌起死回生

> 要說我在IBM這些年學到最重要的一課,
> 就是你必須不斷重塑這家公司。
> 這就是你能屹立一百零三年的秘訣。
> ——IBM前執行長,羅睿蘭(Ginni Rometty)

　　如果你一百年前住在美國,你的牆壁很可能會因為家裡的煤炭暖氣而變得髒兮兮的。煤炭暖氣雖然能讓你保持溫暖,但也會留下討厭的殘留物。為了去除這些東西,你會到當地的五金店買一種專門用來擦洗這種黏性塗層的清潔劑。

　　今天,所有這類的清潔劑差不多都不見了,除了:庫托爾(Kutol)。

　　你可能在想,我從來沒聽過庫托爾這個牌子,那是因為你對它另一個名字比較熟悉。與競爭對手不同的是,庫托爾的老闆重新構思了他們的產品。他們加進色素和有淡淡香草味的香

料，拿掉清潔劑的成分，再把產品重新推出——以兒童玩具的形式。

現在，庫托爾公司以培樂多的名字廣為人知，創造出數十億美元的銷售額，迄今仍是全球最暢銷的玩具之一。

培樂多的企業再造故事，與經營者的背景和當時的時代背景有著密切的關係。然而，它從過時的清潔劑變成經典的兒童玩具，這個驚人變化仍然可以給各種類型的公司作為借鑑。它的故事讓我們進一步了解為什麼有些企業和品牌會消失，而有些企業和品牌在重新構想後，卻能更上一層樓。在一家公司的平均壽命只有十年左右的年代，培樂多的故事讓我們學到組織應該如何轉型的方法，這些教訓在今天看來就跟半世紀前一樣重要。培樂多的案例就像一扇窗，讓我們得以窺見鼓勵創新的企業環境是什麼樣子；它也像一面鏡片，讓其他機構可以透過它來思考如何應對變化。

在本書中，我們遇到許多做出非凡轉變的人。有些人重塑自己的職業生涯，例如詹姆斯‧派特森。有些人在難以想像的創傷後重建自己的生活，例如凱伊‧威爾森。還有一些人偶然發現「啊哈」時刻，進而發展出巧妙的創新產品，例如亞瑟‧富萊和他的便利貼。許多人在無意中開闢了重塑的道路，例如經濟學家出身的農民威爾‧布朗，有些則是出於必要，例如家庭主婦出身的企業家珍‧維儂。我們已經看到這些人是如何駕馭「重塑之路」的——無論是在生活中還是在工作中，只要轉

型,都會經歷類似的階段。他們會探索訊息;他們經常在完全擁抱新身分之前,會因為拋棄舊身分而掙扎;他們常常會遇到阻礙而停滯,最後才會找到解方。我們已經看到那些轉職的人、從創傷中恢復的人、在慘痛失敗後扭轉人生的人,他們之間所擁有的相似之處。

他們的例子讓我們進一步明白一個人如何在瞬息萬變的世界中找到方向。但企業呢?我們大多數人都在企業工作。企業要面對的挑戰更加複雜。領導者不僅要重新思考和重塑產品,還要適應員工和客戶不斷演變的新需求。他們必須對市場和整個文化的變化保持敏銳的態度。

上述說的這類複雜變化——或說是革命——對每個組織而言都是獨一無二的。然而,雖然沒有精確的科學方法,但成功轉型的企業都有一些共同點。它們的軌跡通常與個人的軌跡相似。一般來說,那些起死回生的公司和品牌,只有在領導者一直在尋找解方,經歷過痛苦的掙扎,不斷碰壁,沮喪得反覆嘗試之後,有時候甚至可能出現瀕臨倒閉的停滯,才能做到這一點。這種轉變可能會讓組織走上截然不同的方向。有時已經不只是要調整現有產品,而是要重新構想一個與產品最初設計目的完全不同的用途。

另外,還有一個附加因素。找到答案的幾乎總是來自於那些在既有權力結構外的人。正是這個人或這個群體,比核心圈子裡的人擁有更清楚的視角,類似專家夥伴的角色。例如,易

娜‧加田的丈夫在她變成「赤腳女伯爵」的過程中所扮演的角色：他看到了她自己沒有意識到的優勢和機會。在公司內部，那些領導者也常常需要體制外的人來說服、震撼和開導。

無論多有遠見，你都很少聽到哪位執行者，能想出扭轉公司乾坤的絕妙點子。蘋果公司的賈伯斯就不是靠自己想出iPhone的。那是公司幕後默默奉獻的工程師和設計師所做的一個私人專案。事實上，賈伯斯不僅對他們在做的事一無所知，一開始得知此事時，甚至還表示反對。他認為「智慧型」手機不過是噱頭，除了書呆子外，不會吸引任何人。是他的員工說服他押注這款手機，後來他才全心全意地支持它，進而改變整個產業。

就像iPhone一樣，一個偉大的重塑想法可能來自於基層員工，甚至可能是外部人士，如客戶或供應商。他們可以重新構想產品，沒有包袱，而那些專注在今日營業額和下個季度利潤的經理們則無法做到這一點。他們不受傳統束縛，也不會被「我們一直都是這樣做的」思維方式綁住。另一個關鍵因素是，只有在賈伯斯這樣的領導者有信心去傾聽他們、欣然接受他們的新想法，或有自知之明地讓開、不加妨礙時，他們才會成功。

便利貼的發明並非3M公司高層計畫之下的結果，而是亞瑟‧富萊在公司內部，利用自己的時間，默默耕耘的成果，這是事出有因的。回想一下，3M允許員工把十五％的工作時間

用在自己感興趣的項目上。富萊接受挑戰，自行改造一種原本毫無用處的黏著劑。等他需要其他部門支持時──部門主管根本不打算把他們的員工借給他──那些同事就利用他們自己十五％的時間來幫助他。正是這個項目的「叛逆」性質，在沒有公司正式批准的情況下執行，他們才能把一種失敗的黏著劑轉變成3M史上最成功的產品之一。其他公司也採用了類似的計畫，例如Google的二十％副業時間，這也推動了Gmail和Google新聞的誕生。

許多市佔率大的重要產品之所以出現，經常要歸功於局外人，因為他們看見內部人士沒發現的地方。其中，最讓人意想不到的一種產品，源於金百利公司（Kimberly-Clark）在第一次世界大戰期間為負傷士兵生產的新型繃帶。他們的偉大創新在於用木漿製作傷口敷料，木漿比棉花更吸水，也更便宜。戰爭結束後，軍隊的需求大減。但奇怪的事情發生了。護理師們開始囤積這種東西，不是為了病人，而是為了自己。她們發現，這種繃帶有一個很棒的「標籤外用途」：用於她們的經期。

在這之前，幾百年來，女性一直使用碎布（因此英文裡有個可怕的俚語「she's on the rag」表示女性月經來）或自製衛生棉來處理月經。但現在護理師們找到一種更好的方法。她們比公司更早意識到，這種產品不僅另有用途，而且還有一個未開發的巨大潛在客戶群──幾乎佔成年人口的一半。金百利公

司最終在1919年的十月推出靠得住衛生棉（Kotex，以「如棉花般質地柔軟」的意思來命名）。如今，全球女性衛生用品類別的價值已達三百九十億美元。

再更不久之前，化工業巨頭巴斯夫公司（BASF）的一名業務員無意間發現一種全新種類的家用清潔劑。當初他去拜訪一家日本建築公司時，根本沒有料到這一點。他那天唯一的目標是推廣巴斯夫隔熱隔音泡棉的優點。不幸的是，他笨手笨腳地打翻一杯咖啡，濺到桌面上的建築設計圖。他覺得很難為情，連忙抓起一塊隔熱泡棉，帶著歉意擦拭打翻的咖啡。泡棉順利擦掉咖啡，但也發生另一件事：它擦掉了設計圖。

回到辦公室後，這位業務員與他一位化學家同事分享這個故事。一般情況下，這種茶水間的閒聊聊完就結束了。歐洲工商管理學院（INSEAD）的教授班・本索（Ben Bensaou）寫道：「過去，這個發現很可能被巴斯夫公司內部的人當作是一件新奇的事而不了了之。」只是一個「看似無關緊要」的資訊。畢竟，業務員和化學家身處不同的世界，而且巴斯夫公司每年有二十億美元的研發經費。

但幸運的是，當時公司正在進行一系列的組織變革，為的是打破部門之間的壁壘，創造一個有利於創新的環境。因此，公司領導高層沒有忽視業務員的發現，而是注意到這一點。他們集思廣益，思考如何看待這種隔熱材料。最後，他們與寶僑公司（Procter & Gamble）建立合作關係，寶僑公司在2003年

把這種泡棉重新利用，生產出大受歡迎的產品：清潔先生神奇海綿（Mr. Clean Magic Eraser）。如今，該公司至少有六種不同種類的神奇海綿，成為一種常見的家居用品（包括我家也有），用於擦除牆壁上的刮痕和蠟筆痕跡。

本索教授認為，如今想要創新或重塑自我的公司都免不了得遵循相似的道路，放權讓各級員工提出新想法。大多數組織「沒有意識到整個組織，包括在組織內工作的所有人，都為創新的推動起到一定的作用。」他寫道。他的描述相當於專家夥伴的角色——那些擁有洞察力和洞見來幫助重塑未來的人：「一旦你把『任何人、任何時間、任何地點的創新』作為目標，組織就能真正轉變成一個持續創新的引擎。」

在我遇到所有令人嘆為觀止的重塑案例中，有一個例子確實如此。這個故事說的是某個徹底失敗的產品如何轉變成有史以來最賺錢的藥物之一。

跟我一起來到英國的三明治小鎮。三明治緊鄰多佛白崖，是一座古色古香的小鎮，保留了中世紀的風貌，讓人感覺彷彿回到過去。如果你要去那裡旅行，你可能會漫步穿過古老的石砌漁人門（Fisher Gate），年代可追溯到1384年。你可能會在市中心蜿蜒狹窄的鵝卵石街道上閒逛，或爬上聖彼得教堂的塔樓，欣賞周圍的田園風光。你可能會在十五世紀的喬治與龍小酒館（George & Dragon pub）喝上一品脫啤酒來結束你的旅程。

三明治是一個安靜的地方，比村莊大不了多少，目前的人口頂多五千人。幾百年來，這裡最出名的東西是……嗯，你也猜到了。根據民間說法，十八世紀時，第四代的三明治伯爵約翰・蒙塔古（John Montagu）愛賭成癮，他太專注在賭桌上，即使到了用餐時間也拒絕離開，而是命令僕人給他拿兩片夾著鹹牛肉的麵包。據說，其他人也開始點「和三明治一樣的！」

　　1950年代，製藥巨頭輝瑞公司正是在這看似截然不同的小鎮上建立了一個實驗室前哨站。1986年，科學家們也是在這裡研發出一種治療心絞痛的藥物，這是一種因為動脈狹窄導致心臟供血不足的疾病。他們希望這種名為UK-92480的化合物能夠選擇性地阻斷一種叫PDE5的酶來緩解疾病引起的胸痛，同時讓血管擴張。

　　實驗室裡的其中一位科學家伊恩・奧斯特洛（Ian Osterloh）清楚記得1980年代末第一次聽說這種藥物的情景。奧斯特洛是一位謙遜的英國人，性格有些多疑，他瘦削的身材、稀疏的頭髮和溫和的舉止絲毫看不出來將來他會在數百萬人的生活中扮演重要的角色。他只是比較務實；正如他所說，藥物研發是一個慢得要命的過程，而且通常沒有結果，根本就是「沮喪和失望的來源」。他告訴我：「當時我並沒有想到這會改變世界，或其他類似的想法。」

　　儘管如此，這種心絞痛藥物充滿潛力，起碼可以開始進行測試。不幸的是，早期健康志願者所測試出來的研究結果令人

失望。每天服用三次藥物後,志願者會出現頭痛、肌肉痠痛和消化不良的症狀。另外還有一個有點奇怪的副作用。奧斯特洛回憶說,男性受試者「報告顯示,在首次服用藥物後的幾天內,勃起次數增加了。」這是一個惱人的障礙,阻擋治療真正疾病的成功之路。他說:「當時輝瑞公司沒人在意這種副作用。」研究人員認為這個發現實在太偏離主題,連研究負責人都是在會議結束前才「勉強提起」這個副作用:「他覺得很尷尬。」

對心絞痛患者進行的一項小型實驗也沒有帶來好消息。雖然藥物「稍微有效」,但很顯然患者最終還是會經歷那些惱人的副作用,權衡之下並不值得。

一般情況下,這種藥物會被放棄,只是另一個失敗的產品。「這種藥物對本來該治療的疾病──心絞痛──沒有未來。」奧斯特洛告訴我。「大多數人都認為這種藥物會消失。」後來,大眾確實失去興趣。這種心絞痛藥物徹底失敗。

這個故事本可能就此結束。在全世界各行各業中,無數類似的案例都是如此。一個潛在的新產品經過測試後,成果不盡如人意,於是遭到放棄。公司繼續嘗試其他東西,尋求更有效的解決方案。

但有時候,一項失敗產品的種子中卻能萌生出成功的產品。有時候,某個人或某個群體會以不同的角度看待這個失誤,看見新的亮點,發現起初沒有在尋找的東西。奧斯特洛和

他三明治小鎮的同事們就是如此。他們忍不住發現報告中持續出現某個奇怪的副作用：男性的勃起現象。慢慢地，他們意識到也許他們看待這種藥物的方式錯了。忘記心絞痛吧，這種藥物是不是可以拿來治療陽痿呢？

奧斯特洛和他的團隊之所以能夠以這種全新的方式轉移注意力，是因為他們擁有大多數同事沒有的自由。他們與紐約總部相距三千五百英里，中間隔著大西洋，橫跨多個時區。英國以外的人甚至不知道他們在做什麼。「在三明治小鎮，我們擁有更多探索的自由，不必受到另一邊的過度干涉。」奧斯特洛告訴我。這個科學家組成的小團隊擺脫了官僚主義的干擾，擁有老闆所沒有的視角，於是能夠創意思考，並以全新的眼光看待他們的發現。

然而，掙扎階段才剛開始。沒人知道性功能障礙的藥物是否有市場需求。市場上從未存在過這種藥。當時，社會上普遍認為陽痿是一種心理狀況，而不是生理狀況。少數聽到此事的外界人士抱持懷疑態度。有些人認為，以輝瑞這種規模的公司來說，研發性藥物極不合適。噁心！「有些人認為這不是一個重要疾病，我們應該研究癌症和心臟病。」奧斯特洛說。「其他人則認為這是一種心理狀況。早在七〇年代，我們就一直被教導說九十％的陽痿是心理因素。」更重要的是，「我認為沒有人知道這種疾病有多普遍。有些人可能認為這沒有市場需求。」

然而，奧斯特洛和他的同事們非常好奇，想測試這種藥物能不能用來治療陽痿——他們也有足夠的自主權自行做決定。1993年，他們招募了布里斯托的十幾名男性。服藥後，研究人員會把受試者帶進實驗室的私人房間，配戴一個可以測量陰莖周長和硬度、名叫RigiScan的裝置，然後播放色情片。研究結果令人印象深刻。奧斯特洛回憶道：「我們當中有些人非常熱衷，積極想要爭取這個計畫。」儘管如此，他們仍受到很大的阻力：三明治小鎮有位高層對臨床實驗「非常反對，他企圖設立非常高的障礙。」他說道。「我想如果當初只由他決定的話，我們就沒辦法進行這些研究了。」

儘管公司內部存在阻力，奧斯特洛和他的團隊仍堅持不懈，從英國、瑞典和法國招募了三百名男性受試者。這次的結果非常驚人，令人難以忽視：九十％的受試者對最高劑量都有反應。事實上，結果太過顯著，導致發生在臨床實驗階段前所未聞的事：受試者希望獲得更多藥物。儘管他們是匿名的——僅以數字標示——但其中一些人直接聯絡三明治小鎮的研究人員，透露自己的真實身分，要求額外的劑量。

「我就像一個溺水的人，你們的藥出現時，就像從岸邊向我拋出一條救生繩。」一名男子寫信給研究人員，懇求他們提供更多藥物。「現在我又回到水中。你們拿走了我的救生繩，我就要淹死了。」

直到這時，公司其他人才注意到這件事——等新聞開始

報導這種神奇的藥物後,社會大眾也注意到了。最關鍵的是,這個新的研究方向獲得公司當時的執行長小威廉・斯蒂爾(William Steere Jr.)的支持,他成了強而有力的擁護者。絕妙的行銷策略也發揮作用。「陽痿是一個充滿壓力且帶有貶義的詞。」領導行銷團隊的珍妮絲・李普斯基(Janice Lipsky)說。早期與男性患者的焦點團體訪談中,「他們充滿羞愧感。一名男性向我們講述他的經歷時流下眼淚⋯⋯他覺得他不能觸摸或擁抱他的妻子,因為他可能會讓她燃起希望。」

於是,團隊把「陽痿」重新命名為「勃起功能障礙」,這是一個當時鮮為人知的技術詞彙,聽起來更專業,也比較沒有心理壓力。「重點在於去污名化。」李普斯基說。這也促成第一支電視廣告,由前參議員、前列腺癌倖存者鮑勃・杜爾(Bob Dole)主演,談論「勃起功能障礙,簡稱ED,通常又叫陽痿」的副作用。「你知道,談論勃起功能障礙有點尷尬,但這對數百萬男性及其伴侶來說非常重要,所以我決定公開談論它。」他沒有提及任何品牌名稱。

輝瑞公司的藥物在1998年獲得美國食品藥物管理局批准後,一躍成為公司史上最暢銷的藥物之一。這個無法治療心絞痛的失敗藥物開創了一個全新的藥品類別;如今勃起功能障礙藥物的市場規模估計接近三十億美元。然而,如果不是溫文爾雅的奧斯特洛和那支遠在中世紀村莊裡的信徒團隊,規模雖小但實力堅強、沒有掌控公司命脈、卻擁有創意思維懂得重新思

考藥物用途的那些人——世界可能永遠不會認識UK-92480，這個現在稱作威而鋼的藍色小藥丸。

奧斯特洛和他的同事們受益於遠離總部工作的自主性。他們是一個合作的團隊，下定決心要熬過漫長的掙扎時期，抵抗反對者的聲音，並且視情況調整方向。最後，他們藉由各種低調的實驗，逐漸獲得成功。從奧斯特洛第一次聽說到這種可能可以治療心絞痛的藥物，一直到威而鋼推出的那一天，中間已經有十年的時間——十年的反覆嘗試，期間經歷許多波折和停滯。

然而，如果當時情況稍有不同——如果奧斯特洛和他的同事沒有如此堅持繼續實驗，如果領導層在心絞痛治療無效階段就命令他們停止，如果執行長沒有成為支持者——威而鋼就永遠不會出現。

這引出了一個問題：還有多少尚未發現的「威而鋼」？還有多少失敗的產品本來可以透過新的方式重新發明，而不是被丟進歷史的垃圾桶裡？如果老闆們有足夠的信心傾聽員工和客戶的意見，有多少失敗的品牌仍能死而復生？

在大型企業工作過的人都很熟悉那些僵化的、由上而下的「創意發想」和「企業轉型」，然而這些嘗試幾乎永遠沒有成果。我曾經被派去參加一次企業靜修活動，我們要在那裡選擇我們的「靈魂動物」。我不止一次經歷過這種如坐針氈的企業活動，比如把彩色圓點釘到牆面的使命宣言上。近年來，企

業越來越流行任命「轉型執行長」來領導整個公司進行重塑。這通常沒有意義，只是形式上的活動，算不上真正的重塑。然而，儘管我經常不得不參加企業折磨人的「創意發想」活動，我也常看到一些基層員工自然而然湧現有潛力的創意想法，卻被當權者扼殺掉，或直接忽略。

奧斯特洛很清楚他和他的團隊有多幸運。威而鋼在研發過程中，有許多環節都可能慘遭夭折。「一個項目要成功，必須要有正確的架構、正確的資源和正確的人。」他告訴我。「我們剛好處在這個可以蓬勃發展的最佳位置上。」

並非所有企業都能成功轉型。許多企業都未能自我改造，或重塑自己的產品。那麼，成功和失敗、生存和死亡之間的區別是什麼？換句話說，一家公司如何才能確保自己成為Netflix，而不是百視達？答案部分取決於公司領導者有沒有能力評估「專家夥伴」的洞察力。這些洞察力不只在於該做什麼，不該做什麼也同樣重要。

Netflix本身就是一個充滿啟發的案例。眾所皆知，它本來是一間DVD郵寄租借公司，後來轉型成串流平台，最後變成娛樂界的巨頭，每天花費數十億美金製作從《王冠》到《怪奇物語》再到《魷魚遊戲》等各種影視內容。

Netflix最著名的是其企業文化宣言，最初是由共同創辦人兼執行長瑞德・赫斯廷（Reed Hastings）在一份一百二十五頁的檔案中概述過，有人說過這份檔案是「矽谷有史以來最重要

的文件」。裡面有些原則不免受到揶揄，例如堅持開除不夠優秀的員工（「表現平平的員工會獲得豐厚的遣散費。」）這種做法不禁讓人聯想到《飢餓遊戲》。而且，這份文化宣言並沒有阻止公司犯下重大錯誤，例如花費過多的資金在平庸的節目上。儘管如此，當中一些核心原則──重視坦誠、尋求反饋──是其生存的關鍵，尤其是他們很鼓勵權力結構以外的員工進行創新。在關鍵時刻，Netflix的領導者信任公司內部的專家夥伴，促使他們改變、甚至推翻自己的決定。

例如，在2000年代初期，公司領導層對一種新的影片發行方式寄予厚望：「Netflix影視盒。」在家中擁有自己的影視盒的顧客，可以選擇隔天想看的電影，Netflix影視盒就會在夜裡把電影下載好。（當時下載速度很慢！）公司領導層徵求志願參與這項計畫的人。只有一個人舉手。「在Netflix，自願領導一項新計畫是非常愚蠢的事。」這個名叫羅伯特‧金奇爾（Robert Kyncl）的志願者說道，他的職業生涯始於一家經紀公司的郵件室。「公司文化以持續不懈的專注力為榮，他們會冷靜淘汰那些不符合整體戰略及核心業務的計畫。你可能在某件事情上投入好幾年時間，卻發現這個計畫在一場簡短的會議中慘遭擱置。」

金奇爾本應該專注在Netflix影視盒上。然而，這位在十幾歲時曾是職業越野滑雪運動員的捷克人，卻發現了其他東西：YouTube影片，在當時還是一個新發明。「我看到一些解析度

很差的滑雪事故影片。」他回憶道,「還有人對自家廚房放火的影片,我發現這些影片吸引了大量的觀看者。」他意識到觀眾不需要在家裡用笨重的盒子慢慢下載高畫質電影,而是可以直接從網路上觀看。他們可以串流電影。「見證YouTube的高人氣對我是一種啟發。」他寫道。「我們因此中止了影視盒計畫,轉而發展一項能讓消費者從遠端串流電影、而不是下載電影的服務。」

過了將近十年,在2015年,Netflix總算完善他們的串流服務後,一位基層員工幫助推動了另一次轉變。當時,你只能在設備連到網路時觀看Netflix節目。如果要搭飛機或去沒有網路的地方,你就無法把節目下載到電腦上。員工們不斷提起下載的問題,但高層主管都加以否決。他們覺得沒有太多客戶會感興趣,而且實施這項功能會佔用寶貴的時間和精力,而這些時間和精力應該用在完善串流服務上。

然而,Netflix的一位主管不這麼想。他委託一個名叫查克・申德爾(Zach Schendel)的企業研究員調查那些已經有下載功能的國家,下載影片的情況。查克發現,與預期相反,影片下載非常流行。一位印度通勤族會下載節目,以便在共乘上班的途中觀看。一位德國客戶會在網路連線良好的客廳下載節目,到網路比較弱的廚房邊做飯邊觀看。答案很明確。查克把調查結果交給他的老闆,他的老闆又把結果交給他的老闆,以此類推,一直交到執行長赫斯廷那邊。Netflix再次轉變,更改

策略，開始擁抱下載功能。

「讓我澄清一下，我在公司裡是個小人物。我只是一個研究員。」查克說。「但我能夠反駁高層公開主張的強烈觀點，充滿熱忱地支持這項功能。這就是Netflix的文化。」

組織內部的員工通常在發現新點子和新的發展方向上具有優勢，但領導高層有時候也可以發揮這種作用，尤其當領導者是從組織外部空降時更是如此。雖然他們幾乎絕對會面臨多重挑戰，但他們也能帶來全新的視角，不受「我們這裡不這樣做」的心態束縛。

一個經典的例子就是傳奇汽車執行長羅伯特‧盧茨（Robert Lutz），他浮誇的行為，以及在多家汽車製造商的變革中扮演的重要角色，都讓他聲名大噪。記者保羅‧英格拉西亞（Paul Ingrassia）在2001年的《華爾街日報》報導中說過：「盧茨先生不做任何『符合常規』的事情，至少不會刻意去做。他喜歡跑車、雪茄和速度快的飛機。他駕駛自己的戰鬥機和直升機。」同時對於「增強團隊凝聚力的感性活動」表達「強烈的厭惡」。盧茨以其荒誕不經的舉止而惡名昭彰──例如，他在1992年底特律車展上推出Grand Cherokee吉普車時，就駕駛它開上會議中心的階梯，並撞破一扇窗戶。

因此，當時停滯不前的克萊斯勒聘請盧茨時，該公司正急需一次改頭換面。公司吝於投入產品開發，在業界也缺乏尊重。「克萊斯勒的產品基本上不是任何人的首選。」盧茨以

他特有的直率告訴我。「你去參加派對，如果有人問：『你在哪裡高就？』你說：『克萊斯勒。』他們會給你一個憐憫的眼神，然後拍拍你的肩膀。」

在少數同樣來自組織外部人士的支持下，盧茨認為「這間公司需要的是完全異想天開的東西，是美國汽車業從未做過的事情。」他回憶道。「你想改變一個人的認知時，就必須做一些真正了不起的東西。」而這個「真正了不起的東西」變成了道奇蝰蛇超跑（Dodge Viper），一款極度炫耀、完全不實用的敞篷跑車，沒有空調、沒有電動頂篷、沒有ABS防鎖死剎車系統，並且如盧茨所說，「毫不妥協。」一名評論家形容，它「如大槌般細緻，如內戰般文明」，這自然讓這款車成為「老派車迷的夢想」。

公司內部出現諸多反對聲浪。盧茨在某個星期一的早晨，受到他在鄉間開著眼鏡蛇跑車度週末的啟發，宣布了他的瘋狂想法，但當時他並沒有任何研究數據的支持。公司財務主管認為，八千萬美元的開發預算應該用於更實用的目的，例如償還債務。市場行銷人員擔心，這款車要價五萬美元──是一般道奇車型成本的兩倍多──市場會無法接受。但後來證明，盧茨的直覺是正確的：這款車在1991年推出時，引起轟動。蝰蛇改變了大眾對克萊斯勒的看法，並為後續一系列的熱門車款鋪路，包括PT Cruiser（英格拉西亞形容這款車「擁有亮眼的芝加哥黑幫線條」）和重新設計的道奇公羊皮卡車。

盧茨認為,他的局外人身分是轉型的關鍵。他和他的團隊「經常形容自己是一群格格不入的人,被許多嚴肅的大公司拋棄,因為被低估,所以渴望證明自己價值而充滿鬥志」。他說。雖然他們是高層主管,但他們從未失去他們局外人的視角,這讓他們能夠把公司帶到原本永遠不會去的地方。

盧茨在2001年跳槽到通用汽車時,沿用了相同的策略——當時他已經六十九歲,同儕多已退休。在那裡,他以一貫的行事作風,大力推動雪佛蘭 Volt 插電式混合動力車上市,以改變通用汽車公司技術落後的形象,並從媒體寵兒豐田 Prius 身上搶走一些風頭。「你做一些驚人、震撼、出乎意料的事——主要是為了改變媒體大眾對公司的看法。」他告訴我。「蝰蛇和雪佛蘭 Volt 是出於同樣的理由而推出的。」

他在通用汽車同樣面臨反對人士的挑戰。「除了我和一群堅定的戰友,幾乎沒有人想要推出這款車。」他說。「當你做一些真正跳脫框架的事情時⋯⋯會有人希望它失敗。」這些人包括一些同事:「我打過最艱難的一仗是在通用汽車的時候,就為了讓 Volt 得到批准,即使我已經是副主席了。」是什麼讓盧茨的團隊最終得以創新呢?是他們小團隊的堅持。「我們有一群堅定的夥伴,他們非常了解自己在做什麼,也能夠擊退阻力。」

他與「堅定戰友」的經歷凸顯了企業轉型另一個關鍵因素:小團隊通常比大團隊更具創造力。芝加哥大學研究人員分

析超過六千五百萬篇論文、專利和軟體產品後發現，小團隊較容易提出顛覆性的想法，大團隊則傾向於延續現有的發展。每種類型的團隊都有其必要，但如果你想發明或重塑某個真正的新東西，最好從小團隊開始。

小團隊不僅在汽車業和製藥業表現卓越。從發明便利貼的3M叛逆小組到發明靠得住的那群護理師，都在在顯示從小團隊開始的智慧是真實的。大力推動iPhone上市的那些勇敢工程師和設計師也是同樣的情況。這些小團隊本質上等於扮演了「專家夥伴」的角色。

這個理論也適用在更小的規模上。無論是在《華爾街日報》還是《Condé Nast》雜誌，只要上頭賦予我開發新產品的任務，我的經驗法則就是從一個可以圍著桌子分享披薩和啤酒的小團隊開始。我們創建「週末副刊」這個專門幫讀者尋找休閒娛樂而設立的熱門版面時，其背後的想法——我們利用我們的商業專長去寫葡萄酒、購買二手車⋯⋯或旅行度假的文章吧——是在公司餐廳用餐時冒出來的。過了幾年，在九一一事件後，當時市中心的辦公室仍不堪使用，我們小團隊便在當地的咖啡廳定期私密聚會時，創建了「個人副刊」，把每天有關油價和利率等等的新聞翻譯成「對你有何影響」的消費文章。直到為了寫這本書去做研究後，我才知道我們高度依賴經驗法則的行事方法有得到科學的驗證。

另一個關鍵因素是，從魔術海綿到道奇蝰蛇超跑，在這所

有的案例中,領導高層最後都有聽見來自外部的想法,並欣然去接受。然而,渴望推動變革的內部成員卻往往遭到忽視、排擠或邊緣化。艾爾赫斯特學院(Elmhurst College)的布魯斯‧費雪(Bruce D. Fischer)和馬修‧羅德(Matthew Rohde)在研究一家鼓勵員工創新的製造公司時發現了同樣的情況。公司鼓勵員工的方式是,要求他們提出想法,然後每個月舉辦抽獎,獲勝者將獲得五十美元的禮品卡。

一開始,這個想法似乎十分奏效;在起初的一年內,新想法源源不絕地湧來,將近180個。但隨著時間過去,每年減少到只剩十幾個或二十幾個。研究人員詢問員工為什麼不再提出新想法時,答案很清楚:因為老闆們後續沒有落實。當然,他們可能會獲得一張禮品卡,但他們的創新想法呢?為什麼公司不利用他們的建議?為什麼員工在想法被拒絕時得不到任何反饋?研究人員發現,員工感覺「管理層好像沒有在聽他們說話」。

研究人員研究另一家公營公司的時候,情況也是如此。他們詢問會計師、行銷專員和工程師關於創新的問題時,大多數員工都紛紛表示「缺乏落實」和缺乏反饋成了他們的阻礙,讓他們失去動力,這甚至超越了其他問題,像是時間壓力或額外的工作量。「員工的想法沒有獲得行動支持的時候,會削弱他們創新的動力。」研究人員總結道。想要善用局外人的觀點,以及公司內部「專家夥伴」的智慧,老闆需要學會傾聽。

像輝瑞和克萊斯勒這樣的大公司,挑戰在於重新思考現有的產品。但是,如果你生產的唯一產品已經過時了怎麼辦?如果再怎麼調整都沒辦法拯救它怎麼辦?

這就是庫托爾壁紙清潔劑製造公司所面臨的難題。這款清潔劑由辛辛那提兄弟革流巴(Cleophas)和諾亞·麥克維克(Noah McVicker)在1933年首度推出時,曾經大受歡迎。當時,美國家庭使用的主要燃料是煤炭。煤炭便宜又充足,但也很骯髒,會在牆壁和地板上積一層煤灰。這對壁紙來說尤其是一個大問題。在塑膠材料尚未普及的時代,壁紙實際上是用紙製成的,擦洗時很容易損壞。因此,家庭主婦用一種叫壁紙麵團的清潔劑──由麵粉、鹽和清潔劑製成的油灰──擦拭牆壁,收集髒污。

庫托爾的壁紙麵團為越來越龐大的麥克維克家族,一個蘇格蘭移民的煤礦家族,提供了體面的生活。克里歐·麥克維克(Cleo McVicker)是一個性格強悍、個性鮮明的人物,也是一位有魅力的領導者。他不怕危險,喜歡追求刺激,是一位經驗豐富的飛行員,會駕駛自己的飛機──曾在兩次墜機意外倖存下來,包括一次在紐澤西沼澤地。他慷慨地把工作交給眾多親戚,並希望他的青少年兒子喬最終會接管生意。

但一切都在1949年十一月的一個下雨的夜晚分崩離析。當時克里歐駕駛他的小型飛機前往羅德島,去找在布朗大學唸書的喬。喬與他的父親相反,是一個喜歡思考的溫柔靈魂。雖然他年輕時曾經在軍事學校受過磨練,但他還是被東方宗教

和靈性所吸引。他一直計畫去拜訪肯塔基州的蓋特森尼修道院（Abbey of Gethsemani）。那裡是著名的特拉普派僧侶兼精神領袖湯瑪斯·墨頓（Thomas Merton）的家。他的父親非常憤怒。他前往布朗大學是想勸兒子理智點。

於是，年輕的喬聽話在普羅維登斯的一家飯店外等候父親。時間一分一秒過去。喬一直等啊等，等到黎明，他才得知父親的運氣用完了：他的飛機在城外的一片草地上墜毀。四十六歲的克里歐墜機身亡。

克里歐的死是一場家族悲劇，但這也引發一場商業危機。家族的未來在一瞬間蒙上陰影──喬的計畫也隨之泡湯。他母親繼承了家族企業，需要幫助。喬不得不暫時停止他對於靈性的追求，也許永無限期。家族在召喚他。於是畢業後，喬盡責地回到俄亥俄州的家，帶著新婚妻子哈麗特，他的同學兼鋼琴演奏家，她擱置了自己的夢想，放棄耶魯音樂學院的學位。現在，在1952年的夏天，她發現自己懷著四個孩子中的第一個，辛苦地挺著大肚子，當一個家庭主婦定居在辛辛那提，而不是在音樂學院當一名鋼琴演奏家。

更糟的是，在他們第一個孩子出生幾天後，喬就診斷出患有何杰金氏淋巴瘤，這是一種在當時無法治癒甚至沒有明確治療方法的致命血癌。醫生宣布他只剩幾個月的壽命。於是，這對夫婦把剛出生的女兒交給他的母親，前往波士頓接受一種實驗性的高能量放射治療。哈麗特帶著虛弱無力的喬一起前往墨西哥，抱著渺茫的希望，尋求最後一線生機。一年後，他們才

回到辛辛那提，但他們年幼的女兒茱麗葉不肯接近哈麗特。茱麗葉不認得自己的母親了。

喬成功戰勝病魔。但在他專心養病期間，家族企業受到重創。第二次世界大戰之後，諸如電力、石油和天然氣等等更乾淨的燃料迅速取代煤炭。雖然在1940年，仍有超過一半的美國家庭使用煤炭供暖，但到了1960年，這個數字降到只剩十二％，往後的幾十年內更是降到不到一％。牆壁不再被煤灰覆蓋，越來越少家庭主婦購買庫托爾壁紙清潔劑，有些商店甚至完全停售。

庫托爾的生意日漸衰落，家族企業陷入危機。如今，這成了喬的問題。公司正以越來越快的速度走向災難。現金快要燒光了，末日無疑就要來臨。倒閉不只代表公司破產，也代表整個大家族都會傾家蕩產。「庫托爾搖搖欲墜。他們處於『我們需要做出一些艱難抉擇』的境地。」他的女兒朱麗葉幾十年後告訴我。喬·麥克維克年僅二十五歲。但世界的重量——以及家族的未來——沉重壓在他的肩膀上。生活從未如此黯淡。

就在這時，喬的「專家夥伴」以最不可能的形式奇蹟地出現了：他一個剛好是幼兒園老師的小姨子。

就在喬努力拯救他奄奄一息的壁紙油灰生意時，他的妻子向她妹妹凱薩琳·蘇佛（Kathryn Zufall）傾吐了他們的困境。凱薩琳·蘇佛是一位年輕的紐澤西家庭主婦，經營一家幼兒園。大家都叫她凱，不久前她才與丈夫羅伯特在多佛小鎮住下來。羅伯特是一位新任泌尿科醫生，正開始建立他的醫療事

業。

　　蘇佛兩夫妻非常聰明能幹。蘇佛醫生會用手術膠帶修水管，親手幫家裡的汽車安裝自行購買的安全帶。他的妻子個性強勢，活力充沛，會剷除任何擋住她去路的障礙。「辛辣的蘇佛太太。」一個當地的出版刊物這樣形容過她。她不怕與鎮上的官員爭吵，她經常拿著她的各種計畫糾纏政客。她想讓她的孩子上音樂課，便聘請一位外地老師，在一間空房為他設立工作室教導當地的孩子。然後，她幫她的四個女兒組了一個弦樂四重奏，堅持每天放學前和放學後都要練習，還要填寫每日練習時間表。

　　「她作為一個母親很難相處。她非常挑剔。她可能很支持你，但多數時候要求很高。幸運的是，她要求你做的事，都對你有好處。」她的女兒瑪格麗特・蘇佛（Margaret "Peg" Zufall Roberts）說，她後來成為一名專業的中提琴手。「你有時候很受不了她。但幾乎總是會後悔。因為如果你不聽她的話，你就會發現自己的想法是錯的。」

　　毫不意外地，當凱薩琳・蘇佛必須為了她不斷成長的家庭尋找托育服務時，她自己就解決了這個問題，在長老會教堂開辦一所幼兒園。於是，在1955年接近聖誕節的某一天，她便忙著她的幼教工作，翻閱一本幼兒園雜誌，尋找給學生們做美勞的點子。

　　蘇佛醫生——幾十年後，我在他九十六歲見到他時，他仍然機靈敏銳——清楚記得接下來發生的事。她在翻閱雜誌時，

突然停下來，眼中閃爍著他非常熟悉的光芒。接著她轉向丈夫，在他面前揮舞雜誌。「我們可以拯救喬的生意！」她大聲宣布。引起她注意的，是一篇描述如何使用壁紙油灰製作小玩具的文章，就像塑形黏土一樣。凱薩琳的第一個直覺是：庫托爾也能做到嗎？

於是，她和丈夫決定像往常一樣，親自動手嘗試。他們拿起凱薩琳的擀麵棍，在他們小廚房的餐桌上把油灰壓平，然後用餅乾模具製作聖誕飾品，放進烤箱烤到硬化，最後用繩子把飾品掛在兩英尺高的聖誕樹上。他們對結果很滿意，便打電話給辛辛那提的喬。「喬，」凱薩琳向她的姊夫大聲說，「我有辦法可以拯救你的生意。」

凱薩琳的好主意恰巧在喬想盡所有選項之際出現。他一直在瘋狂尋找出路。抵押房產？賣掉生意？他似乎已經完蛋了。如今他有了一條救生繩。等喬從辛辛那提飛來親眼看過聖誕飾品後（「他當時已經走投無路。」蘇佛醫生說。）他被說服了。他不但可以用庫托爾壁紙清潔劑製作兒童的塑形黏土，還可以繼續使用相同的罐子、相同的擠壓機、相同的工廠，甚至幾乎相同的產品。這簡直是天才之舉。

喬整天被一缸缸的麵團包圍，卻從未想過這種東西還有其他用途。除了清潔劑，他沒有想到別的可能性。這需要局外人來建立連結，一個對庫托爾沒有先入為主觀念的人，來轉換框架，把產品視為玩具而不是清潔劑。

回到辛辛那提後，喬和他的妻子，以及一位名叫劉天

（Tien Liu）的化學家開始上工。他們調整壁紙清潔劑的配方，確保它安全無毒，這樣孩子們即使吃下肚也不會受傷。劉博士也減少了鹽含量，添加味道，引進現在著名的培樂多香氣。麥克維克家的孩子們——一個真正的內部焦點團體——被叫到廚房玩這些東西。他們變成附近工廠的常客，有時候會在麵團桶之間溜冰。「如今，在這個數位世界中，大家都忘了可以一起坐在桌邊，把手中的資訊聯繫起來，得出一個合理結論。」他的女兒瑪麗・諾耶斯（Mary Noyes）告訴我。「我們需要看到的是那些簡單的事。它可能就在我們面前。」談到她的父親，她補充道。「他對這點真的很擅長。」

喬和他的叔叔諾亞甚至想出了完美的名字。他們興奮地打給蘇佛夫婦，自豪地要揭曉產品名稱。凱薩琳和她的丈夫在紐澤西的廚房裡接起電話，準備聽好消息。

「我們要叫它『七彩工藝塑形化合物』。」喬宣布道。

「等一下。我們待會兒回電給你。」兩夫妻告訴他。

蘇佛醫生和他的妻子看著彼此：「我們異口同聲地說：『我們非得想出一個更好的名字。』」蘇佛醫生回憶道。「我們必須想出一個聽起來很有趣的名字，要簡短又有活力。」最終，是蘇佛醫生想出了他們都喜歡的名字。「這是我對整個事業唯一的貢獻。這個名字，是我的主意。」蘇佛醫生說。「我曾經寫過一些文章。但我唯一出名的三個字是『培樂多』。」

培樂多的誕生需要局外人的能力去重新構想一個已經垂死的產品，但同時也需要領導高層的支持，而喬證明了自己是個

堅持不懈的熱情支持者。他走遍全國各地的玩具展,「就像一輛裝滿培樂多的馬車。」他的女兒茱麗葉回憶道。他把產品分發給當地學校,邀請學生參觀培樂多工廠。他甚至自己作曲,寫了一部培樂多音樂劇,在當地社區劇院大獲好評(「那部音樂劇在我們小鎮上叫好又叫座。」茱麗葉告訴我。)遺憾的是,它已經失傳了。

而說到他最厲害的推銷技巧,大概就是說服鮑勃·基森(Bob Keeshan),知名兒童節目主持人袋鼠船長,在節目中展示培樂多,以換取銷售分潤。不久後,五歲的茱麗葉就穿著連身裙,頭戴蝴蝶結,被推出來在鏡頭前玩耍。

「袋鼠船長讓培樂多紅透半邊天。」她說。

在庫托爾即將倒閉並拖垮他的家族和所有員工之際,喬的創造力在某種程度上是反直覺的。傳統觀念認為,一個人陷入如此嚴重的財務困境時,創造力會被扼殺。但矛盾的是,極度匱乏也可能是一種巨大的催化劑。對於那些最有創造性的商業轉型,這是很常見的特質。

一個典型的例子就是新聞業。近年來,隨著印刷刊物消失,廣告收入也轉移到數位平台,地方新聞已經大幅減少。2005年以來,已經有超過兩千家地方報社關閉,而這種慘況似乎沒有減緩的跡象。然而,我在甘尼特出版社工作時一起合作的地方記者,卻在這個資源匱乏的環境中,表現出非凡的創造力。他們有源源不絕的新想法,知道如何去貼近他們的讀者。儘管他們的新聞編輯室人手不足,承擔著比平常更多的工

作量，資源也越來越少，但他們還是想出各式各樣的精采的新產品、新活動和商業點子。綜觀整個新聞業，許多最具創意的工作，包括革命性的商業模式和接觸受眾的新方式，都發生在地區報社內，儘管那裡財務壓力是最大的。

聖母大學的一項研究有助於解釋原因。研究人員在印度鄉村地區對十幾位企業家和解決問題專家的案例研究中發現，資源最少的人特別有創造力——因為他們別無選擇。一名學生想出一個巧妙的系統，可以在雨季時自動回收曬衣繩。一位農民買不起基本設備，就把摩托車改造成多用途車輛，用於犁地、播種、除草和噴灑農藥。一位菇農想出一種電動堆肥機。「有錢人沒辦法創造新事物。」菇農告訴研究人員。「因為他們不需要。」

這些企業家稱他們的做法叫 Jugaad，這是印地語，翻譯過來大概是「土法煉鋼」的意思。正如我們看到的，這些有創造力的企業家，就跟那些從失敗中成功反彈的人士一樣，透過反覆嘗試，逐步改進。他們也不在乎那些「應該」怎麼做的傳統觀念。事實上，他們對別人的看法不屑一顧，自信認為自己懂得更多。「今天，如果你隨便問一個人，他們都會說我可以解決任何問題。」農民科塔里說。

於是乎，培樂多也是如此。隨著造型黏土的銷量增長，潛在顧問開始與喬聯絡。哈佛商學院的人會建議他如何發展他的業務。「結果他拒絕了。他們說：『你會失敗的。你會被吃得一乾二淨。』」但就像印度的菇農一樣，他不理會他們，相信

自己比他們更了解。「遵循你的直覺。他擁有的就是直覺。」茱麗葉說。「他反其道而行。他沒有經驗，他憑直覺行事。」

事實證明他的直覺是正確的。公司的營業額爆炸式增長。1965年，喬以三百萬美元的價格把公司賣給通用磨坊（General Mills），相當於今天的兩千六百萬美元。這一筆錢讓他成為《時代》雜誌當年封面故事「百萬富翁致富之道」的主角，與未來的百老匯王牌製作人哈爾王子（Hal Prince）及海灣與西部公司（Gulf & Western）的主席布盧多恩（Charlie Bluhdorn）並列。當時的喬‧麥克維克只有三十五歲。

時至今日，培樂多成了玩具業巨頭孩之寶的旗下產品。儘管麥克維克家族不再參與，但家族遺志仍根深蒂固在培樂多的文化裡。培樂多的財富讓喬回歸他最初的熱情——追求東方宗教、冥想和瑜伽。後來，他和哈麗特離婚了，他人生最後幾十年都在加州、科羅拉多州和印度度過。他在印度時住在精舍裡，直到六十一歲去世。同時，凱薩琳，這位在公司歷史年鑑中獲得讚譽的人，並沒有因為她的貢獻而獲得半毛錢。兩個家庭最終因為姊妹之間不相關的爭吵而決裂。不過，蘇佛一家過得很好。蘇佛醫生退休不執業後，與妻子在教堂地下室設立了一個為缺乏資源的移民提供服務的診所；今天，紐澤西州的多個城鎮都有成熟的蘇佛社區健康中心。

培樂多的華麗變身在許多方面為品牌重塑提供了一套劇本。公司領導者探索一種傳統方法，想要解決庫托爾銷量下滑的問題，中間經歷一段痛苦的掙扎階段，差點導致破產，最後

他們想出了解方：把產品重新定位成與原來的用途完全無關的東西。培樂多的轉型證明了那些權力結構之外的人有多麼重要，無論那個人是員工、客戶，還是你的「專家夥伴」小姨子。這也顯示領導高層必須能認出一個偉大的改造想法，並且全力落實。雖然喬‧麥克維克沒有想到把壁紙油灰變成塑形黏土，但他一意識到這是一個可行的想法，就全心全意投入其中，確保培樂多成功上市。每一步都是成功重塑家族企業的關鍵。

諷刺的是，如果當初喬把另一個外人的建議聽進去，他就可以省去很多麻煩。早在凱薩琳想出把壁紙清潔劑重新定位成兒童玩具之前，一位工人有一天來到庫托爾的辦公室，帶來一大堆黏土捏成的雕像，放在桌子上。「那個貼壁紙的工人特地過來，向我們展示他用我們的壁紙清潔劑所製作的小動物。」喬的妹夫兼同事比爾‧羅登博（Bill Rhodenbaugh）多年後回憶道。喬和比爾把工人和他的黏土雕像打發走，卻沒有意識到他們剛剛輕率地錯過巨大的商機。

「我們都覺得那個人很棒，但天啊，我們完全沒有想到，好點子明明就擺在眼前！」比爾後來驚嘆地說。但那一刻，他們是盲目的。他們無法想像庫托爾除了家用清潔劑還能做什麼。

這讓人不禁思考，現在外頭有多少員工、客戶和小姨子有自己革命性的想法。此時此刻，肯定有很多快要失敗的品牌，甚至是整家公司，有辦法重新賦予他們新的生命和完全不同的用途⋯⋯如果老闆願意傾聽的話。

後記：下一步！

工具箱

> 無論你身在何處，都是你的起點。
> ——印度詩人卡比爾・達斯（Kabir Das）

　　培樂多從煤灰清潔劑轉型成兒童玩具，是為了應對這個快速變遷的世界。時間點出現得難以捉摸，大約是公司和產品的原始目的已經過時，又很難想像接下來會發生什麼的時刻。在某種程度上，我們現在正處於類似的時間點。我們的文化每隔幾十年，就會發生天翻地覆的變化。我們當下正在經歷的全球流行病、政治動盪和各種經濟的不確定性，在在讓人慌恐不安。我們正處於歷史性的動盪之中。難怪有那麼多人都感到迷惘、困惑或恐懼，因為我們想弄清楚接下來會發生什麼。

　　然而，隨著改變越來越快速，我們也得加緊腳步了解該如何駕馭這些變化。這也是為什麼了解書中提到的這些人是如何成功做到這點的，對我們有益，甚至令人安心。有些人找到新事業，或為他們的生活找到新的目標，另一些人則從失敗中重新振作起來，或在把他們排除在外的世界裡為自己創造一個位

置。他們有過重大的「頓悟」時刻，促成從便利貼到威而鋼等等的產品重塑。他們發現生活或工作陷入困境時，會想辦法擺脫自滿或惰性，以驚人的想像力向前邁進。

我們記錄成書的這些人面臨的挑戰各不相同，迎戰的方式也大相逕庭。但他們的故事有一條把他們串在一起的共同線索，他們學到的教訓對我們其他人也充滿啟發。以宏觀的角度來看，他們似乎都經歷過類似的階段：探索新訊息、在努力從一份工作或一種生活方式轉變到另一種陌生的新道路時掙扎不已；可能還會遇到讓他們停滯不前的障礙；最後，總算想出解方，成功度過轉型期。

除了這些階段，他們也分享寶貴的意見。首先，即使我們覺得進退兩難，或原地踏步，我們仍不是靜止不變的。我們在前進、在探索，即使當下我們看不見。無論是律師喬安‧李‧莫利納羅，為了配合吃素的丈夫，讓她多了「韓國素食主義者」的新身分，還是葛林斯潘博士，早期的音樂生涯最終讓他走上經濟學之路。你接下來要去的地方種植在你現在做的事情裡，等待發芽。你可能不知道這些起起伏伏最終會把你帶到哪裡，就像桑德斯上校一樣，他做過律師、做過賣輪胎的業務，在很多工作中失敗，最終才成為肯德基爺爺。但你可能已經在路上了，你只是沒有意識到你現在已經為了將來在努力。

其次，我們必須學會去擁抱這段重塑之旅，換句話說，積極面對掙扎。電視主管瑪拉‧金斯伯格經歷一次又一次的失敗，失去生計，又差點失去兒子，然而，她每一次的經驗都讓

她能夠為自己重塑一個更充實的生活,成為一名服裝設計師。斯卡斯代爾鎮的鎮長珍‧維儂擔任全職媽媽的十多年來,長期忍受著被忽視的感覺,最後她把自己的技能轉化為非營利組織的執行長和公民領袖。他們證明生活不是童話故事;青蛙不會突然變成王子。反之,生活是一連串的走走停停和反覆嘗試,過程可能不順遂,肯定也不容易,但卻是必要的。

最後,那些成功轉型的人幾乎都學會適時停下來喘口氣。他們到頭來——即使有時候有點遲——意識到,休息並不是軟弱的表現,而是力量的象徵。凱斯‧雷哈德把所有的腦力都投注在麥當勞的廣告上——然而,他卻是在睡夢中發明了漢堡神偷。疫情封鎖讓凱莉和布利特有餘裕意識到他們想要轉職,把生活重心從工作轉向家庭。對喜劇演員約翰‧克里斯來說,休息帶來的嶄新洞見就像是「一份禮物,一種獎勵」。

我們必須停止崇拜忙碌,並像威廉‧詹姆斯所說的,「鬆開」我們的大腦。事實上,這仍是我在努力的一個觀念,到目前為止不是很成功,但我會在我丈夫這樣的專家夥伴協助下,繼續努力嘗試。這又引出最後一個關鍵:只要有需要,尋求幫助是可以的——去找到你自己的專家夥伴,也成為別人的專家夥伴。

可以肯定的是,每個人和每個企業都是不同的。儘管如此,我所採訪的人們,以及各領域的科學家和研究人員,都提出了一些聰明且簡單的策略來緩解過渡期。以下是採用自他們的計畫中的一些行動項目。

探索

想像「可能的自我」。詹姆斯·派特森在廣告公司工作時就想像自己是一名小說家；電信維修工克里斯·多諾萬在著手成為女鞋設計師的幾十年前，就已經想像自己是這樣的人。心理學家海瑟·馬庫斯和寶拉·努瑞斯創造「可能的自我」一詞來描述我們如何想像未來：我們可能成為什麼、想要成為什麼，甚至害怕成為什麼。我們可能會想像未來的自己更快樂、更自信、更苗條──或者我們可能會重新構想我們的生活和職業。想像這些「可能的自我」能夠幫助我們把可能變成現實，並帶來有意義的改變。

循序漸進、反覆嘗試。現實與我們從小到大聽到的童話故事相反，無論是灰姑娘或蜘蛛人，一夜之間的蛻變並不存在。所有的改變幾乎都是來自於一連串很微小、甚至是難以察覺的行動，無意識地朝新方向前進。無論是年輕的易娜·加田在成為「赤腳女伯爵」之前邀請朋友來家裡吃飯，還是經濟學家威爾·布朗在成為農民之前花了好幾年時間在週末慢慢學會修補牛欄和閹割牛隻。每次成功的轉變其實都是靠著無數次微小、甚至難以察覺的步伐在前進。

聆聽你的直覺。可莉·席爾和喬安娜·泰普林說過，她們之所以創立極其成功的居家整理生意 The Home Edit，完全是出於「直覺」。擁有大量數據的高層在做開銷決策時，也常常忽略數據而依靠直覺。這可能看似違背直覺，但有時候太多訊

息會給人一種虛假的安全感,實際上反而會導致我們做出客觀上錯誤的決策。雖然直覺聽起來不太科學,但其實直覺往往反映了我們本身的專業知識和模式識別。我們的身體先感知到這一點,然後趁我們的大腦跟上前開始帶領我們走向正確的方向。正如神經科學家安東尼奧·達馬西奧說過的:「心智和身體之間的分離大概是杜撰的。」

掙扎

擁抱掙扎。任何轉變到了中間階段,不但最困難,也最容易被忽視。我們每每談到成功轉型的故事時,總是會淡化這個關鍵的過渡期。但事實上,成功沒有捷徑。在解決創意問題的過程中,這叫「醞釀期」:某個問題把你給難倒了,結果半夜醒來時,你突然得知解方。對轉職的人來說,這叫「過渡期」,你在這段時間已經放棄一個身分,但還沒接受新身分。對創傷倖存者而言,這叫「奮鬥期」,在經歷悲劇後迎來個人成長的階段。這就是為什麼遭遇鐮刀襲擊的倖存者凱伊·威爾森能夠成為慈善家,以及科學家卡塔林·卡里科如何在經歷數十年的挫折後能夠取得突破,最終促成新冠病毒 mRNA 疫苗的誕生。

建立一份失敗履歷。人人都有失敗的時候。然而失敗往往比成功更具啟發性。科學家梅蘭妮·斯特凡首次整理她的失敗履歷時,發現自己一直試圖進入一個不適合自己的職業,她才

轉往一個更有成就感的方向。西北大學的王大順發現那些早期「差點」成功的人——比如一開始在比賽中獲得第四名的運動員——後來往往更有可能脫穎而出。把失敗條列出來可以幫助你評估是應該堅持下去，還是應該放棄並重新調整你的努力方向。

與「專家夥伴」聊聊。創傷專家發現，倖存者可以藉由與了解自己的人交談來實現創傷後成長。從更廣泛的意義上說，我們所有人都用得上一位專家夥伴。年輕時，丹尼·梅爾曾考慮就讀法學院，當時他的姨丈告訴他：「你還是孩子的時候，每天嘴巴講的、心裡想的都是食物。你何不乾脆開一間餐廳？」那一刻讓梅爾，也是聯合廣場餐飲集團的創辦人，成為世界上最成功的餐飲業者之一。梅爾告訴我：「我知道我熱愛餐廳，但那時我從未想到這是一個可行的職業選擇。」要不是有外人鼓勵，「這條路我可能永遠看不到。」

聯繫你的人脈，尤其是你的「弱連結」。如果你正在尋找新的方向或新的機會，最好的選擇可能是那些長時間沒有聯絡的關係——多年未交談的人——或是你的「弱連結」，就是你認識不深的人。有大量研究，包括一項對LinkedIn的數據分析顯示，你在找工作時，依靠廣泛的人際網絡會比你身邊最親近的人更有可能幫你找到工作機會。此外，當研究人員要求224名高級主管向至少三年沒聯絡的人尋求工作建議時，他們發現從這些疏遠關係中所獲得的創意和新洞見比從親密關係中獲得的更多。

採取行動。思考一條新道路很有用,但光靠思考無法為你帶來顯著的成果。行動是很重要的。從小事開始不打緊。試著參加一門課程,培養一個愛好,甚至與不同領域的人交談。喬斯林・妮可・強森說:「在能力範圍內做些不同的事。」她在維吉尼亞州夏綠蒂鎮公立學校擔任美術老師數十年,在五十歲那年才出版她廣受讚譽的第一本書,《我的蒙蒂塞洛》。「總之開始就對了⋯⋯你總得有個開始。」

　　分享你的目標。與他人分享目標時,你更有可能實現目標。2015 年一項針對二十三至七十二歲成年人的研究發現,每週向朋友更新進度的人,有超過七十%達到他們的目標,是那些不分享目標的人的兩倍。這個研究放在不同的目標上,結果都是一致的,包括提高生產力、改善工作與生活之間的平衡、寫完書的一個章節和賣掉一間房子。

停滯

　　休息一下。沖澡、跑步、小睡——或可能的話,休個長假。卓克所大學的約翰・庫尼奧斯發現,遇到困難時,分散注意力往往是解決問題或想出新點子的最佳方法。澳洲查爾斯特大學的琳達・奧文頓和同事在 2015 年一項針對一千一百一十四人的調查中發現,八十%的人表示他們在淋浴、運動、通勤、親近大自然或睡覺的時候解決了挑戰。確實,睡眠對身體有益已經逐漸成為一個完整的研究體系,科學家推測,睡眠能

讓那些沒有直接相關的想法以新的方式混合在一起，匯集成突破性的概念。休長假是一種奢侈，但也可能帶來啟發。非營利組織的領導高層休完長假後，經常帶著如何改造組織的想法回來。

做白日夢。即使在我們最有效率的時候，也會花上二十五％到五十％的時間在做白日夢，心理健康專家認為這個數字在疫情期間有所增加。好消息是，加州大學聖塔芭芭拉分校的心理學家在一項針對物理學家和作家的研究中發現，他們最具原創性的想法中，有二十％是做白日夢時產生的。更重要的是，相較於有意識地專心工作，他們做白日夢時所冒出的想法反而更有可能解決問題的僵局，這個經驗就是所謂的「啊哈」時刻。

試試九十分鐘法則。心理學家安德斯・艾瑞克森發現，傑出的小提琴演奏家會花九十分鐘的時間專注於刻意練習，接著就休息。這種模式對於想要精進其他東西也同樣有效。如果你被某個難題卡住了，試著花九十分鐘的時間完全專注在你的工作上。不看電子郵件，不檢查手機，不受外界干擾。但在九十分鐘結束後，你必須停下來。休息時做什麼都無所謂——你可以運動、吃飯、看電視，任何事情都行，只要不是在工作就好。接下來你回到桌前，再把這個過程重複一次。這種工作方式肯定會比埋頭工作不去休息更有效率。我在寫這本書時，也試過這個法則，我可以證明這確實有效。

解方

　　記住,沒有路是白走的。處在過渡期時,你可能會覺得自己像在原地打轉,但即使你沒有意識到,在這團混亂之中也是有邏輯的。凱薩琳‧芬妮傾注她所有的經驗,從耶魯大學的流行病學研究到她作為「平價時尚教主」的身分,最終成為一名專門投資黑人持有企業的科技創投家。艾爾摩把他童年時期對成為佩里‧梅森的夢想、對民權的興趣、他的職籃生涯以及他身為「更衣室律師」的非正式角色統統結合起來,發展成他在哥倫比亞大學教授體育管理和社會倡導的職業。我採訪過的每個人對過去的努力,包括失敗,幾乎都有類似的看法。

　　對意料之外的事保持開放。你接下來的目的地可能不是你原本計畫要去的地方。我在調查這本書時所學到最重要的一課是,那些做出巨大改變的人往往是沿著曲折蜿蜒和意想不到的道路辦到的。凱瑪瑞‧海伊的人生目標是成為一家知名金融公司的常務董事,但等他真的達成目標後,他意識到自己真正想要的是有意義的工作及陪伴家人和衝浪的時間。克里斯多福‧漢迪在銀行工作時從未想過成為一名空服員,直到社區劇院的對戲搭檔發現他在這個職業中的潛力。管理學教授艾瑞克‧丹問起受訪者讓他們決心轉職的頓悟時刻是怎麼出現時,他們表示自己「對改變的可能性持開放態度」。保持開放的態度、眼界和心靈,天知道你會去到哪裡呢。

改變是一個反覆的過程……永不間斷。無論你現在身處何方，旅程都尚未結束。那些在退休年齡後仍繼續自我重塑的受訪者尤其令我大受啟發，例如七十五歲創辦新創公司的保羅‧泰斯納和創造「培樂多」這個名字的蘇佛醫生，他到了九十六歲依然充滿活力。我們都可以從化學家史賓塞‧席佛身上學到一些東西，他的失敗黏著劑促成便利貼的發明：八十歲時，他把自己重新塑造成一名畫家。他的共同發明者亞瑟‧富萊同樣讓我驚嘆不已。我在他快九十歲時多次採訪他，他仍在滿足自己的好奇心。我們聊天時他透露，他仍在「研究幾項發明」。這是一個我們都可以努力追求的目標。

　　不用說，踏入未知領域很可怕，但同時也令人興奮。而且，欣慰的是，這些成就非凡的人物證明了我們每個人都有可以善用的具體策略，有一條重塑之路可以指引我們在生活、愛情和領導方面的下一步。

　　從我們在書中遇到的人身上汲取經驗教訓，理解這個過程會以自己的節奏展開，是非常具有啟發性的，即使過程一開始看起來很神秘，但其實一直在推動著我們前進。與此同時，改變科學的新研究不斷擴展我們的視野，照亮過去漆黑且難以捉摸的道路。這些關於我們如何改變的方法和新知識不僅可以幫助我們應對變化，甚至可以幫助我們享受這段旅程。

人生下一站!/喬安.李普曼(Joanne Lipman)作;周倩如譯. -- 初版. -- 臺北市：春天出版國際文化股份有限公司, 2025.07
面 ; 公分. -- (Progress ; 46)
譯自：Next! : The Power of Reinvention in Life and Work
ISBN 978-626-7735-04-6(平裝)

1.CST: 職業流動　2.CST: 生涯規劃　3.CST: 職場成功法

542.7　　　　　　　　　　　　　　　　　114006044

人生下一站！
Next!: The Power of Reinvention in Life and Work

Progress 46

編　　著◎喬安・李普曼	總　經　銷◎楨德圖書事業有限公司
譯　　者◎周倩如	地　　　址◎新北市新店區中興路2段196號8樓
總　編　輯◎莊宜勳	電　　　話◎02-8919-3186
主　　編◎鍾靈	傳　　　真◎02-8914-5524
出　版　者◎春天出版國際文化股份有限公司	香港總代理◎一代匯集
地　　　址◎台北市大安區忠孝東路4段303號4樓之1	地　　　址◎九龍旺角塘尾道64號 龍駒企業大廈10 B&D室
電　　　話◎02-7733-4070	電　　　話◎852-2783-8102
傳　　　真◎02-7733-4069	傳　　　真◎852-2396-0050
E－m a i l◎frank.spring@msa.hinet.net	
網　　　址◎http://www.bookspring.com.tw	
部　落　格◎http://blog.pixnet.net/bookspring	
郵政帳號◎19705538	版權所有・翻印必究
戶　　名◎春天出版國際文化股份有限公司	本書如有缺頁破損，敬請寄回更換，謝謝。
出版日期◎二○二五年七月初版	ISBN 978-626-7735-04-6
定　　價◎450元	

Copyright © Joanne Lipman, 2023
Published by arrangement with William Morris Endeavor Entertainment, LLC. Through Andrew Nurnberg Associates International Limited.